재외동포 차세대와 주류화

재외동포 차세대와 주류화

초판 인쇄　2019년 12월 25일
초판 발행　2019년 12월 30일

지은이　　윤인진 엮음
펴낸이　　이찬규
펴낸곳　　북코리아
등록번호　제03-01240호
주소　　　13209 경기도 성남시 중원구 사기막골로 45번길 14
　　　　　우림2차 A동 1007호
전화　　　02-704-7840
팩스　　　02-704-7848
이메일　　sunhaksa@korea.com
홈페이지　www.북코리아.kr
ISBN　　　978-89-6324-622-2 (93300)

값 22,000원

* 이 저서는 2011년도 정부재원(교육과학기술부)으로 한국학중앙연구원의 지원에 의하여 연구되었음
　(AKS-2011-ABC-113).
* 본서의 무단복제를 금하며, 잘못된 책은 구입처에서 바꾸어 드립니다.

재외동포 차세대와 주류화

윤인진 엮음

북코리아

서문

　　현재와 미래의 재외동포사회의 주요 키워드와 트렌드를 제시하라면 무엇보다 차세대와 주류화가 될 것이다. 한민족 이산의 역사가 160여 년에 달할 만큼 오랜 연혁을 갖게 되면서 재외동포사회는 전 세계 750만 명의 중요한 인구집단으로 성장했다. 이 과정에서 이민 1세대는 역사의 뒤안길로 사라지거나 인생의 황혼기에 접어들었다. 그 빈자리를 대신해서 이민 1.5세대, 2세, 3세 이상의 후손세대들이 성인으로 성장해서 재외동포사회의 주역이 됐다. 이제는 모국으로부터의 대규모 이민이 중단된 상태에서 재외동포사회는 자체적인 요인들에 의해서 인구성장과 변화를 경험하게 됐다.

　　자연스럽게 거주국에서 출생하고 성장한 후손세대들의 특성과 가치관, 정체성, 인생 지향성들이 재외동포사회의 성격을 규정하게 됐다. 거주국에서 출생하고 성장한 후손세대에게 거주국은 모국이고, 거주국의 언어와 역사는 모국어이며 국사이다. 그리고 이들의 정체성은 거주국 국민이라는 인식과 자부심, 소속감에 토대를 두고 있다. 이민 1세대는 이민자로서의 한계를 인정하고 주변부에 머물렀다면, 후손세대들은 시민권자로서 또는 공민으로서 동등한 권리를 요구하면서 주류사회에 적극적으로 참여하면서 신분상승을 꾀하고 주류집단 성원들과 친밀한 관계를 맺으려 한다. 이런 이유로 주류화는 재외동포 차세대의 주요 과제이며 성과라고 할 수 있다.

지금까지 재외동포의 주류화는 미국과 캐나다의 동포사회에서 주로 언급되어왔다. 이는 이들 국가에서 주류화라는 현상이 실재하고 실현 가능하다고 믿기 때문이라고 해석할 수 있다. 하지만 일본, 중국, 브라질, 아르헨티나, 독일, 프랑스, 베트남, 필리핀 등의 동포사회에서는 주류화라는 개념은 다소 생소하며 일부에서는 이를 거부하는 움직임도 있다. 특히 일본에서는 재일한인에 대한 일본인의 뿌리 깊은 모멸과 차별의 역사가 있고 현재도 진행 중이기 때문에 주류화는 아픈 민족의 역사를 망각한 일본 사회문화로의 동화와 포섭의 의미로 받아들여질 수 있다. 따라서 주류화 개념은 모든 지역과 국가의 동포사회에 일률적으로 적용하기 어렵다. 즉, 어느 지역과 국가에서는 주류화가 바람직하고 실현 가능한 목표일 수 있지만 다른 지역에서는 비현실적이고 추구할 가치가 없을 수도 있다.

이런 점을 감안할 때 다양한 국가와 정치경제 체계에 있는 재외동포사회를 의미 있고 일관되게 비교하기 위해서는 주류화 개념이 모든 재외동포사회에 공통적으로 적용할 수 있는 최대공약수에 기초해야 할 것이다. 따라서 본 연구에서는 주류화를 정착의 개념과 같이 물질적이고 구조적인 차원의 현상에 초점을 두고, 구체적으로 경제·정치·사회·문화 영역에서 재외한인이 거주국의 주류집단 성원들과 비교해서 동등한 지위를 획득하는 과정으로 정의한다. 정신적이고 가치적인 영역에 속한다고 볼 수 있는 정체성, 소속감, 신뢰감 등은 현 단계에서는 주류화 개념에 포함하지 않는다.

객관적이고 표준적인 지표들에 의해서 재외동포사회의 현황을 파악하는 것은 재외한인 연구의 경험적 토대를 탄탄하게 하는 것이고, 지역별·국가별 맞춤형 재외동포정책을 개발하기 위해서도 필요하다. 주류화 개념과 측정지표의 활용은 한 국가의 재외동포사회에만 국한하지 않고 여러 국가들의 재외동포사회들을 비교사회학적 관점에서 연구하는 데 유용하다. 또한 주류화 개념은 재외한인사회의 변화와 미래를 예측하는 데 유용하다. 재외동포 차세대들이 거주국의 주류사회로 활발하게 참여하면서 발생하게 되는 이점과 위험을 동시에 판단하고, 이들과 모국과의 관계를 예측하고, 상호 호혜적인 관계를 정립하는 방안을 모색하는 데 도움이 될 수 있다.

본 저서에서는 미국, 중국, 일본, 호주, 뉴질랜드, 독일의 재외동포사회의 주류화와 차세대 현황을 조사했다. 각 국가의 재외동포가 거주국의 주류사회에서 어느 수준의 정치적 권리와 경제적 지위를 획득했고, 사회문화적으로 통합됐는지를 경험적 자료와 분석결과를 통해서 조사했다. 그리고 주류화 개념이 개별 국가에서 어떻게 이해되고 수용되는지도 검토했다.

제1장에서는 재미동포의 주류화와 차세대의 현황을 조사했다. 재외한인의 주류화를 '재외한인이 거주국의 기회구조와 사회적 관계에 동

등하게 참여하는 과정'이라고 정의하고, 에이거와 스트랭의 이민자 통합 모델을 토대로 재미한인의 주류화 모델을 제안했다. 주류화의 토대는 국민으로서의 권리로 정의하고 이를 시민권 또는 영주권자의 수 또는 비율로 측정했다. 촉진요소는 언어문화적 지식과 안전과 안정감으로 구분했는데, 자료의 한계로 안전과 안정감 수준은 측정하지 못했다. 언어문화적 지식은 영어 구사력으로 측정했다. 사회적 관계는 사회적 가교, 사회적 결속, 사회적 연계로 구분했는데, 자료의 부족으로 사회적 가교 수준만 조사했다. 사회적 가교는 족외혼(통혼)율로 측정했다.

마지막으로 표식과 수단은 경제, 주거, 교육, 보건, 정치 참여로 구분했고, 구체적인 통계자료를 사용해서 각 하위 차원에서의 주류화 수준을 측정했다. 조사 결과, 주류화의 토대라고 할 수 있는 시민권자와 영주권자의 비율은 비교적 높은 편이다. 재미한인의 인구를 200만 명으로 추산할 경우 이 중 40%가 미국 출생자이고, 외국 출생자 중 시민권자의 비율은 60%에 달하고, 불법체류자 비율은 10%에 불과해서 한인의 법적 신분상의 지위는 안정되어있다고 볼 수 있다. 주류화의 촉진요소로 언어문화적 지식을 설정했다. 이를 영어 구사력으로 측정한 결과, 한인의 2/3가량이 영어가 능숙하다는 점을 고려할 때 한인의 언어문화적 지식 수준은 대체로 양호하다고 볼 수 있다. 사회적 관계는 족외혼율로 측정했는데, 한인 1세의 족외혼율은 14%로 낮은 편이지만 1.5세와 2세의 경우에는 각각 46%와 54%에 달해서 한인의 주류사회와의 사회적 관계는 대체로 양호한 것으로 볼 수 있다.

주류화의 수준은 경제, 교육, 주거, 건강, 정치 참여로 측정했는데, 두드러진 현상은 각 하위영역별로 주류화 수준이 차이를 보인다는 점이다. 교육에서는 백인뿐만 아니라 타 소수민족 집단들보다 높은 학력을 보였으나 소득, 빈곤율, 주택 소유율로 측정한 경제와 주거 영역에서는 전체 미국인, 아시아계 미국인과 비교해서 낮은 수준을 보였다. 또한 건강에서도 한인은 전체 미국인과 아시아계 미국인보다 주관적 건강수준이 낮았고 건강보험 가입률도 낮았다. 하지만 한인 의사들이 제공하는 의료 서비스를 활용하여 언어 장벽과 건강보험 미가입의 위험을 극복하는 것으로 밝혀졌다. 정치 참여의 영역에서는 한인의 선거인 등록률이 타 아시아계 미국인과 비교해서 더욱 활발하다는 점과 한인 2세가 증가하고 1세 중에서 시민권 취득자 수가 증가하는 점을 감안하면 앞으로 한인의 정치 참여 수준은 갈수록 높아질 것으로 예측한다. 하지만 선거직 또는 고위 공직에 당선된 한인들의 수는 타 아시아계 미국인들과 비교해서 적은 편으로 아직 한인의 정치 참여 수준은 전반적으로 미흡한 수준이라고 볼 수 있다.

제2장에서는 미국 인구센서스 자료를 사용해서 재미동포 차세대의 인구통계학적 및 사회경제적 특성, 그리고 가정에서의 한국어 사용에 관해 분석했다. 최근 재미한인의 인구통계학적 특성과 관련해서 중요한 변화는 한인과 타 인종 또는 타 민족과의 족외혼이 증가하고 있다는 것이다. 2007~2011년 통계자료에 따르면 한인 1세대의 족외혼율은 14%인 데 비해 1.5세와 2세는 각각 46%와 54%로 높은 수준이다. 족외혼이 증가하면서 혼혈인의 비율도 증가하고 있다. 2000년 인구센서스에서는 전체 한인 인구의 12%가 혼혈인이었다면 2010년에는 17%로 증가했고, 2020년에는 20% 이상으로 증가할 것으로 예상된다. 족외혼의

경우 세대와 상관없이 배우자는 압도적으로 백인이 많다. 한인 차세대의 교육 수준은 부모 세대와 비교해서 높을 뿐 아니라 미국 출생 백인보다도 높다.

직업에 있어서는 부모가 자영업에 종사하는 경향이 강한 것과 대비해서 차세대의 자영업 종사율은 낮은 편이고, 대신 전문직과 관리직에 종사하는 비율이 높다. 유리한 교육과 직업 특성으로 인해 차세대의 소득 수준은 부모 세대와 비교해서 매우 높고 동일 연령의 타 아시아계 미국인들과 대등한 수준을 보이고 있다. 이런 면에서 한인 차세대는 사회경제적인 측면에서 주류사회로 진입했다고 볼 수 있다.

하지만 언어 사용에서 1세대와 비교해서 1.5세와 2세의 한국어 사용률은 급격히 감소했다. 그리고 타 인종 또는 타 민족과 결혼한 차세대는 한국어를 사용할 확률이 더욱 감소했다. 따라서 한인 차세대의 주류화는 사회경제적인 측면에서 신분상승의 기회를 확대했지만 주류 문화로의 동화를 수반했다. 앞으로 재미한인사회에서 차세대의 비중이 커지고 족외혼과 혼혈인구가 증가할 것이기 때문에 한민족으로서의 민족문화와 정체성의 유지는 더욱 어려울 것으로 예측된다.

제3장에서는 뉴질랜드와 호주의 한인 1.5세와 2세의 모국어 유지 현황과 정체성과의 관계에 대해서 다루었다. 뉴질랜드와 호주에서 한인의 한국어 구사능력에 대한 직접적인 통계자료를 확보하기 어려웠으나 사용 가능한 자료를 사용해서 추정한 바에 따르면 뉴질랜드에서 한국어를 구사하는 한인들의 비율은 2006년 자료에서 93.7%였고, 호주에서는 2011년 자료에 의하면 89.7%였다. 호주에서 출생한 한인 2세 중

에서 한국어 구사능력이 있는 사람들의 비율은 36%에 달하는 것으로 추정됐다.

언어가 개인의 정체성에 미치는 지대한 영향력을 감안하면 뉴질랜드와 호주의 한인 차세대의 상당수는 이중언어자이기 때문에 한인으로서의 정체성을 아직은 유지하는 것으로 볼 수 있다. 한인 차세대가 모국어를 유지하는 것은 개인적으로는 이중문화에 기반을 둔 건강한 정체성을 갖게 하고, 가정에서는 부모와 자녀 간의 원활한 소통을 가능케 하고, 국가적으로는 뉴질랜드와 호주의 경제와 문화를 글로벌하게 하는 데 기여할 수 있다. 하지만 한국어를 배울 수 있는 교육환경이 마련되지 않아서 한인 차세대가 한국어를 배우기 어렵고, 앞으로 거주국 주류사회 진출이 더욱 활발해질수록 모국어와 한인 정체성 유지는 더욱 어려워질 것으로 예측된다.

제4장에서는 독일의 한국계 후세대의 교육 성취에 대해서 연구했다. 조사 방법으로 2011년 4월부터 11월까지 독일에 거주하는 한국계 후세대를 대상으로 온라인 설문조사를 실시했다. 조사 결과, 독일의 한국계 후세대들의 86.0%가 대학 입학자격을 취득하고 46.0%가 대학을 졸업한 것으로 나타났다. 독일 교육시스템은 이민자 자녀들에게 더욱더 불리하게 작용하지만 한국계 후세대들은 다른 이민자 집단들과 독일 선주민에 비해서도 높은 교육 성취도를 보였다. 독일의 한인 차세대들이 뛰어난 교육 성취도를 이룬 요인으로 교육이 개인과 가족의 성공의 열쇠라고 믿은 부모들의 신념을 꼽을 수 있다. 이민사회에서 부모는 자녀의 더 나은 미래를 위해 자신들을 희생해가면서 자녀교육에 집중

하고, 자녀들은 부모의 기대에 부응하기 위해 교육에 몰입한 것이 높은 교육 성취로 귀결됐다.

한인들은 독일의 이민자 집단 중에서 '모범적인' 이민자 집단으로 간주되며, 이들의 '뛰어난 언어 능력과 적절한 사회성'이 동화를 촉진하는 요인으로 작용하고 있다. 그러나 한인들이 동화의 압력에 모범적이고 일방적으로 순응할 경우 한인 정체성과 문화가 차세대로 계승되기는 어려울 것이다.

제5장에서는 미국으로의 한인 이민의 추세와 세대별 연령 분포의 변화를 분석했다. 조사 결과, 재미한인사회에서 1.5세, 2세 이상의 젊은 세대들이 이미 전체 한인 인구의 절반을 넘어서 재미한인의 주류화가 빠르게 진행되고 있는 것으로 밝혀졌다. 그리고 1990년대 이후의 한인 이민자들이 형제 초청 가족이민에서 전문직, 경영직, 직업 이민의 형태로 바뀌면서 한인 민족경제에 참여하는 비율은 감소하고 대신 주류 경제에서 활동하는 비율이 증가한 현상을 지적했다.

한인들이 자영업과 같이 한인 민족경제에 집중했을 때는 한흑갈등이 심하고 이에 대처하는 과정에서 한인 간의 민족적 연대감이 강했다. 그러나 고학력, 전문직 출신 한인 이민자들과 젊은 세대들이 주류 경제에서 활동하면서 한흑갈등은 사라지고, 백인과 같은 주류 민족집단과의 사회문화적 관계가 활성화됐다. 그 결과 젊은 세대의 족외혼 비율은 증가하고 한인과 타 인종 간의 결혼에서 출생한 혼혈인 한인의 비율도 증가하고 있다. 2010년대에 들어서는 한인들은 경제적 적응뿐만 아니라 정치 활동에 본격적으로 참여하면서 재미한인의 주류화가 확장되고 있다.

제6장에서는 재미동포의 이민자 세대별 정치적 성향과 참여 현황을 분석했다. 한인은 아시안계 미국인 중 약 10%의 비중을 차지하며, 다른 아시안계 이민자 집단에 비해 경제, 문화, 언어 측면에서 내적 동질성이 가장 크고 자유민주주의 정치체계를 비교적 많이 경험한 이민자 집단이라는 특징이 있다. 한인의 정치적 성향과 정치 참여의 주요 특징들은 다음과 같다.

첫째, 한인 차세대는 캘리포니아와 텍사스주에 집중하는 경향이 있어 정치적 하부구조와 역량이 이 지역에 지속적으로 집중될 것으로 예상된다. 둘째, 전체 한인 중 시민권자 비율은 낮아도 투표참여율은 1세와 2세 모두 아시안계 미국인들의 평균보다 더 높았다. 셋째, 세대별로 정치 참여율에 차이가 큰데 사회경제적 자원을 통제한 후에도 한인 2세는 1세에 비해 투표에 참여할 가능성이 약 2배가량 높았다. 넷째, 비선거 정치 활동에서도 한인들이 적극적으로 참여하고 있는데, 특히 한인 2세들의 비선거 정치 참여가 다른 아시안계 미국인보다 더욱 활발하다. 다섯째, 한인의 정치적 성향이 진보로 급격히 변화하고 있다. 2004년 대통령 선거까지만 해도 아시안계 미국인 유권자들은 평균적으로 공화당 후보와 민주당 후보를 균등하게 지지하는 편이었지만, 2008년 선거에서는 민주당 후보인 오바마 후보를 대폭 지지하는 쪽으로 정치적 성향이 변화했다. 이러한 민주당 성향으로의 변화는 그 정도의 폭이 다른 아시안계 미국인보다도 크며, 한인 2세의 진보적인 성향은 월등히 강한 편이다. 그리고 한인 차세대의 정치적 대표성도 눈에 띄게 확대됐다. 이런 현상은 한인 차세대의 정치적 동화와 주류사회로의 편입이 빠른 속도로 진행된 결과로 해석할 수 있다.

제7장에서는 일본 정부의 청소년 정책을 고찰하고 해외 일계인 청소년에 대한 실태와 현황을 분석했다. 구체적으로는 일본 국내 청소년과 해외 일계인 청소년 정책의 방향, 일본 내각부와 해외일계인협회의 청소년 정책 프로그램, 일본 정부 국내외 청소년 정책 등을 고찰하고 시사점을 제시했다. 연구결과를 정리하면 다음과 같다.

첫째, 일본 정부의 청소년 정책은 2001년 1월 이후 새로 편성된 정부 관계성청이 청소년에 관한 각 분야의 정책을 분담하고 내각부가 청소년의 건전 육성에 관한 사안의 기획 및 입안, 종합조정 등을 담당하고 있는 것으로 나타났다. 둘째, 일본 정부는 차세대 청소년 육성 지원정책으로 2020년까지 약 18만 명의 해외 유학생을 파견한다는 계획을 세우고 있다. 셋째, 일본 정부의 재외방인 교육시설은 해외에 체류하는 일본인 자녀를 위한 일본학교교육법(1947년 법률 제26호) 규정을 준수하고 일본 국내 초등학교, 중학교, 혹은 고등학교와 동등한 교육과정을 유지한다는 조건하에 허가하고 있다. 넷째, 일본 정부는 해외귀국 학생들에 대해 학교생활의 원활한 적응을 위한 지도 및 지원과 함께 다른 일반 학생들을 포함하여 해외에서의 학습 및 생활경험을 존중한 교육을 추진하는 것을 주요 목표로 삼고 있다. 다섯째, 일본 정부의 재외교육시설과 한국일본인학교는 넓은 의미에서는 국제화를 지향하고 있지만 일본 국내 초등학교, 중학교 과정과 동등한 과정을 유지하고 있다. 이는 재외교육시설이 일본헌법, 교육기본법을 토대로 한 법규에 준거한 학교 설립과 일본 정부 학습지도요령의 지도방침에 의해 일본 국내와 동등한 초·중등교육을 추진하고 있기 때문이다. 그런데 일본 정부의 내각부와 문부성에서 실시하고 있는 일본인 청소년 차세대 교육 및 재외방인 청소년 교육정책은 일본 국내의 국제화와 해외거주 일계인 청소년의 일본화(내부화)라는 두 가지 측면에서 진행되고 있어 글로벌 시대에 발맞춘 다양한 정체성의 형성에 일정한 한계를 가지고 있다.

제8장에서는 중국에서 조선족의 주류사회 진출의 역사적 과정과 현황, 그리고 그 한계성에 대해서 분석하고 있다. 일반적으로 말하는 주류사회는 한 특정 국가 내에서 제반 사회의 정치·경제·사회·문화 영역에서 주도적 위치를 차지하고 리더 또는 사회발전의 패러다임을 제시하는 집단으로 구성된다. 이주민족으로서 중국의 소수민족으로 성장한 조선족은 특수한 역사환경 속에서 오늘날 집권당인 중공과 정치적·동지적 신뢰관계를 쌓았고 이를 바탕으로 정계 진출도 가능했다. 따라서 조선족의 주류사회 진출은 정계 진출로 대변되기도 했었지만 오늘날 세계화 시대, 시장경제 시대에 들어서면서 조선족의 정계 진출은 기존에 비해 많은 어려움에 부딪치게 됐다. 한편 조선족 차세대는 이들의 가치의식의 전환과 함께 정계 진출뿐만 아니라 경제, 문화, 사회단체 등 다양한 영역에서 주류사회 진출을 꾀하고 있다. 하지만 조선족의 대규모 인구이동과 조선족학교의 축소로 인해 민족문화교육이 많이 위축되고 있어서 주류화 과정에서 조선족 차세대가 민족문화와 정체성을 유지할 수 있는 방안을 모색하는 것이 조선족사회의 중요한 과제가 됐다.

제9장에서는 '주류화(mainstreaming)'라는 관점에서 재일한인사회를 재조명했다. 구체적인 내용은 다음과 같다. 첫째, 재일한인들의 인구 현황을 개괄했다. 귀화나 국제결혼 등의 이유로 날로 감소 추세에 있는 재일한인 인구 규모의 현재 상황은 현지 일본사회 내에서 그들의 존재감이 약해지고 주류사회 진출에도 좋지 않은 영향을 미칠 수 있다는 점을 지적했다. 둘째, 재일한인들의 '주류화' 현황에 대해 고찰했다. 즉, 재류자격, 귀화자 현황, 국제결혼 현황, 사회 진출 현황 등 몇 가지 중요한 지표를 중심으로 그들의 '주류화' 정도를 파악코자 했다. 한편, 역사적 특수성 때문에 그들의 '주류화' 현황을 정확히 파악하기에는 한계가 있다는 점도 부연했다. 셋째, 이러한 재일한인들의 인구 현황 및 주류사회 진출 현황을 바탕으로 그들의 '주류화'를 둘러싼 쟁점과 한계에 대해 검토했다. 구체적인 쟁점으로 일본사회의 보수우익화 현상의 강화, 재일한인사회 자체의 변화와 다양화, 본국과의 관계 변화, '주류화'라는 개념 자체가 갖는 모호성과 모순성 등을 들었다. 마지막으로, 이상과 같은 현재 상황과 한계를 바탕으로 그들의 특수성을 고려한 '주류화'의 새로운 개념 정의와 방법론을 모색할 필요성을 역설했다.

본 편저서는 한국학중앙연구원 한국학진흥사업의 2011년도 선정 한국학 특정 분야 기획연구(해외한인연구)의 연구과제인 "한인 디아스포라 연구 네트워크, DB 및 정책 개발을 위한 중앙허브 구축사업"의 네 번째 결과물로서 출간됐다. 첫 번째 성과물은 『디아스포라와 초국가주의의 이론과 실태』라는 제목으로 2017년 12월 30일에 출간됐고, 두 번째 성과물은 『재외동포 사회의 현황과 정책과제』라는 제목으로 2018년

11월 30일에 출판됐다. 세 번째 성과물은 『세계의 코리아타운과 한인 커뮤니티』라는 제목으로 2019년 3월 30일에 출판됐다. 본 편저서를 포함해서 총 4권의 단행본이 북코리아에서 출판되어 재외한인사회에 대한 이론과 경험적 연구 성과를 종합적으로 소개할 수 있게 되었다는 점에서 큰 의의를 찾을 수 있다. 이 자리를 빌려 편집, 교정, 디자인, 출판 등의 작업을 수행해주신 북코리아의 이찬규 대표와 편집직원들에게 감사를 드린다. 그리고 5년간 연구 활동을 후원해주신 한국학중앙연구원 한국학진흥사업단과 이 책의 필자로 참여해주신 연구자들께 감사를 드린다. 끝으로 고려대학교 한인 디아스포라 중앙허브사업단의 연구성과들이 재외한인 연구의 외연을 넓히고 재외동포 차세대를 포용하는 재외동포정책 개발에 기여하기를 희망한다.

2019년 11월 15일
편집자 윤인진

차례

서문 ·· 5

제1장 재미한인의 주류화와 차세대 / 윤인진

1. 서론 ·· 29
2. 선행연구 검토 ·· 31
   1) 이민 차세대에 관한 연구 ··························· 31
   2) 재외한인 주류화 연구 ······························· 46
3. 주류화의 개념과 지표 ······································ 50
   1) 재외한인의 주류화 개념 정의 ···················· 50
   2) 재외한인의 주류화 지표 ··························· 51
4. 재미한인의 주류화 현황 ··································· 56
   1) 자료 ·· 56
   2) 주류화 현황 ··· 57
5. 요약 및 결론 ·· 72

제2장　재미동포 차세대의 현황: 인구학적·사회경제적 및
　　　　언어 사용에 관한 통계 / 민병갑

　　1. 서론 ·· 83

　　2. 차세대의 인구학적 특성 ······························· 86

　　3. 재미동포 차세대의 사회경제적 특성 ············· 92

　　4. 가정에서의 모국어 사용률 ···························· 101

　　5. 요약 및 결론 ·· 106

제3장　뉴질랜드와 호주 한인 이민 1.5세대와 2세대의
　　　　언어와 정체성의 문제 / 송창주

　　1. 호주와 뉴질랜드 한인 이민 1.5세대와 2세대
　　　 언어문제의 중요성 ······································ 113

　　2. 다문화 사회의 언어정책과 이민 차세대 ········· 119

　　3. 뉴질랜드와 호주에서의 한인 이민 1.5세대와 2세들의
　　　 모국어 유지 현황 ·· 121

　　　 1) 뉴질랜드 ··· 122

　　　 2) 호주 ·· 125

　　4. 이민 차세대의 언어와 정체성 ······················ 127

　　5. 결론 ·· 130

제4장 독일의 한국계 후세대의 높은 교육 성취에 기여하는
요인 / 최영미

1. 서론 ……………………………………………………… 137

2. 연구방법 ………………………………………………… 139

3. 독일 이민자 자녀의 교육 현황 …………………………… 139
   1) 독일 교육시스템 ……………………………………… 140
   2) 이민자 자녀교육 현황 ……………………………… 142

4. 연구결과 ………………………………………………… 145
   1) 이민자 자녀의 학업성취도 …………………………… 145
   2) 개인적 · 구조적 요인 ………………………………… 147
   3) 한인 커뮤니티 ……………………………………… 150

5. 결론 ……………………………………………………… 152

제5장 재미동포의 주류 경제 및 정치 참여 / 민병갑

1. 서론 ……………………………………………………… 163

2. 재미동포의 인구학적 특성 ……………………………… 164

3. 재미동포 이민자의 자영업 집중과 타 민족과의 갈등   170

4. 재미동포의 자영업 감소 및 사업상 민족 갈등 중단 ‥ 175

5. 젊은 세대 한인들의 주류 경제 진출 …………………… 178

6. 재미한인 커뮤니티의 정치력 신장 …………………… 185
   1) 정치력 신장의 필요성 인식과 풀뿌리 정치력 신장 단체의
      활동 ……………………………………………… 186
   2) 1990년 후반부터의 한인들의 선거직 출마와 당선 ……… 188

7. 요약 및 결론 …………………………………………… 193

제6장   재미동포의 이민자 세대별 정치적 성향과 참여현황 / 오숙희

  1. 서론 ··· 201

  2. 한국계 유권자의 인구 및 사회경제적 자원 ·············· 204

  3. 한인 유권자의 정치적 성향과 비선거 참여 ·············· 209

  4. 한국계 미국인의 선거인 등록 및 투표참여 현황 ······· 214

  5. 정치의식 · 정치력 · 정치적 대표성

    (Political Representation) ························· 220

  6. 논의 및 결론 ····································· 223

제7장   일본정부의 재외방인 차세대 청소년 정책 고찰 / 임영언

  1. 서론 ··· 235

  2. 선행연구 검토 및 이론적 배경 ····················· 236

  3. 일본 정부의 차세대 청소년 교육정책의 국내외 비교

    분석 ··· 239

    1) 국내 차세대 청소년 교육정책 ················· 239

    2) 재외방인 차세대 청소년 교육정책 ·············· 249

    3) 해외귀국 자녀 차세대 청소년 교육정책 ·········· 259

    4) 한국일본인학교 운영사례 ···················· 261

  4. 결론 ··· 264

제8장   조선족의 주류사회 진출 및 그 한계성 / 허명철

   1. 서론 ·· 273

   2. 조선족의 생존과 문화적 정착 ·············· 278

   3. 광복 전 조선족의 정치적 선택과 주류화 실천 ········ 283

   4. 개혁개방 이후 조선족의 정계 진출 및 그 한계성 ····· 294

   5. 결론 ·· 306

제9장   '주류화'의 관점에서 바라본 재일한인사회 / 라경수

   1. 서론 ·· 313

   2. 재일한인사회의 인구 현황 ···················· 316

   3. 재일한인사회의 '주류화' 현황 ················ 320

   4. 재일한인의 '주류화'를 둘러싼 쟁점과 한계 ············ 331

   5. 결론 ·· 339

   찾아보기 ·· 343

표 차례

〈표 1-1〉 재외한인의 주류화 영역과 측정지표　　　　　　　　　　　55

〈표 1-2〉 한인의 출생지와 시민권 보유 현황(2015)　　　　　　　　58

〈표 1-3〉 재미한인의 영어 구사력　　　　　　　　　　　　　　　59

〈표 1-4〉 재미한인의 경제상태　　　　　　　　　　　　　　　　63

〈표 1-5〉 재미한인의 빈곤율　　　　　　　　　　　　　　　　　64

〈표 1-6〉 재미한인의 주택 소유율　　　　　　　　　　　　　　　65

〈표 1-7〉 재미한인의 학력(25세 이상)　　　　　　　　　　　　　66

〈표 1-8〉 캘리포니아 한인 이민자의 주관적 건강 수준　　　　　　68

〈표 1-9〉 한인 이민자의 건강보험 가입률　　　　　　　　　　　　69

〈표 1-10〉 한인 시의원 이상의 선거직에 당선된 재미동포의 주별 수

　　　　(2016년 4월 현재)　　　　　　　　　　　　　　　71

〈표 2-1〉 비혼혈 외국 출생 한인의 세대별 출생지　　　　　　　　88

〈표 2-2〉 비혼혈 한인의 세대별 나이 분포　　　　　　　　　　　88

〈표 2-3〉 1965년 이후 출생했거나 이민 온 비혼혈 한인의

　　　　세대 및 성별에 따른 족외혼율　　　　　　　　　　　90

〈표 2-4〉 25~64세 비혼혈 한인의 성별 및 세대별 교육 수준(졸업률) 비교　93

〈표 2-5〉 25~64세 비혼혈 한국인의 성별 및 세대별 직종 종사율 비교　95

〈표 2-6〉 25~64세 비혼혈 한인의 성별 및 세대별 경제적 수준 비교　99

〈표 2-7〉 비혼혈 외국 출생 5세 이상 한인의 세대별 출생지에 따른 한국어 사용률　103

〈표 2-8〉 비혼혈 한인의 세대, 연령, 결혼 여부에 따른 한국어 사용률　104

〈표 2-9〉 18세 이상 미국 출생 재미동포 중 기혼자의 결혼유형 및 배우자의

　　　　세대별·민족별 차이에 따른 한국어 사용 비율의 차이　105

〈표 3-1〉 뉴질랜드 내 인종별 아시아인 이민자 수의 증감(2006~2013)　116

〈표 3-2〉 뉴질랜드 한인의 한국어 사용 현황　　　　　　　　　　123

〈표 3-3〉 호주 한인의 한국어 사용 현황 자료(2006~2011)　　　　126

〈표 4-1〉 부모의 학력과 자녀의 학교 유형(2010년 기준, 자녀 나이: 15세 이상)　142

〈표 4-2〉 이민자 자녀의 학업성취도　　　　　　　　　　　　　145

〈표 4-3〉 이주배경 여부에 따른 교육 성취   146

〈표 4-4〉 한국계 후세대의 학업성취도: 개인적 요인(20~39세)   148

〈표 4-5〉 부모의 사회·경제적 지위에 따른 한국계 후세대들의 학업성취(20~39세)   149

〈표 4-6〉 한국계 후세대들의 유년기 커뮤니티 활동(20세 이상)   151

〈표 5-1〉 비혼혈 재미동포의 세대별 분포   168

〈표 5-2〉 비혼혈 재미동포의 세대별 연령 분포   169

〈표 5-3〉 18세 이상 외국 출생 한국인의 미국 시민권 보유 현황   170

〈표 5-4〉 아시아 이민 민족의 이민 집단에 따른 자영업 비율 변화   171

〈표 5-5〉 뉴욕시 한인 이민자의 한인 경제 집중도 감소   173

〈표 5-6〉 아시아 이민 민족의 세대별 및 성별 교육 수준   178

〈표 5-7〉 아시아 이민 민족의 세대별 및 성별 직업   180

〈표 5-8〉 아시아 이민 민족의 세대별 및 성별 수입   181

〈표 5-9〉 1965년 이후에 이민 왔거나 미국 출생 젊은 세대 비혼혈 한인의
세대별 성별 배우자의 인종   183

〈표 5-10〉 뉴저지-뉴욕 지역에서 2018년 11월 선거에 당선된 한인 정치인 수   191

〈표 6-1〉 한국계 미국인이 밀집한 10대 대도시 지역 인구현황(1990~2010)   206

〈표 6-2〉 한국계 미국인과 아시아계 미국인의 인구 및 사회경제적 특성   209

〈표 6-3〉 한국계 미국인 유권자의 정치적 성향   212

〈표 6-4〉 한국계 미국인 유권자의 비선거 정치 참여 현황   213

〈표 6-5〉 한국계 미국인의 선거인 등록 및 투표참여   216

〈표 6-6〉 한국계 미국인 선거등록 유권자의 투표참여에 대한
로지스틱 회귀분석 결과   218

〈표 7-1〉 청소년 해외유학 촉진을 위한 일본 정부 부성청의 대응 방안   241

〈표 7-2〉 해외에서 교육받는 일본 학생 수: 일본 해외 자녀교육 현황
(2014년 4월 15일 기준)   250

〈표 7-3〉 세계 각지 재외교육시설 재학생 수 추이   252

〈표 7-4〉 지역별 재적학생 수의 비율(의무교육 단계)   254

〈표 7-5〉 귀국학생 수의 동향   260

〈표 8-1〉 전국인대 조선족 대표 상황   295

〈표 8-2〉 중공 중앙위원 명단   295

〈표 8-3〉 조선족의 국내 분포상황   300

〈표 9-1〉 재외동포 인구 현황   317

〈표 9-2〉 재일외국인 인구 현황(2017년 6월 현재)   318

〈표 9-3〉 재류자격별 재일한인 현황(2017년 6월 현재)   321

〈표 9-4〉 재일한인 귀화자 현황   323

〈표 9-5〉 재일한인 결혼 현황   325

〈표 9-6〉 2018 포브스 선정 일본 억만장자 순위   327

〈표 9-7〉 주요 문학상 수상 재일한인 작가 현황   329

〈표 9-8〉 민단 조직 현황   335

〈표 9-9〉 일본지역 재외선거 투표 현황   337

그림 차례

〈그림 1-1〉 재외한인의 주류화 모델   54

〈그림 1-2〉 한인과 아시아계 미국인의 영어 구사력   60

〈그림 2-1〉 재미동포 인구의 10년 단위 변화 양상(1970~2010)   87

〈그림 3-1〉 뉴질랜드의 6대 아시안 종족집단 인구 규모(2006~2013)   115

〈그림 3-2〉 뉴질랜드 한인들의 모국어 유지 정도   123

〈그림 3-3〉 호주 한인의 한국어 사용 현황(2006년과 2011년 비교)   126

〈그림 3-4〉 10~24세 외국 출생 아시아인의 거주기간에 따른 모국어 유지 현황(2001)   128

〈그림 3-5〉 뉴질랜드 출생 2세 아동의 모국어 사용 능력(2001)   129

〈그림 5-1〉 2년 주기의 한인 이민자 수의 변화(1965~2013)   165

〈그림 5-2〉 재미동포 인구의 증가(1970~2010)   167

〈그림 6-1〉 한국계 미국인 유권자의 지역적 분포   207

〈그림 6-2〉 한국계 미국인의 투표성향이 변화(2004~2016)   217

〈그림 7-1〉 일본 중앙성청 청소년 정책 분담   240

제1장

재미한인의 주류화와 차세대

윤인진(고려대)

*
본 글은 2016년 4월 29일 재외한인학회·IOM이민정책연구원·고려대 아세아문제연구소 한민족
공동체연구센터에서 주최한 국제학술대회 〈재외동포의 주류화〉에서 발표된 논문("재외동포 주류화
의 개념과 지표")을 수정·보완한 것이다.

1. 서론

19세기 중엽에 시작된 한민족의 이주와 정착의 역사는 이제 160년 의 연혁을 갖게 됐다. 중국, 독립국가연합, 미국, 일본의 재외한인사회 에서는 이미 이민 3세부터 5세까지 출현했고, 캐나다, 브라질, 아르헨티 나 등에서는 이민 2세가 한인사회의 주역으로 부상하고 있다.

이주와 정착이 장기화되면서 재외한인은 더 이상 거주국의 이민자 신분이 아니라 시민으로서 위상이 바뀌었고, 거주국 주류사회의 중요 한 기회구조에 주류 민족집단[1]과 동일하게 참여하고 동등한 권리를 요 구하게 됐다. 예를 들어, 이주 초기에는 경제적 적응이 초미의 관심사였 고 그로 인해 자영업, 자영농과 같은 방식으로 경제적 자립에 주력한 다 음 축적된 자본을 자녀교육에 투자하여 세대 간 신분상승을 도모했다 (윤인진, 2004). 이 과정에서 주류 민족집단과 직접 경쟁하게 되는 정치 분 야를 기피하는 탈정치적 적응 양식을 보였다.

하지만 재외한인사회 거주국에서 출생하고 성장한 이민 2세와 3세 가 증가하면서 이들은 주류 민족집단과 동등한 권리 의식을 갖게 됐고 이전에 기피했던 분야들에까지 담대하게 진출하고 있다. 따라서 재외 한인 연구의 관점은 이제는 적응 관점에서 통합 관점으로 전환해야 한

---

[1] 한국에서 민족과 종족은 유사 개념으로 사용되는데 본 글에서 민족은 영어로 nation에 해당 하며 근대국가의 국민 형성과 연결된 정치공동체의 성격을 갖는 개념으로, 종족은 영어로 ethnicity에 해당하며 문화공동체의 성격을 갖는 개념으로 사용한다(김광억, 2005: 21). 한 국가에서 인구와 권력이 지배적인 종족집단은 민족집단에 가까운 속성을 보이며(예를 들 어, 우즈베키스탄의 우즈벡인 또는 말레이시아의 말레이인) 소수집단은 정치경제적으로 약 세이면서 문화적인 특성을 유지하는 종족집단의 속성을 보이는 경향이 있다. 본 글에서는 두 개념의 차이를 분명하게 밝히는 것이 중요할 때는 구분해서 사용하고 그렇지 않은 경우에는 하나의 개념만을 사용하겠다.

다. 적응이 경제적 자립과 같이 일차적이고 물질적이고 부분적인 대응 양식이라고 한나면 통합은 물질적이고 제도적인 깃뿐만 아니라 기주국 사회의 완전한 일원이라는 심리적 동일시까지를 포함한 완전한 대응 양식이라고 볼 수 있다.

이민자 통합(migrant integration) 개념은 이미 영국, 프랑스, 독일, 호주 등과 같은 선진국에서는 정부 정책의 중심적인 관점으로 자리 잡았다. 이민자를 더 이상 사회의 소외집단으로 두지 않고 적극적으로 거주국 사회의 생산적이고 완전한 일원으로 포섭하기 위한 시도로서 이민자 통합정책이 실천되고 있다(Joppke, 2007; Koopmans, 2010; 구춘권, 2012; 오정은, 2013; Niessen, 2014).

주류화는 통합을 구성하는 두 가지 차원, 즉 체제통합과 가치통합 중에서 전자에 해당하는 것으로 이해할 수 있다(Krechel, 1999: 90; 고상두, 2010: 272에서 재인용). 다시 말해 거주국의 정치·경제·사회·문화 영역의 기회 구조에 주류 민족집단과 동일하게 참여하고 권리를 행사할 수 있는 상 태로 진행되는 과정을 주류화라고 할 수 있다. 체제통합과 가치통합은 밀접하게 연관되어있어서 체제통합이 선행되어야 가치통합이 완성될 수 있는데 그렇다고 해서 체제통합 다음에 가치통합이 따라오는 것이 라고 볼 수 없다.

현실적으로 볼 때 재외한인이 염원하는 것은 거주국 사회로의 통 합에서 우선적으로 체제통합을 이루는 것이다. 거주국의 구성원이 된 지가 100년이 넘은 일본에서조차 재일한인이 다수집단의 혐오와 배제 의 대상이 되고 있는 현재 상황에서 기회의 형평성을 위한 차별 철폐는 여전히 시급한 과제이다. 따라서 주류화는 재외한인이 거주국 사회에서 일차적으로 체제 차원에서 자기계발과 발전의 공평한 기회를 획득하기 위한 노력이라고 볼 수 있다. 이런 이유로 주류화 개념과 이를 구체적으로 측정한 주류화 지표 · 지수는 재외한인이 거주국 사회에서 어느 정도 통합됐는지를 진단할 수 있는 유용한 도구이다. 이를 통해 한 국가 내에서 재외한인의 통합 정도를 파악할 수 있을 뿐만 아니라 여러 국가들 간에 재외한인의 통합 정도를 비교할 수 있다.

2. 선행연구 검토

1) 이민 차세대에 관한 연구[2]

(1) 교육

재미한인 차세대 동포에 관한 국내연구로는 교육학 분야에서 교육 성취와 관련하여 민족 정체성과 공동체 의식을 연구한 것이 있다. 김경근(2005)은 재미한인 학부모와 자녀의 민족교육관을 분석했다. 재미한인 사회에서 학부모들은 자녀들이 주류사회에 진출하고 주류 문화에 동화되기를 원하지만 자녀들이 민족의식을 유지하고 세대 간 의사소통을 할 수 있기 위해 한글학교에 보내고 있다. 그러나 자녀들은 부모들의 기대와는 달리 실용적인 목적에서 한국어를 습득하기 위해 한글학교에 다니는 경향이 있는 것으로 나타났다. 학부모들은 자녀들이 한국어와

---

2 재미한인 차세대에 관한 선행연구 검토와 정리를 도와준 연구조교 김은재(고려대학교 대학원 사회학과 박사과정)에게 감사한다.

현지어에 모두 능통하게 되기를 바라며 자녀들이 자신의 뿌리를 잊지 말기를 기내하는 이중적 경향을 보였다.

민병갑 · 김영옥(2007)은 재미한인 2세의 교육 성취와 관련하여 여성이 남성보다 교육 수준이 높은 것에 주목했다. 이런 현상은 비단 한인들에게서만 나타나는 것이 아니고 최근 미국 내 대학 진학의 특징을 반영한다. 2015년 미국 인구센서스 자료에 따르면 25세 이상의 성인 인구 중 여성의 대졸 비율은 32.7%로 남성의 32.3%보다 약간 높다(Ryan and Bauman, 2016). 이런 현상의 주된 원인으로 크게 발전한 성평등 의식도 한몫하지만 여성이 직장에서 남성보다 불리하기 때문에 대학이나 대학원을 나와야 바람직한 전문직으로 진출할 수 있는 사회적 환경도 책임이 있는 것으로 알려졌다. 또한 한인 부모들이 과거의 남존여비 사상을 버리고 딸의 교육을 아들 못지않게 중요하게 여기면서 2세 여성의 교육 수준이 2세 남성보다 높게 된 것이다.

보다 최근의 연구도 차세대의 높은 교육 수준을 보여주고 있다. American Community Survey 자료(2007~2011)를 분석한 김창환(Kim, 2014)의 연구에 따르면 학사 학위 이상을 취득한 단일인종 재미한인(자신의 인종으로 한인만을 표기한 사람) 1세의 비율은 52.6%이지만 1.5세의 비율은 65.3%, 2세의 비율은 70.5%로 증가하는 것으로 나타났다. 다른 아시아계 미국인 2세 그룹과 비교했을 때 재미한인 2세는 중국계(75.3%)와 인도계(79.7%) 다음으로 높은 교육 수준을 보였다. 또한 대학교육을 받은 2세의 비율은 미국에서 태어나 대학교육을 받은 백인(33.5%)보다 2배 이상 높았다.

재미한인 2세의 높은 교육 수준은 부모 세대가 세대 간 상향적 사회이동의 수단으로, 그리고 자신들의 자긍심의 근원으로 자녀교육에 헌신적으로 투자한 결과이다. Yoo와 Kim(2014)의 연구는 2세 자녀들이 어린 시절부터 그들의 좋은 성적이 부모들에게 커다란 위안으로 작용한다는 점을 인지하고 있었음을 보여준다. 자녀의 좋은 성적은 부모에게 자랑거리로서 심리적 위안을 주었고 동시에 미래에 안정적인 가계 소득으로 이어질 것이라는 희망이 됐다. 이를 위해 부모들은 자녀들에게 좋은 성적을 유지하여 아이비리그와 같은 명문대학에 가야 한다는 압력을 행사했다. 또한 부모들은 미국으로 이주하여 정착하는 것에 대한 경제적 비용과 감정적 어려움을 강조하며 자녀들에게 학교에서 좋은 성적을 얻을 것을 요구했다. Yoo와 Kim의 연구에 참여한 대다수의 응답자들은 부모에게 위안을 주고 기대를 만족시키기 위해 결과적으로 좋은 성적을 유지하여 명망 있는 대학을 졸업했다. 그러나 고등학교 시절 부모의 지나친 공부에 대한 압력과 공부 이외의 운동이나 그림, 음악 활동을 억압하는 것으로 인해 부모와 갈등을 경험한 응답자들도 있었다.

하지만 Lew(2004)의 연구는 한인 가정의 경제력이 한인 2세의 성취에 더욱 결정적인 요인으로 작용한다는 점을 강조한다. Lew의 연구에 참여한 응답자들은 뉴욕 퀸즈에 거주하는 1.5세 및 2세 저소득층으로 고등학교를 자퇴한 채 검정고시(General Education Development)를 준비했다. 연구 참여자들의 가족들은 한 부모 가정이거나 본인 소유의 사업이 없는 노동자들로 많은 경제적 어려움을 겪고 있었다. 따라서 부모들이 자녀들에게 좋은 성적을 거두길 기대하면서도 이를 위한 충분한 사회적 지지나 경제적 지원을 제공하지 못했다. 자녀들은 가족의 경제적 궁핍으로 인해 공부보다 현실적인 어려움을 해결할 수 있는 일자리에 더 비중을 두었다. 그 결과 저소득층 한인 1.5세 및 2세들은 학교 대신 자퇴를 선택하고 생업에 뛰어들게 됐다.

(2) 경제

2000년 미국 인구센서스 자료를 사용해서 재미한인의 세대별 사회경제적 지위를 비교한 윤인진·임창규(2008)의 연구에 따르면 세대별로 직업분포의 차이가 두드러졌다. 서비스직, 판매직, 생산직 등 저숙련 분야에서는 1세의 종사 비율이 높은 반면 전문관리직, 관리지원 및 사무직 등의 고숙련 분야에서는 1.5세와 2세의 비율이 높았다. 이런 결과는 1세에서 1.5세, 2세로 넘어가면서 직업의 업그레이드가 일어났기 때문이다. 또한 동일 세대의 직업분포를 아시안 집단들과 비교하면 한인 1세의 전문관리직 비율은 1세대 인도인, 중국인, 일본인, 필리핀인과 비교해서 낮고 유일하게 베트남인보다 높았다. 하지만 한인 1.5세와 2세의 전문관리직 비율은 동일 세대의 성공적인 아시안 민족집단들과 유사했다. 이런 결과는 한인들이 직업에서도 세대 간 상향적 사회이동을 성취하고 있음을 보여준다.

민병갑·김영옥(2007)은 유대인의 경우 3~4대에 가서도 자영업 비율이 높은 것과 달리, 한인의 경우에는 2세 이후부터는 부모의 사업을 계승하지 않고 임금 근로자가 되는 현상에 주목했다. 주된 이유는 한인 1세 부모들이 유교적인 사고방식 때문에 자녀들이 자영업에서 돈을 많이 벌 수 있더라도 사회적 지위가 높은 전문직으로 진출하도록 압박을 가하기 때문으로 해석했다. 또한 한인 1세가 경영하는 사업들이 주로 식품점, 청과상, 세탁업 등 낮은 지위의 노동집약적 사업이기 때문에 미국 사회문화에 동화된 2세들이 그런 업종에 종사하는 것을 꺼린 것도 자영업 종사율을 낮춘 원인 중 하나이다.

보다 최근의 연구도 2세의 주류 경제로의 편입을 통한 높은 경제적 성취도를 보여주고 있다. 김창환(Kim, 2014)의 연구는 한인 1세와 비교해서 2세의 노동시장 참여율이 17% 포인트 증가한 것으로 보고했다. 2세 중에서는 여성의 노동시장 참여율이 두드러지게 높았다. 1세와 2세 남성의 노동시장 참여율은 각각 83%와 87%로 불과 4% 포인트밖에 차이가 나지 않지만 여성의 경우에는 1세가 56%, 2세가 81%로 25% 포인트의 차이가 났다. 자영업 참여율은 앞서 민병갑·김영옥(2007)이 지적한 것처럼 1세의 28.4%가 자영업에 참여하는 것으로 나타난 반면 1.5세에서는 12.3%, 2세에서는 8.9%로 감소했다. 1.5세와 2세는 자영업 대신 전문직, 관리직 등에 종사하는 비율이 높기 때문에 소득은 오히려 1세보다 높았다. 1세의 평균 연소득은 5만 달러 미만인 반면 1.5세는 55,542달러, 2세는 65,462달러를 버는 것으로 밝혀졌다.

(3) 결혼

다인종·다민족 사회인 미국에서 이민자들의 정착기간이 길어지고 세대가 진행될수록 타 인종·타 민족과의 결혼이 증가하는 것은 일반적인 현상이다. 재미한인도 예외적일 수는 없어서 1.5세와 2세에서는 한인과 결혼하는 비율보다 타 인종·타 민족과 결혼하는 비율이 높다. Min과 Kim(2009)이 2001~2006년 American Community Survey 자료를 분석한 결과에 따르면 한인 2세의 족외혼 비율은 54%로서 전체 아시아계 미국인의 족외혼 비율(55.1%)보다 약간 낮았다. 남녀 간에 족외혼 비율의 차이는 큰데, 2세 남성은 46.9%, 2세 여성은 60.3%로 13.4% 포인트 차이가 났다. Min과 Kim(2007)은 성별에 따른 한인 2세의 족외혼 비율 차이의 원인을 남성 중심의 한국 문화와 미국 내 차별에서 찾았다. 한인 2세 여성은 한국계 남성의 가부장적인 특성을 피하기 위해 족외혼을 하고, 아시아계 남성에 대한 부정적인 인식은 한인 남성이 타 인종 · 타 민족 여성에게서 매력적인 배우자로 여겨지는 것을 방해한다는 것이다.

한인 2세가 족외혼의 대상으로 가장 많이 선택하는 집단은 백인으로 전체 족외혼의 39.8%가 백인과의 결혼이었다. 이 경우에도 성별 차이가 나타나는데 한인 2세 남성의 34%, 한인 2세 여성의 45.1%가 백인과 결혼했다. Min과 Kim(2007)은 아시아 여성이 순종적일 것이라는 백인 남성들의 고정관념이 한인 2세 여성과 결혼하는 비율을 높인 것으로 해석했다. 백인 다음으로 한인들이 결혼하는 민족집단은 아시아계 미국인으로 중국인, 필리핀인, 일본인이 한인과 결혼하는 비율이 높다. 같은 아시아계로서 유사한 문화와 신체적 특징을 공유한 것이 족외혼을 높인 원인으로 여겨진다.

족외혼은 한인 가족 내 세대갈등의 원인이 되기도 한다. Yoo와 Kim(2014)의 연구는 한인 1.5세와 2세가 배우자를 선택할 때 자신들이 원하는 배우자가 부모가 원하는 배우자와 다른 경우 갈등을 경험한다는 점을 보여준다. 결혼과 자녀의 출산은 이민자로서 고된 삶을 산 부모에게 커다란 보상과 기쁨이 되기 때문에 자녀들은 부모가 만족할 수 있는 배우자를 선택하려고 한다. 일반적으로 한인 부모 세대는 자녀의 배우자로 이성애자 한인이면서 대학 이상의 교육을 받은 사람을 선호한다. 하지만 자녀가 한인이 아닌 사람과 결혼하려고 할 때 부모의 반대를 겪게 되고 자녀는 부모의 기대에 어긋난 것에 대해 죄책감을 느끼기도 한다. 가족 내의 갈등은 손자 또는 손녀가 태어나면 대부분 봉합된다고 한다. 족외혼 외에도 부모가 원하는 나이에 자녀가 결혼하지 않거나 퀴어로서 이성애적 결혼생활을 할 수 없는 자녀들은 부모에 대한 기대에 부담과 화를 느끼고 이로 인해 부모와 긴장 및 갈등을 겪는다.

(4) 언어

2000년 미국 인구센서스 자료를 분석한 윤인진·임창규(2008)의 연구는 전반적으로 한인의 영어 구사력이 낮은 점을 지적했다. 1세 중에서 영어가 미숙하다고 보고한 사람들의 비율은 44.9%에 달하고 1.5세뿐만 아니라 2세 중에도 영어가 미숙하다고 보고한 사람들의 비율은 8～11%에 달했다. 한인의 영어 구사력은 다른 아시아계 미국인들과 비교해서 특별히 낮았고, 이런 점이 직업 선택과 소득에 부정적인 영향을 미치는 것으로 밝혀졌다. 하지만 세대가 진행될수록 한인의 영어 구사력은 향상되어서 1.5세와 2세의 영어 구사력은 동일 세대의 아시아계 미국인들과 비슷해지는 것으로 나타났다.

한인의 영어 구사력이 낮은 주된 원인은 영어 문화권이 아닌 국가의 이민자 출신이라는 점인데 이로 인해 가정에서 주로 사용하는 언어는 한국어인 것으로 밝혀졌다. 한인 1세의 94.7%, 1.5세의 86.9%, 2세의 58.9%가 가정에서 한국어를 사용한 것으로 나타났다. 따라서 1.5세와 2세들도 한국어 구사력은 떨어지더라도 한국어를 높은 비율로 사용하고 있다는 것을 알 수 있다.

재미한인 2세의 언어 사용 실태를 연구한 Min과 Hong(2002)에 따르면, 한국에서 태어나서 어린 나이에 이민을 온 2세가 미국이나 제3국에서 태어난 2세와 비교해서 더 쉽게 한국어를 배우고, 한인들이 많이 모여 있는 지역일수록 한국어를 사용하는 빈도가 더 많은 것으로 나타났다. 또한 한인교회를 다니는 청소년일수록 교회에 나가지 않는 청소년보다 한국어를 더 자주 사용했다.

Min(1998)은 뉴욕의 한인 이민자 가족 연구를 통해 그들 자녀의 민족 정체성 발달에 주목했고 주요 요인으로 한인교회를 꼽았다. 많은 한인교회 내에 한국어 및 문화 강좌 프로그램이 마련되어있고 맞벌이 생활로 바쁜 대다수 이민 가정은 이에 의존하는 경우가 많다. Min이 뉴욕에서 1997년에 실행한 설문조사에 따르면 90% 이상의 한인 이민자들이 가정 내에서 한국어를 사용하며 또 영어를 유창하게 말할 수 있는 이를 포함한 부모의 대다수가 자녀들의 교육을 위해 한국어 사용을 원했다. 그럼에도 불구하고 미국에서 태어난 2세 중 소수만이 한국어를 유창하게 말할 수 있었고, 2세의 대부분은 한국어를 배우고자 하는 의지가 약했다. 하지만 한국어를 배우기는 꺼려해도 가정 내에서 한국 음악을 즐겨 듣고, 한국 드라마와 영화를 자주 접해서 한국 문화에 익숙했다. 최근 전 세계적인 한류의 확산은 2세로 하여금 한국 문화에 대한 관심을 제고할 것으로 예상한다.

(5) 종교
재미한인의 중요한 특징 중 하나는 기독교인의 비율이 매우 높다는 것이다. 윤인진이 1996년에 미국 11개 도시에서 총 1,315명의 한인들을 대상으로 실시한 설문조사 결과에 따르면 전체 응답자의 78%가 한인교회에 출석하는 것으로 나타났다(윤인진, 2004: 259). 기독교를 믿는 부모 세대는 자녀들이 자신들의 신앙을 계승하기를 기대하여 어릴 적부터 자녀들을 교회에 출석시킨다. 이런 영향으로 인해 어린 시절 교회에 출석했던 1.5세와 2세의 다수가 성인이 되어서도 종교 활동을 하는 것으로 밝혀졌다(Park, 2013; Min and Kim, 2005).

2004년 로스앤젤레스 광역지역에서 실시된 설문조사["로스앤젤레스 광역지역에서의 이민과 세대 간 이동 조사(Immigration and Intergenerational Mobility Study in Metropolitan Los Angeles)"] 자료를 사용해서 로스앤젤레스에 거주하는 371명의 한인 1.5세와 2세의 결혼과 종교참여를 연구한 Park(2013)에 따르면 한인 응답자의 70%가 어렸을 때 기독교에 노출됐고, 이들 중 83%가 여전히 기독교 신앙을 갖고 있는 것으로 밝혀졌다. 1998년에 뉴욕-뉴저지 지역에 거주하는 200명의 한인 1.5세와 2세 응답자들을 대상으로 실시한 설문조사 자료를 분석한 Min과 Kim(2005)의 연구에 따르면 전체 응답자의 절반 이상(58%)이 어린 시절부터 부모에 의해 기독교에 노출됐으며 성인이 되어서까지 교회에 참석(54%)한다고 응답했다.

한인 2세의 종교성은 종교학을 연구하는 학자들에게 흥미로운 주제이다. 동화론에 따르면 이민 세대가 진행될수록 세속화가 강해지면서 2, 3세의 종교성은 약해지는 것으로 예측됐다. 하지만 한인 2세 목회자 중에는 미국 주류 복음주의 교단에 동화하거나 부모 세대의 이민교회를 계승하기보다는 독자적인 목회로 발전하는 사례들이 발견된다.

Sharon Kim(2010)은 로스앤젤레스 지역에 있는 108명의 한인 2세 목회자들에 대한 연구를 통해 이들이 미국과 한국 교회의 영적인 관행들을 결합한 하이브리드 목회와 다인종 교회를 지향하는 개방성과 창조성을 보인다고 분석했다.

캠퍼스 목회는 부모로부터 떨어져서 백인이 지배적인 대학 캠퍼스에서 소수인종으로 생활하는 한인 2세에게 정신적 안정과 소속감을 주는 중요한 기제로 작용하고 있다. 이런 점에서 Kim(2004)은 미국 대학 내에서의 한인교회의 역할에 대해 주목했다. 연구 당시 UC버클리와 UCLA에만 해도 50여 개 이상의 복음주의 교회 그룹이 있었고, 이들 그룹에 참여하는 사람들의 80% 이상이 아시아계 미국인이었다. 특히 미국 명문대학들에서 이들의 활동은 더욱 두드러지며, 이들 중에서도 한국계 미국인이 가장 눈에 띈다. Abelmann(2009)은 미국 일리노이주립대학 어바나샴페인 캠퍼스에 재학 중인 한국계 미국인 대학생들을 대상으로 진행한 인류학적 연구를 통해 자유와 진보를 지향하는 미국 대학교 캠퍼스에서 소수인종에 대한 차별이 한인 학생들로 하여금 복음주의 개신교회에 몰입하게 하는 인종적 자기 격리(racial self-segregation)를 낳았다고 진단했다.

종교의 기능은 세대별로 다르게 인식되고 이민 2세에 와서는 종교의 기능에 대해 더욱 분화된 인식을 하게 된다. 한인 1세는 기독교 교회가 신앙을 위한 종교적 기능뿐만 아니라 한인사회를 구축하고 한국 문화를 유지하는 문화적 기능을 함께 갖고 있다고 인식한다. 하지만 한인 2세는 교회에 대해 다음과 같은 세 가지 인식 유형을 보이는 것으로 알려졌다(Kim, 2010; Min and Kim, 2005).

첫 번째 유형은 한인 1세와 마찬가지로 한인교회의 종교적 및 문화적 기능을 모두 중요하게 여기는 것이다. Sharon Kim(2010)의 연구에 따르면 로스앤젤레스에 위치한 한인교회에 다니는 한인들은 한인교회가 한국 문화를 전수하고 유지하는 구심점으로서의 역할을 저버려서는 안 되고, 이를 위해 한국어 및 한국 문화 등이 예배 및 교회 활동에 적극적으로 반영되어야 한다고 생각한다. 두 번째 유형은 문화적 기능은 배제하고 종교적 기능만을 인정하는 것이다. Min과 Kim(2005)의 연구에 따르면 뉴욕-뉴저지에 거주하는 한인 2세들은 한인뿐만 아니라 모든 사람들에게 복음을 전파해야 한다는 신념을 갖고, 민족적 경계를 넘어 모든 기독교인들이 공감할 수 있는 목회를 해야 한다고 생각한다. 또한 로스앤젤레스에 있는 한인 2세 교회들을 연구한 Sharon Kim(2010)에 따르면 한인 이민교회들이 기독교 복음주의를 충실히 이행하지 못하고 있다고 비판하며 2세 목회자들은 다인종 교회를 지향하고 있다고 지적했다. 이들 목회자들은 다양한 인종이 참여할 수 있는 교회를 만들기 위해 의도적으로 교인의 인종을 보지 않는 '컬러 블라인드(color blind)' 방식을 사용하거나 인종 및 민족적 다름을 공개적으로 논의하는 방식을 사용하기도 한다.

세 번째 유형은 재미한인이 경험하는 인종차별이 촉발한 유형으로 종교적 기능을 바탕으로 문화적 기능을 확대하여 모든 아시아계 미국인을 포용하는 것이다. 이 유형의 교회에 참석하는 한인 2세는 한국 문화와 언어에만 집중하기보다 같은 아시아계 미국인으로서 공유하는 인종적 소수자와 이주자의 자녀로서의 경험과 유교적 가치관을 바탕으로 종교 공동체를 이루고자 한다. 아시아계 미국인에 대한 편견과 인종차별로 인해 한인 2세는 한인이라기보다는 아시아계 미국인으로 인식되기 쉬웠고, 이는 다른 아시아계 미국인들과 연대하는 계기가 됐다. 범아시아 계열의 신도들을 위해 한인 2세 목회자들은 의도적으로 설교에 한국어를 사용하지 않고 한국 문화보다는 범아시아계 신도들을 모두 포용할 수 있는 방향으로 교회를 이끌고 있다.

(6) 정체성

필자(윤인진, 1996; 2003)는 미국과 캐나다의 세대별 민족 정체성과 애착 수준을 연구했는데 두 지역 한인집단에서 공통적으로 세대별 차이가 현저한 것을 확인했다. 이민 1세와 비교해서 이민 2~3세들이 자신을 한인으로 동일시하는 정도가 약했고, 다른 한인과의 교류 정도와 족내혼과 모국어 사용과 같은 한민족의 가치와 관습을 인정하고 지키는 정도가 약했다. 그러나 이러한 세대 차이에도 불구하고 이민 2~3세의 경우에도 비록 이들이 한국어를 구사하는 능력이 제한되어있고, 한민족의 역사·문화에 관한 지식이 부족하더라도 한인으로서의 민족 정체성과 애착을 강하게 갖고 있고, 사회적 관계도 대부분 한인 민족공동체 경계 내에서 이루어지는 것으로 나타났다.

이렇게 현지사회로의 언어적·문화적·구조적 동화가 높은 수준으로 이루어진 이민 2~3세들이 한인으로서의 강한 민족적 동일시와 애착을 갖는 주된 이유는 다인종·다민족 사회에서 타 민족들에 의해서 한인들이 개인으로서가 아니라 특정 소수집단의 성원으로서 구별되고 인식되기 때문이다. 이로 인해 이민 2~3세들이 비록 현지 주류사회에 언어적·문화적·구조적으로 동화했다 하더라도 한인으로서의 민족 정체성과 애착의 수준이 강하게 유지되는 것으로 해석했다.

미국에서 출생하고 성장한 1.5세와 2세들은 여전히 유럽계 백인 중심의 미국사회에서 안정된 인종 및 민족 정체성을 형성하는 데 어려움을 겪는 것으로 보고되고 있다. Park(2015)의 연구에 따르면 한인 2세는 어린 시절 문화·언어·인종적 차이로 인해 백인 중심의 주류 미국사회에서 소외를 경험한 것으로 나타났다. 응답자들에 따르면 그들 부모는 백인 미국사회로의 강력한 동화를 요구했고 백인 주거지역의 환경이 백인 문화로의 동화를 강화했다고 한다. 또한 자녀교육에 대한 부모의 강한 열망으로 한인 2세는 어린 시절 한국어와 한국 문화를 학습하기보다 영어를 사용하고 백인 아이들과 어울리며 백인의 문화를 익혔다. 영어와 백인 문화의 습득은 미국의 주류사회 편입에 이점이 됐다. 그러나 백인 문화를 실천함에도 불구하고 한인 2세는 인종적 소수자로 남았고, 주류 문화와 소수 인종 간의 불일치를 경험했고, 이는 정체성의 혼란으로 이어졌다.

2005년에 미국 4개 도시와 서울에서 총 29명의 한인 1.5세와 2세를 대상으로 심층면접을 실시한 필자의 연구(2005)에 따르면 이들의 민족 정체성은 기본적으로 코리안 아메리칸이라는 이중정체성이다. 이들은 자신들의 이중정체성을 당연하고 자랑스러운 것으로, 긍정적으로 평가한다. 하지만 1.5세와 2세는 코리안 아메리칸 정체성에서 한인 정체성과 미국인 정체성의 상대적 중요성에 대해 평가하는 바가 다르다. 1.5세가 한인 정체성이 미국인 정체성보다 더욱 크고 중요하다고 생각하는 반면 2세는 미국인 정체성을 더욱 크고 중요한 자아의 부분으로 생각한다.

그러나 1.5세와 2세는 공히 자신들이 아무리 미국에서 영어를 잘하고 미국문화에 동화됐다 하더라도 여전히 남들로부터 인종적으로 구별되는 한인 또는 아시아인이라는 점을 인식하고 있다. 그리고 1.5세와 2세의 코리안 아메리칸 정체성에는 재일한인의 '재일(在日, Zainichi)' 정체성과 같이 미국에 정주한다는 의식이 중요하게 자리 잡고 있다. 자신들의 운명과 미래가 달려 있고, 기회와 권리가 주어지며, 그에 따라 책임과 충성을 다해야 하는 곳이 미국이라는 의식을 갖는 것이다.

그런데 코리안 아메리칸 정체성에서 한인 정체성과 미국인 정체성은 항상 조화롭게 통합된 것이 아니라 때로는 충돌하고 위계적으로 배치되기도 한다. 미국에서 이민자와 소수민족으로 살아가는 한인에게 한국 문화, 한인 커뮤니티는 미국 문화와 미국 주류사회에 비교해서 주변적이고 이류로 취급되기 쉽다. 이런 객관적 상황에서 한국 문화에 대한 접촉 없이 한국과 한국인에 대한 부정적 고정관념을 갖고 자라난 2세의 경우에 '한국적인 것(koreanness)'을 폄하하고, 부정하고, 기피하는 행동을 보인다.

1.5세와 2세 코리안 아메리칸 정체성과 관련하여 한인 정체성과 미국인 정체성의 관계를 상호 배타적이고 갈등하는 것으로 보기보다는 상황에 따라 둘 중 하나의 정체성이 현저해지고 강해지는 것으로 파악하는 민족 정체성 다핵이론이 설득력을 갖는 것으로 나타났다(윤인진, 2005). 이 모델에 따르면 코리안 아메리칸 정체성에는 한인 정체성과 미국인 정체성이라는 두 개의 핵(또는 중심)이 있는데, 개인은 이 2개의 핵을 중심으로 순환하는 마치 행성과 같은 존재이다. 그가 한인 정체성이 보다 적합한 상황에 처하면 한인 정체성이 두드러지게 되고, 반대로 미국

인 정체성이 더욱 적합한 상황에 처하면 미국인 정체성이 두드러지는 것이다.

(7) 정치 참여

앞서 소개했던 '로스앤젤레스 광역지역에서의 이민과 세대 간 이동 조사' 자료를 사용해서 재미한인 차세대의 정치의식과 정치 참여 실태를 파악한 윤인진(2011)의 연구에 따르면 한인 차세대의 정치성향은 중도적 성향을 가진 사람들이 가장 많고, 보수 성향을 가진 사람들이 진보 성향을 가진 사람들보다 약간 많은 것으로 나타났다. 한인 차세대가 지지하는 정당은 민주당이 공화당보다 약간 우세하지만 유권자 등록을 한 한인 중에는 공화당을 지지하는 비율이 더욱 높았다. 한인 차세대 중에서 유권자 등록을 한 사람들은 미등록한 사람들보다 월등히 많았으나 미등록자의 비율은 백인과 흑인에 비교해서 높았다. 전체적으로 이민자 비율이 높은 인종 · 종족집단일수록 미등록 비율이 높았다.

정치 참여의 가장 완성된 형태는 실제 선거에 투표로써 자신의 의사를 표현하고 유권자로서의 권리를 행사하는 것이라고 할 수 있다. 2004년 설문조사가 실시되는 동안 치러진 10월 7일 캘리포니아 보궐 선거에 참여했는지의 여부를 조사한 결과 한인 차세대의 51.7%는 투표했지만 48.3%는 투표하지 않았다. 한인 차세대의 투표율은 백인에 비교해서 현저히 낮지만 여타 집단들과 비교해서는 비슷한 수준이었다. 이런 연구 결과에 기초하여 필자(2011)는 한인 차세대의 높은 교육 수준과 주류화 수준은 높은 정치의식과 참여 수준으로 이어져서 향후 재미한인의 정치적 역량강화와 세력화가 더욱 강해질 것으로 예측했다.

2000, 2004, 2008년 미국의 Current Population Survey 자료를 사용해서 재미한인의 정치 참여 현황을 조사한 Oh(2014)에 따르면 한인 1세와 비교해서 2세가 더 높은 투표참여율을 보이는 것으로 나타났다. 그리고 재미한인의 주류 정치 참여를 제고하는 데는 1996년 뉴욕주 플러싱에서 설립된 '시민참여센터(Korean American Civic Empowerment)'와 같은 시민단체의 역할이 지대했다. 이 센터의 노력으로 인해 1996년에 5%에 그쳤던 한인의 투표율은 12년 만인 2008년에 68%로 상승했다.

Oh(2014)는 재미한인의 투표율 증가를 위해서는 미국 주요 정당의 적극적인 한인 공동체를 위한 정책이 마련되어야 한다고 주장한다. 한인 2세 중 민주당을 지지하는 비율이 38%, 공화당을 지지하는 비율은 17%이며 제3당을 지지하는 비율은 10%였다. 이 결과에서 주목할 점은 어떠한 정당도 지지하지 않는다는 비율(35%)인데 Oh는 특정 정당에 대한 지지가 정치 참여로 이어질 수 있다는 점에 주목한다. 따라서 지지하는 정당이 없는 한인을 설득할 수 있는 정책과 정당의 역할이 한인 투표율 증가에 영향을 끼칠 가능성이 있다고 지적한다.

2) 재외한인 주류화 연구

재외한인에 대한 연구는 양적으로나 질적으로 지속적으로 발전해왔지만 선행연구는 주로 재외한인이 거주국에서 적응하고 정착하는 문제에 초점을 두어왔다. 한국에서 진행된 재외한인 연구에 대한 체계적인 문헌 고찰을 수행한 윤인진(2011)에 따르면, 사회과학 분야의 경우 주요 연구주제로 이주/이민, 법적 지위, 청소년 · 여성/가족, 정체성/민족의식, 경제 활동, 동포교육, 남북관계, 재외동포정책 등을 다루고 있다. 이 중 한국 정부의 재외동포정책과 관련한 주제를 제외한다면, 대부분은 재외한인의 적응/정착과 모국과의 유대와 관련된 이슈를 다루고 있다. 즉, 이민 1세대에 초점을 맞추어 이주경향, 가족관계, 경제 활동 등을 다루거나 민족의식과 같이 거주국보다는 모국과의 사회심리적 관계에 집중하고 있다. 또한, 1세대의 경험에 초점을 맞추고 있어 거주국과의 상호작용에 있어서도 편입이나 통합보다는 갈등과 배제를 강조하고 있다.

하지만, 최근 연구는 재외한인의 거주국 정착의 장기화와 세대교체에 주목하면서 적응과 배제의 관점을 넘어 거주국 사회통합의 문제에 관심을 기울이고 있다. 이는 이민자에 대한 수용적 정책을 가진 북미지역에서 특히 두드러진다. 영문으로 출판된 북미한인 연구 성과에 대해 문헌고찰을 한 민병갑(Min, 2013)에 따르면, 2000년대 이전의 재미한인에 대한 연구가 1세대 이민자들의 이민 및 정착, 경제 활동, 가족관계, 그리고 종교 활동에 주로 국한되어있었던 반면, 2000년대 이후에는 사회경제적 성취와 동화, 초국가적 연결망, 그리고 정체성에 대한 연구로 확대되고 있다.

이들 연구는 1.5세대와 2세대에 초점을 맞추어 교육 수준, 사회경제적 지위, 통혼 또는 족외혼(intermarriage) 같은 전통적인 사회동화의 지수를 이용하여 재미한인사회의 거주국 통합문제를 다루고 있다(윤인진·임창규, 2008; Sakamoto et al., 2009). 또한 재미한인은 이민 초기의 적응 및 정착 단계를 넘어서서 향상된 사회경제적 지위와 주류 노동시장 진입을 바탕으로 거주국 주류사회로 통합되는 과정에 있다고 진단한다. 대표적으로 재미한인의 정치 참여(Kim, 2011; 민병갑, 2019; 오숙희, 2019), 거주지 통합(Oh, 2015), 한인단체 활동(Chung, 2009)에 관한 연구들은 재미한인의 주류사회 편입 과정이 개인 수준의 동화가 아니라 집단적 수준에서 일어나는 역동적인 사회과정이라는 점을 보여주고 있다.

요약하자면, 재외한인에 대한 선행연구는 주로 1세대의 거주국 정착에 많은 부분을 할애해왔으나 최근 들어 주류사회 참여에 주목하는 연구들이 증가하는 추세이다. 앞으로 재외한인사회에서 2세대와 그 이후 세대의 인구와 영향력이 증가하는 상황에서 재외한인의 주류화에 대한 연구는 더욱 활발해질 것으로 예상한다.

주류화의 개념은 이민 관련 문헌보다는 교육학 분야에서 사회적 소수자의 체제 편입(inclusion)을 지칭하는 용어로 오랫동안 사용되어왔다. 이후 미국에서 역사적으로 인권운동의 확산과 아울러 여성과 소수민족의 사회통합을 지칭하는 단어로 확장됐다. 교육학에서 주류화는 "학습 및 신체상 장애를 지닌 학생들을 정규학교와 교실에 편성하는 것"을 지칭한다 (Madden and Slavin, 1983; Rogers, 1993). 1975년 미국의 장애학생교육법(The Education for All Handicapped Children Act)의 제정으로 장애학생에 대한 제약의 최소화를 의무화한 이래로 주류화는 소수자 학생에 대한 통합적 교육을 의미했다. 여기에서 주류화는 단순한 정규학교로의 편입이 아니라 장애학생이 정규교육으로 편입될 수 있도록 교육시킴과 동시에, 정규과정이 이들을 수용할 수 있도록 적응하는 상호 적응의 과정을 지칭한다(Madden and Slavin, 1983).

주류화는 이후 장애학생을 넘어 사회적 소수자, 특히 인종적 소수자 집단의 교육통합과 관련된 사회운동과 연관됐다. 특히, 흑인에 대한 분리정책에 대항하는 탈격리(desegregation) 운동의 한계를 비판하기 위해 주류화 논의가 등장했다. 이에 따르면, 탈격리는 인종 간 차이를 인정하지 않은 기계적 통합에 불과하기 때문에 인종적 차이를 인정하고 인종적 소수자에게 보다 수용적인 교육환경을 제공하는 교육의 주류화가 진행되어야 한다는 것이다(Sapon-Shevin, 1979; Katz-Garris and Garris, 1981). 따라서 주류화는 소수자 집단의 주류집단으로의 수동적 편입을 넘어서 소수자 집단과 주류집단의 상호작용을 통한 평등한 기회구조의 조성을 함의하게 됐다.

주류화 개념은 사회적 소수자 집단의 교육문제를 넘어 남녀평등의 이슈로 확장됐다. 1990년대 초 제안된 성주류화(gender mainstreaming)는 남녀차별 철폐와 같은 기계적 성평등의 문제점을 지적하고 남녀 형평성의 실질적 제고를 위한 정책 마련과 수행을 가리킨다 (True and Mintrom, 2001; True, 2003). 성주류화의 관점에 따르면, 남녀평등의 정책은 주로 제도적 차별의 제거에 초점을 맞추고 있어 여성에 대한 실질적인 기회보장이 이루어지지 못한다. 남녀의 실질적 형평성 제고를 위해서는 제도 및 사회문화적 성차(gender difference)를 고려하여 여성이 주류 영역에서 평등한 기회를 보장받고 의사결정에 참여할 수 있는 국내 및 지구적 사회체계의 전환이 필요하다. 이런 의미에서 성주류화는 여성의 사회제도 내로의 실질적 편입을 가능케 하는 체제통합을 가리킨다.

교육학과 젠더 연구에서 정의하는 주류화 개념의 공통점은 소수자 기회 평등의 확보라고 요약할 수 있다. 따라서 이민자와 소수자 연구에서 주류화 개념은 동일한 방식으로 이민자 또는 소수자가 주류집단 성원들과 동일한 삶의 기회와 질을 보장받는 것으로 이해할 수 있다.

3. 주류화의 개념과 지표

1) 재외한인의 주류화 개념 정의

앞서 주류화는 통합의 일부라고 규정했기 때문에 통합의 의미를 우선적으로 정리하고자 한다. 연구자에 따라 통합의 개념은 다양하게 정의되기 때문에 여기서 일일이 소개할 수는 없지만, 기존 개념들 중에서 공통적인 요인들을 추출하여 정리하면 '사회적으로 또는 문화적으로 분리된 집단들이 하나의 단일한 체제에 참여해 소속감을 공유하고 상호 간의 유대관계를 발전시키는 과정'으로 정의할 수 있다. 따라서 통합은 거주국 사회의 기회구조에 동등하게 참여하는 체제통합과 거주국의 완전한 구성원으로서 소속감을 갖는 가치통합으로 구성된다.

필자(2019)는 통합 개념을 이민자에 적용하여 이민자 통합 개념을 제안했다. 이에 따르면 "이민자가 거주국 사회의 구성원이 되어 자신의 고유한 집단 문화와 정체성을 유지하면서 거주국의 문화와 제도를 수용하고, 안정된 생활과 평등한 기회를 영위하고, 소속감을 갖고 선주민과 유대관계를 발전시키는 과정"으로 정의된다.

이 개념은 문화 다양성의 인정과 존중, 거주국 문화의 수용, 기회 평등, 소속감, 유대관계로 구성되어있다. 만일 주류화를 체제통합으로 본다면 위의 다섯 가지 요소 중에서 거주국 문화의 수용, 기회 평등, 유대관계가 주류화의 주요 구성요소라고 볼 수 있다. 즉, 재외한인의 주류화는 "재외한인이 거주국의 기회구조와 사회적 관계에 동등하게 참여하는 과정"이라고 정의할 수 있다. 구체적으로 재외한인이 거주국의 주류 민족집단과 비교해서 삶의 기회와 질에 대해 동등한 지위를 확보할 때 주류화가 이루어졌다고 볼 수 있다.

2) 재외한인의 주류화 지표

재외한인의 주류화 수준을 측정하는 지표를 개발하기에 앞서 참고할만한 관련 지표들을 먼저 살펴보도록 하겠다.

(1) 이민자통합정책지수

선행연구에서 이민자 통합을 측정하는 대표적인 지수로 '이민자통합정책지수(MIPEX)'가 있다. MIPEX는 2004년에 15개의 EU 국가들을 대상으로 조사됐고, 2007년에는 25개의 EU 국가들과 캐나다, 노르웨이, 스위스를 포함해 총 28개 국가들로 확대됐다. 2012년에는 세르비아, 한국, 카자흐스탄 등이 추가로 참여해서 제3차 MIPEX 조사(MIPEX III)에서는 총 37개 국가에 관한 자료를 확보했다.[3] 가장 최근 조사는 2014년에 실행됐는데 여기에 총 38개 국가들이 참여했다(윤인진, 2019).

MIPEX는 실제 이민자의 거주국 내 통합 수준을 측정하는 것이 아니고 이민자의 통합을 촉진하기 위한 법과 정책, 제도가 마련되어있는가를 측정하는 방식을 취한다. 따라서 법과 제도가 마련됐다고 해서 이민자의 통합이 이루어졌다고 말할 수는 없으나 그와 같은 기반이 마련된 국가들에서는 실제 이민자의 통합 수준이 높게 나타나고 있어서 나름대로 유용한 지표라고 볼 수 있다. MIPEX는 노동시장 이동, 가족 재결합, 교육, 정치 참여, 건강, 장기 거주, 국적 취득, 반차별과 같은 8개

---

3   MIPEX III에 사용된 지표들을 설명한 책지는 MIPEX 홈페이지를 참조. http://www.mipex.eu/

의 정책 영역들로 구성된다. 각 영역은 4개의 차원들로 구분되고, 다시 각 차원은 보통 3~7개의 문항들로 측정된다. 개별 문항에 내해서는 1부터 3까지의 값으로 측정하는데 이민자가 완전하게 평등한 대우를 받으면 3점, 평등한 대우에서 한참 뒤쳐져 있으면 1점, 그 중간에 위치하면 2점을 부여한다(Niessen, 2014: 9).

(2) 북한이탈주민 정착지표

국내 탈북민의 정착을 지원하기 위해 설립된 남북하나재단이 개발한 '북한이탈주민 정착지표'도 참고할 만한 가치가 있는 지표이다. 남북하나재단은 탈북민의 한국사회 정착을 최종 목표로 삼고 현재의 정착 수준을 측정하고 미흡한 부분을 개선하기 위해 지표체계를 개발했다. 여기서 정착은 기본적인 권리와 사회 진출의 형평성을 보장하는 '기회(equal opportunity)', 사회적 자활능력 및 유지능력과 그 결과인 '자립(self-reliance)', 탈북민과 한국사회의 조화로운 융합인 '통합(integration)'으로 구성된다고 보고 있다. 그리고 물리적 정착에 해당하는 자립은 경제 · 사회 · 신체 · 심리 역량으로 구성되고, 심리사회적 정착에 해당하는 통합은 공동체 의식, 사회적 참여, 사회적 신뢰로 구성되는 것으로 이해한다(신효숙 외, 2017: 86). 본 글의 주제인 재외한인의 주류화와 관련해서는 자립을 유사한 개념으로 볼 수 있다.

(3) 에이거 · 스트랭의 이민자 통합 모델

이민자의 통합을 개인 수준에서 측정하며 여러 국가들에서 사용되는 모델로 에이거와 스트랭(Ager and Strang, 2008: 170)이 개발한 '이민자 통합 모델(migrant integration model)'을 소개할 필요가 있다. 에이거와 스트랭은 영국에서 난민의 사회통합을 연구하면서 통합의 토대, 촉진요소, 사회적 관계, 표식과 수단으로 구성된 분석틀을 제안했다.

여기서 통합의 토대는 이민자의 권리와 시민권 보장을 의미하는 것으로 안정된 법적 지위를 통합의 출발점으로 간주한다. 촉진요소는 언어문화적 지식과 안전과 안정감으로 구성된다. 거주국의 언어와 문화를 습득하는 것이 이민자의 통합능력을 제고하는 것으로 인식한다. 안전과 안정감은 인종차별, 폭력, 집단 따돌림 등의 인권침해로부터 보호되는 것과 이민자가 거주국 사회에 평등하게 참여할 수 있는 기회를 제공하는 것을 의미한다. 사회적 관계는 이민자와 선주민 간에 형성되는 관계망을 의미하는 사회적 가교, 자국 출신의 이민자들로 구성된 공동체를 통한 결속을 의미하는 사회적 결속, 이민자가 정부 지원 서비스에 접근하도록 지원하는 것을 지원하는 체제를 의미하는 사회적 연계로 구성된다. 고용, 주거, 교육, 보건은 통합의 수준을 나타내는 표식인 동시에 이를 달성하기 위한 수단으로 간주한다.

이 모델을 재외한인의 주류화에 적용하면 통합의 토대는 재외한인의 거주국 내 권리와 시민권에 해당한다. 재외한인이 시민권 또는 영주권과 같은 안정된 법적 지위와 권리를 확보하게 되면 정치·경제·사회·문화 영역에서 통합을 하는 데 유리하지만 불안정하거나 비합법적인 지위를 갖게 되면 이후의 통합은 어려움을 겪을 수 있다. 촉진요소 중 언어문화적 지식은 재외한인이 거주국의 언어와 문화를 습득하는 것으로 거주국의 언어 구사력이 한 가지 측정지표가 될 수 있다. 또한 안선과 안정감은 재외한인에 대한 제도적 차별과 밀접하게 관련되는데 거주국

정부와 사회가 재외한인에 대해 법적·제도적·관습적으로 차별하면 공평한 기회를 갖지 못하게 되고 그로 인해 소외계층으로 전락하게 된다. 사회적 관계는 재외한인이 거주국의 지배민족집단과 맺는 관계망, 재외한인 간의 결속, 거주국 정부의 지원 서비스에의 접근으로 볼 수 있다. 이 중에서 지배민족집단과의 관계의 정도는 재외한인이 얼마만큼 주류사회에서 수용되고 있는가를 측정하는 지표가 될 수 있다. 구체적으로 족외혼 또는 통혼(intermarriage)은 거주국 내 소수민족의 수용도를 측정하는 지표로 사용할 수 있다.

끝으로 표식과 수단에서 고용, 주거, 교육, 보건은 재외한인이 거주국 내에서의 사회경제적 지위와 건강 수준을 측정하는 지표로 이해할 수 있다. 하지만 고용은 취업 및 직업과 관련된 것이며 소득과 같은 경제적

〈그림 1-1〉 재외한인의 주류화 모델

주: 에이거·스트랭(Ager and Strang, 2008)의 이민자 통합 모델에서 고용을 경제로 변경하고 정치 참여를 추가함.

지위를 포함하기에는 제한된 개념이라 필자는 고용을 경제로 변경했다. 그리고 정치 참여를 새로운 표식과 수단으로 추가했다. 재외한인이 거주국의 정치에 참여하는 정도는 통합의 지표인 동시에 경제와 같은 다른 영역에서의 통합을 촉진하는 수단이 될 수 있기 때문이다.

(4) 재외한인의 주류화 지표

앞서 논의했던 재외한인의 주류화 개념의 영역과 측정지표는 〈표 1-1〉에 제시된 것과 같다. 이론적으로는 보다 많은 측정지표들을 포함할 수 있으나 자료 수집에 한계가 있어서 실제로 사용할 수 있는 지표들은 제한적이다. 본 연구에서 사용된 지표들은 굵게 표시했다.

〈표 1-1〉 재외한인의 주류화 영역과 측정지표

상위영역	하위영역	측정지표
통합의 토대	국민으로서의 권리	**시민권자 비율**, 영주권자 비율, **불법체류자 비율**
촉진요소	언어문화적 지식	**영어 구사력**, 문화와 제도 관련 지식
	안전과 안정감	법적·제도적·관습적 차별 여부, 치안과 생활 불안감 (자료 부족으로 조사 못함)
사회적 관계	사회적 가교	**족외혼(통혼)율**, 주류사회 조직 및 단체 참여도
	사회적 결속	재외한인사회 참여도, 재외한인의 사회적 지원 연결망 (자료 부족으로 조사 못함)
	사회적 연계	정부 및 지원 조직 및 단체와의 연결망(자료 부족으로 조사 못함)
표식과 수단	경제	**취업률, 직업, 소득, 빈곤율**, 고용 안정성
	주거	**주거 소유율**, 주거 형태, 주거 안정성
	교육	**최종 학력**
	보건	**주관적 건강상태, 의료보험 가입률**
	정치 참여	**비선거 정치 참여, 선거 등록률, 투표율, 선출직 또는 고위 임명직 비율**

4. 재미한인의 주류화 현황

1) 자료

본 연구에서 인용된 자료는 미국 통계국(*Bureau of Census*)에서 실시하는 인구센서스와 American Community Survey 자료이다. 미국에서는 10년마다 인구센서스가 실행되는데 그 중간에 매년 American Community Survey를 실시하여 미국의 다양한 지역과 인종·민족집단별로 인구통계학적, 사회경제적 정보를 수집한다. 한인과 같은 소수집단은 American Community Survey에 포함되는 표본수가 적기 때문에 유의미한 통계 분석을 위해서 여러 해에 걸쳐서 실행된 설문조사의 한인 표본들을 합치기도 한다. 본 연구에서는 이 두 자료를 사용해서 한인과 아시아계 미국인의 인구통계학적·사회경제적 특성을 분석한 *Korean American Coalition Census Information Center*와 *Pew Research Center*의 보고서를 인용했다.

또 한 가지 본 연구에서 사용한 자료는 2016년 아시안 아메리칸 사전 선거조사(National Asian American Survey 2016 Pre-Election) 자료이다. 이 조사는 아시아계 미국인들의 다양한 정치 활동 참여를 조사했으며, 정치 참여에 영향을 미치는 인구, 경제, 사회, 종교, 이민자적 특성에 대한 자세한 정보를 포함하고 있다. 아시아계 미국인 중 주요 9개 집단의 성인을 대상으로 전화 설문조사를 실시했으며 응답률은 21.8%로 총 응답자는 4,787명이며 316개의 변수를 포함하고 있다. 이 조사에는 시민권자와 영주권자가 그들의 실제 인구 비율보다 더욱 높게 측정됐고 투표정치에 참여한 사람들이 과도하게 표집된 특징이 있다. 따라서 한인을 포함한 아시아계 미국인의 정치 성향과 정치 활동 참여를 조사하기에는 적합하지만 그 외 인구통계학적·사회경제적 특성을 파악하기에는 대표성에 문제가 있다.

2) 주류화 현황

(1) 통합의 토대

미국에서 시민권과 영주권은 사회 구성원으로서의 권리와 복지혜택에 대한 접근성과 활용 정도를 결정하는 매우 중요한 토대이다. 따라서 재미한인 중에서 시민권자와 영주권자의 비율은 사회통합의 가능성과 수준을 측정하는 데 중요한 지표이다.

미국 내 한인의 규모는 2015년 기준으로 200만 명에 달하는 것으로 추산된다(민병갑, 2019). 퓨리서치센터(*Pew Research Center*)가 미국 인구센서스의 2015년 American Community Survey 자료에 근거하여 추산한 바에 따르면 한인 인구는 1,822,000명인데 미국 인구센서스에서 한인 인구가 축소 집계되는 경향을 감안하면 대략 200만 명으로 추정할 수 있다. 이런 한인의 인구는 전체 아시아계 미국인 중에서 다섯 번째로 큰 규모이다. 한인의 출생지를 구분하면 외국에서 출생한 한인의 비율은 62%로서 미국에서 출생한 비율인 38%보다 1.6배 높다. 그리고 전체 아시아계 미국인 중에서 외국 출생자 비율이 59%인 점을 감안하면 한인의 외국 출생자 비율이 다소 높은 편이다. 외국 출생 한인 중에서 시민권을 보유한 비율은 60%로서 전체 아시아계 미국인(58%)과 비교해서 다소 높은 시민권 보유율을 보인다.

　시민권 또는 영주권이 없이 불법체류 이민자의 신분으로 살아가는 한인의 규모는 2017년 3월 6일 『뉴욕타임즈』의 기사에 따르면 198,000 명으로 아시아 국가 중에서 세 번째로 많다고 한다(Yee, Davis, and Patel, 2017). 재미한인의 인구를 200만 명으로 잡을 경우 불법체류자 비율은 대략 10%에 달하는 것으로 추정된다. 전체적으로 볼 때 재미한인 인구의 40%가량이 미국 출생자이고, 외국 출생자 중에서 시민권자의 비율이 60%에 달하고 불법체류자 비율은 10%라는 점을 감안할 때 재미한인의 법적 신분상의 지위는 안정되어있다고 볼 수 있으며 사회통합의 토대는 양호하다고 평가한다.

〈표 1-2〉 한인의 출생지와 시민권 보유 현황(2015)

(단위: %)

출생지	한인	아시아계
미국 출생	38	41
외국 출생	62	59
외국 출생자 중 시민권 보유율		
시민권자	60	58
비시민권자	40	42

출처: *Pew Research Center* (2017), "Koreans in the U.S. Fact Sheet"[4]

(2) 촉진요소

거주국의 언어문화적 지식은 이민자의 사회통합을 촉진하는 요소

4　https://www.pewsocialtrends.org/fact-sheet/asian-americans-koreans-in-the-u-s/ (최종검색일: 2019. 3. 9.)

중의 하나이다. 재미한인의 경우 미국 인구센서스에서 제공하는 자료 중에 영어 구사력(English proficiency)이 언어문화적 지식 수준을 측정하는 한 가지 유용한 지표이다. 2015년 기준으로 집에서 영어만 사용하거나 또는 다른 언어를 사용하더라도 자신의 영어 능력을 '매우 잘함'이라고 보고한 영어 능숙자의 비율은 한인 전체에서 63%였고, 출생지에 따라 미국 출생자는 94%, 외국 출생자는 47%의 차이를 보였다. 한인의 영어 능숙자 비율은 전체 아시아계 미국인의 영어 능숙자 비율(70%)과 비교해서 다소 떨어지는 것으로 나타났다.

〈표 1-3〉 재미한인의 영어 구사력

(단위: %)

	영어 능숙자 비율
전체	63
미국 출생자	94
외국 출생자	47
성인 인구	58
전체 아시아계 미국인	70

주: 5세 이상의 한인 인구 대상
출처: *Pew Research Center* (2017), "Koreans in the U.S. Fact Sheet"

　　미국 인구센서스의 2010년부터 2014년까지의 American Community Survey 자료를 분석한 바에 따르면 한인의 영어 구사력은 해당 기간에 약간 개선된 것으로 나타났다. 영어만을 사용하는 한인의 비율은 2010년의 21%에서 2014년의 24%로 증가했고, 영어가 능숙하지 못한 한인의 비율[5]은 해당 기간에 35.3%에서 32.4%로 감소했다. 하지만 한인의 영어 구사력은 여전히 아시아계 미국인보다 부족해서 한인 중 영어 능숙자의 비율은 낮은 반면 제한된 영어 구사력(limited English proficiency)을 가진 사람들의 비율은 더욱 높았다.

한인 인구에서 외국 출생자의 비율이 높은 것과 모국이 영어 문화권이 아닌 것이 한인의 영어 구사력을 떨어뜨리는 주된 요인으로 볼 수 있다. 선행연구에 따르면 한인은 그들의 높은 학력과 중산층 계층배경에도 불구하고 제한된 영어 구사력이 취업 및 소득에 부정적인 영향을 미치는 것으로 밝혀졌다(Yu et. al., 2002; 윤인진·임창규, 2008). 전체 한인의 대략 2/3이 영어가 능숙하다는 점을 고려할 때 한인의 언어문화적 지식 수준은 대체로 양호하다고 볼 수 있다.

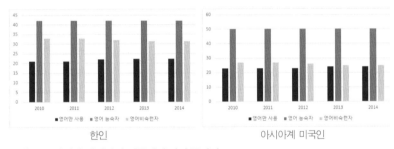

한인   아시아계 미국인

〈그림 1-2〉 한인과 아시아계 미국인의 영어 구사력

출처: *Korean American Coalition Census Information Center*, "Language and Education"(미국 인구센서스, 2010~2014 American Community Survey 1년 추계 Table S0201)[6]

---

5 미국 인구센서스에서 영어 구사력은 집에서 영어만 사용하는지 또는 다른 언어를 사용하는 지와, 다른 언어를 사용할 경우 영어 구사력은 '매우 잘함', '잘함', '잘 못함', '전혀 못함'의 네 가지 범주로 구분한다. 영어가 능숙한 사람은 집에서 영어만 사용하거나 영어를 매우 잘한다고 보고한 사람이고, 영어가 능숙하지 못한 사람(limited English proficiency)은 집에서 다른 언어를 사용하고 영어 구사력을 '잘함', '잘 못함', '전혀 못함' 중의 하나를 선택한 사람이다.

6 http://www.kacla.org/census-language-and-education.html(최종검색일: 2019. 3. 9.)

(3) 사회적 관계

이민자 통합 모델에서 사회적 관계는 주류사회와의 관계, 이민자 집단 내 결속, 지원기관과의 연계로 측정되는데 미국 인구센서스와 같은 공식 자료에서 이런 자료를 수집하기는 어렵다. 앞서 언급했듯이 주류 민족집단과의 족외혼율은 한 이민자 집단이 주류사회에서 얼마나 수용되는지를 보여주는 지표이기 때문에 한인의 족외혼율 자료를 통해 한인과 주류 민족집단과의 관계를 측정하고자 한다.

민병갑(2019)과 민병갑 · 김치곤(Min and Kim, 2009)의 연구에 따르면 한인 이민 1세대의 족외혼율은 14%로 낮은 편이지만 1.5세와 미국 출생 한인의 족외혼율은 각각 46%와 54%로 매우 높은 것으로 나타났다. 또한 족외혼한 한인의 배우자는 세대와 상관없이 압도적으로 백인(70% 이상)인 것으로 나타났다. 미국에서 출생하고 성장하면서 개방적인 의식과 높은 교육 수준을 가진 한인 차세대가 빈번하게 접촉하고 친밀한 관계를 맺을 수 있는 집단이 백인이라는 점이 이들과의 족외혼을 높이는 주된 원인으로 알려져 있다. 아울러 모델 마이너리티라는 이미지를 가진 아시아계 미국인에 대한 백인의 긍정적 인식도 편견과 사회적 거리감을 줄여 족외혼을 높이는 원인으로 작동하고 있다. 족외혼율을 통해서 재미한인의 주류사회와의 사회적 관계는 대체로 양호한 것으로 평가할 수 있다.

(4) 표식과 수단
① 경계

가장 최근의 인구통계자료라고 할 수 있는 2013~2015년 American

Community Survey 자료를 사용해서 한인의 경제상태를 살펴보면 우선 고용 면에서 노동시장에 참여하지 않는 비율이 38%로서 전체 아시아계 미국인의 평균 35%보다 높았다. 그리고 한인의 취업률은 58%로서 전체 아시아계 미국인의 평균 61%보다 낮았다. 이런 점으로 볼 때 한인의 고용상태는 양호하지 않은 것으로 볼 수 있다.

낮은 취업률은 낮은 소득으로 이어지게 되는데 한인의 연평균 가구소득(중위소득)은 60,000달러로 전체 아시아계 미국인의 평균 73,000달러에 크게 못 미쳤다. 개인소득에서도 한인은 연평균 35,000달러를 버는 데 비해 전체 아시아계 미국인의 평균 개인소득은 35,600달러였다. 낮은 소득은 또한 높은 빈곤율로 이어지는데 한인의 평균 빈곤율은 12.8%로서 전체 아시아계 미국인의 평균 12.1%보다 높았다. 소득은 과소 보고 등의 문제로 경제상태를 정확하게 측정하기 어려운 지표일 수 있는데 주택 소유율은 상대적으로 정확한 지표라고 할 수 있다. 한인의 주택 소유율은 47%로 전체 아시아계 미국인의 평균 57%보다 낮았다. 이런 점들을 종합적으로 고려할 때 한인의 경제상태는 양호하지 않은 것으로 판정할 수 있다.

2013~2015년 자료에서 한인의 경제상태는 2010년 미국 인구센서스 자료와 비교할 때 전혀 개선되지 않은 것으로 나타났다. 2010년에 한인의 가구소득은 45,000달러로 전체 미국인 평균인 49,800달러, 전체 아시아계 미국인의 평균 66,000달러에 크게 못 미쳤다. 개인소득에서도 한인 전일제 노동자는 연평균 45,000달러를 번 반면 전체 아시아계 미국인은 연평균 48,000달러를 벌었다. 빈곤율에서도 한인의 15.1%가 빈곤선 아래에 위치했는데 이는 전체 미국인의 평균 12.8%, 전체 아시

아계 미국인의 평균 11.9%보다 높았다. 주택 소유율에서도 한인의 48.1%만이 주택을 소유한 반면 전체 미국인의 65.4%, 전체 아시아계 미국인의 58.1%가 주택을 소유했다. 따라서 한인의 경제상태는 2010년 부터 2015년 사이에 전체 미국인과 전체 아시아계 미국인과 비교해서 개선되지 못하고 여전히 불리한 처지에 놓여있다.

〈표 1-4〉 재미한인의 경제상태

	전체 아시아계 미국인	한인 인구		
		전체	미국 출생	외국 출생
연 중위 가구소득	$73,060	$60,000	$68,900	$57,000
연 중위 개인소득(16세 이상의 소득 보유자)				
전체	$35,600	$35,000	$31,000	$36,000
전일제 노동자	$51,000	$50,000	$50,000	$50,000
고용 지위(16세 이상의 민간 종사자, %)				
피고용자(employed)	61	58	63	56
비고용자(not employed)	4	3	5	3
노동시장 비참여자(not in the labor force)	35	38	32	41
실업률	6.0	5.6	7.0	5.0
빈곤선(%)				
전체 연령	12.1	12.8	10.5	14.2
18세 미만	12.0	9.4	7.9	16.2
18-64	12.1	12.9	13.0	12.9
65세 이상	12.8	19.3	15.4	19.6
주택 소유(가구, %)				
자가	57	47	42	49
임대	43	53	58	51

주: 한인과 아시아계 미국인의 인구는 다인종·다민족 인구를 포함. 실업률은 16세 이상 민간 분야 노동시장 참여자 중 실업자 비율.
출처: *Pew Research Center* (2017), "Koreans in the U.S. Fact Sheet"

〈표 1-5〉 재미한인의 빈곤율

(단위: %)

집단	전체 미국인	전체 아시아계	전체 한인
전체	15.1	12.1	12.8
미국 출생	14.7	11.2	10.5
외국 출생	17.8	12.8	14.2

주: 한인과 아시아계 미국인의 인구는 다인종·다민족 인구를 포함.
출처: *Pew Research Center* (2017), "Koreans in the U.S. Fact Sheet"

② 주거

한인의 주거 상황을 측정하는 지표로 주거 점유형태(housing tenure)를 사용할 수 있다. 주거 점유형태는 임대 또는 주택 소유로 구분할 수 있는데 주택 소유가 임대보다는 선호되는 형태라고 볼 수 있다. 주거 점유형태에서 한인의 53%는 세입자이고 47%가 주택 소유자이다. 앞서 한인의 경제상태를 검토할 때 확인했듯이 한인의 주택 소유율은 전체 미국인과 전체 아시아계 미국인보다 낮았다. 2010~2014년 American Community Survey 자료를 통해서 미국 전역, 캘리포니아주, LA 카운티, LA시에 거주하는 한인의 주택 소유율의 변화를 2010년부터 2014년까지 조사하면 미국 전역에서의 주택 소유율이 가장 높고 그다음으로 캘리포니아주, LA 카운티, LA시의 순으로 나타나고 있다. 미국의 다른 지역과 도시와 비교해서 캘리포니아와 LA시의 주택가격이 비싼 것이 원인으로 보인다. 한인의 주택 소유율은 아시아계 미국인과 비교해서 낮은 수치를 유지하고 있다.

〈표 1-6〉 재미한인의 주택 소유율

(단위: %)

지역	집단	2010	2011	2012	2013	2014
미국 전역	아시아계	58.4	57.7	57.2	57.8	57.5
	한인	47.9	46.3	45.9	47.1	47.3
캘리포니아	아시아계	56.9	56.9	56.7	57.3	57.4
	한인	43.7	40.5	40.4	42.5	42.5
LA 카운티	아시아계	50.3	51.4	50.7	52.6	52.0
	한인	36.6	34.5	33.3	34.9	36.1
LA시	아시아계	35.3	35.7	34.8	37.3	36.0
	한인	23.9	22.8	23.4	22.2	24.1

주: 한인은 한인 단일 인종만을 포함.
출처: *Korean American Coalition Census Information Center*, "Housing and Health"(미국 인구센서스, 2010~2014 American Community Survey 자료)[7]

③ 교육

재미한인은 미국 내 많은 민족집단 중에서 높은 교육 수준을 보이는 집단이다. 2013~2015년 American Community Survey 자료에 따르면 한인의 33%가 학사 학위를 소지하고 20%는 석사 학위 이상의 학력을 소지하는 것으로 나타났다. 미국 출생의 한인은 외국 출생의 한인보다 높은 교육 수준을 보이고 있다. 이러한 한인의 교육 수준은 전체 아시아계 미국인과 전체 미국인보다 높다. 한인의 높은 교육 수준은 2000년 미국 인구센서스 자료와 2014년 American Community Survey에서 공통적으로 나타나는 현상이다(윤인진, 2004; 이창원, 2016). 이렇게 높은 학력

---

[7] "Housing and Health" 통계자료는 *Korean American Coalition*의 Sue Kim, Narin Chung, and Jennifer Eo가 편집. http://www.kacla.org/census-housing-and-health.html(최종검색일: 2019. 3. 9.)

에도 불구하고 고용과 소득에서 불리한 처지에 있는 것은 한국에서 취득한 교육 내용이 미국사회에서 세대로 인정받지 못하거나 활용되지 못하기 때문인 것으로 볼 수 있다.

〈표 1-7〉 재미한인의 학력(25세 이상)

(단위: %)

집단	고등학교 이하	전문학사 또는 대학 중퇴	학사 학위	대학원 학위
전체 한인	25	21	33	20
미국 출생	15	25	37	23
외국 출생	28	20	32	20
전체 아시아계 미국인	29	20	30	21
전체 미국인	41	29	19	11

주: 한인과 아시아계 미국인의 인구는 다인종·다민족 인구를 포함.
출처: *Pew Research Center* (2017), "Koreans in the U.S. Fact Sheet"

선행연구에 따르면 재미한인 2세의 교육 수준은 매우 높은 편으로 조사됐다. 김창환(Kim, 2014)의 연구에 의하면 학사 학위 이상을 취득한 단일인종 재미한인 1세의 비율은 52.6%에 그쳤지만 한인 1.5세 중 학사 이상의 학위를 취득한 비율은 65.3%로 크게 성장했고 2세의 70.5% 역시 학사 이상의 학위를 소지하고 있었다. 다른 아시아계 미국인 2세 그룹과 비교했을 때 한인 2세는 중국계(75.3%)와 인도계(79.7%) 다음으로 높은 교육 수준을 보이고 있다. 또한 대학교육을 받은 한인 2세의 비율은 미국에서 태어나 대학교육을 받은 백인(33.5%)보다 2배 이상 높았다. 한인 2세는 1세와 비교해서 성별 교육 수준의 차이를 거의 보이지 않았다. 1세의 경우 대학교육을 받은 남성은 62%였던 반면 여성은 절반에 못 미치는 47%만이 대학교육을 받을 수 있었다. 2세의 경우 72.3%의 여성이 학사 학위를 취득했고 오히려 남성보다 높은 교육 수준을 보였다. 다인종 한인의 경우 단일인종 한인보다 낮은 교육 수준을 보였다. 다인종 한인 2세들의 46%만이 대학 이상의 교육을 받았다. 그러나 미국에서 태어난 백인(33.5%)과 비교했을 때 다인종 한인 2세의 교육 수준은 여전히 높은 편으로 나타났다.

④ 건강

교육 또는 경제와는 달리 한인의 건강에 관한 선행연구와 통계자료는 매우 부족하다. 예외적으로 장서현(Jang, 2018)의 한인 이민자의 건강에 관한 연구는 매우 드문 유용한 정보를 제공한다. 장서현이 2016년 캘리포니아 건강 설문조사(2016 California Health Interview Survey)의 자료를 분석한 바에 따르면 한인 이민자의 주관적 건강 수준은 미국 출생 백인뿐만 아니라 전체 아시아 이민자들보다 나쁜 수준인 것으로 나타났다. 한인 이민자 중에서 최상(excellent) 또는 매우 좋은(very good) 수준이라고 보고한 사람들의 비율은 22.2%인 반면에 백인의 51.4%, 전체 이민자의 33.5%, 중국인 이민자의 41.9%, 필리핀 이민자의 40.8%가 최상 또는 매우 좋은 상태라고 보고했다. 반면 자신의 건강 수준이 나쁘다(poor)고 보고한 한인 이민자는 13.4%인 데 비해 백인의 7.5%, 전체 이민자의 7.5%, 중국인의 3.9%, 필리핀인의 8%가 건강이 안 좋다고 보고했다. 유일하게 한인 이민자보다 건강 수준이 낮은 집단은 베트남 이민자였다.

장서현은 이민자의 건강이 교육 수준, 사회경제적 지위, 문화적 동화와 밀접하게 관련된다는 점에 근거하여 한인 이민자의 낮은 건강 수준은 이들 중 고등학교 학력 이하의 비율이 높은 점, 경제 활동 참가율이 낮고 자영업 종사율이 높은 점, 영어 구사력이 낮은 점 등에 기인한다고 해석했다.

〈표 1-8〉 캘리포니아 한인 이민자의 주관적 건강 수준

건강 수준(%)	백인	전체 이민자	아시아 이민자	한인	필리핀인	중국인	베트남인
최상	18.0	13.6	13.2	10.5	13.6	14.5	4.6
매우 좋음	33.4	19.9	22.7	16.7	27.2	27.4	12.0
좋음	30.3	32.9	33.0	33.3	37.1	33.9	29.2
보통	12.9	26.1	22.4	26.1	14.1	20.5	34.4
안 좋음	5.5	7.5	8.8	13.4	8.0	3.9	19.8
N	10,758	5,633	1,947	276	213	650	349

주: 백인은 미국 출생 비히스패닉 백인을 가리킴
출처: Jang(2018: 4).

한인의 건강 지위를 더욱 위험하게 만드는 것은 이들의 낮은 건강 보험 가입률이다. 한인 이민자 중 민간 또는 공중건강보험에 가입하지 않은 비율은 20.2%인 데 비해 백인의 8.8%, 전체 아시아 이민자의 13.4%, 중국인 이민자의 12.6%, 필리핀 이민자의 10%만이 보험에 가입하지 않은 상태이다. 이렇게 건강보험 가입률이 낮으면 의료서비스를 활용하는 데 어려움을 겪을 것으로 예상할 수 있는데, 실제로 한인 이민자들은 다른 어느 아시아 이민자 집단보다 높은 의료서비스 활용도를 보이고 있다. 그 주된 이유는 한인 이민자들이 한인 의사들로부터 의료서비스를 제공받기 때문인 것으로 보인다. 한인 의사들에게 현금으로

의료비를 지불할 경우 할인을 받거나, 영어 능력이 떨어져도 한국어로 소통할 수 있어 한인 이민자들이 건강보험 가입의 불리함을 극복하는 방법으로 제시되고 있다.

〈표 1-9〉 한인 이민자의 건강보험 가입률

	미국 출생			외국 출생				
	백인[1]	아시아인[2]	전체	아시아인	한인	필리핀인	중국인	베트남인
모든 보험(%)	91.2	89.9	75.5	86.6	79.8	90.0	87.4	83.2
민간 보험(%)	75.5	79.0	56.5	68.9	62.9	75.9	66.8	57.6
메디케이드(%)[3]	10.3	10.1	14.9	14.1	11.4	10.5	16.1	21.9
N	8,203,630	134,893	1,784,203	479,594	43,689	77,016	105,787	45,425
메디케어(%)[4]	97.7	95.2	91.8	90.8	94.1	90.6	90.9	94.4
N	2,108,155	14,115	308,025	77,939	7,689	15,949	18,770	6,963

주 1: 백인은 비히스패닉 백인을 가리킴
주 2: 아시아인은 단일인종 아시아인을 가리킴
주 3: 저소득층 대상 공중건강보험
주 4: 65세 이상의 노인 인구 대상 공중건강보험
출처: Jang(2018: 19)

⑤ 정치 참여

필자(2011)의 로스앤젤레스 지역 한인 차세대의 정치의식과 정치 참여에 관한 연구에 따르면 이들의 정치성향은 중도적 성향을 가진 사람들이 가장 많았고, 보수적 성향자가 진보적 성향자보다 약간 많았다. 그리고 이들이 지지하는 정당은 민주당이 공화당보다 약간 우세했지만 유권자 등록을 한 사람들 중에는 공화당 지지자들이 더 많았다. 오숙희 (2019)가 2016년 아시안 아메리칸 사전 선거조사(National Asian American Survey 2016 Pre-Election) 자료를 분석해서 캘리포니아 지역의 한인 차세대의 정치 성향과 정치 참여를 분석한 바에 따르면 한인 2세는 진보 성향이 보수 성향보다 압도적으로 강했고, 이들의 84%가 민주당을 지지한 반면 8% 만이 공화당을 지지한 것으로 나타났다.

이 책의 제6장에서 재미한인의 정치 참여 현황을 분석한 오숙희 (2019)에 따르면 비선거 정치 참여(예를 들어 정치 기부금, 정치인 또는 정부에 연락, 항의 시위 참여, 탄원 또는 진정서 제출) 수준은 한인 1세의 경우 타 아시아계 미국인과 비교해서 낮지만 2세는 타 아시아계 미국인보다 높은 것으로 나타났다. 또한 한인의 선거인 등록률은 타 아시아계 미국인과 비교해서 더욱 높고 시간이 지날수록 상승하는 것으로 밝혀졌다. 한인의 선거 등록률이 향상된 이유는 한인 2세의 증가와 한인 1세의 시민권 취득이 증가했기 때문이다.

한인의 정치 참여는 선거직 또는 고위 공직에 당선된 한인들의 수에 의해서도 측정될 수 있다. 미국 퀸즈칼리지에 소재한 재외한인연구소(민병갑 소장)가 2016년에 발행한 연구보고서(Chung, 2016)에 따르면 2016년 4월 기준으로 46명의 한인(한인과 비한인 사이에서 출생한 혼혈인 포함)이 시의원 이상의 선거직에 당선되어 의정 활동을 했다. 이들 중 반수 이상(25명)은 작은 시와 카운티의 의원이었고, 큰 시의 의원 5명, 시장 2명, 주 상·하 원의원 14명이었다. 인구와 정치력에서 아직 다른 민족집단들과 비교해서 열세인 한인 정치인들은 뉴저지주 버겐 카운티의 팰리사이드파크와 같이 한인들이 집중해서 거주하는 작은 도시들에서 당선되는 경향

〈표 1-10〉 한인 시의원 이상의 선거직에 당선된 재미동포의 주별 수(2016년 4월 현재)

	뉴저지	캘리포니아	워싱턴	하와이	버지니아	펜실베이니아	조지아	메릴랜드	뉴욕	미시간	몬타나	합계
작은 시·카운티 의원	11	6	1	1	1	2	1	0	2	0	1	26
큰 시의원	0	2	1	0	0	2	0	0	0	0	0	5
시장	0	1	1	0	0	0	0	0	0	0	0	2
주 상하원	1	1	1	3	1	1	1	2	2	1	0	14
합계	12	10	4	4	2	5	2	2	2	1	1	46

자료: Thomas Chung (2016), *Korean-American Elected and Appointed Politicians, Administrative Officials, and Judges (4th Version)*.

이 있다. 큰 시에서 시의원으로 당선된 사례는 5건인데, 서부의 로스앤젤레스, 샌프란시스코, 시애틀에서 각각 1명씩 당선됐고, 동부 필라델피아에서 2명의 시의원이 당선됐다.

고위 공직자에 해당하는 지방정부(시, 카운티, 주)와 연방정부의 국장급 이상의 한인 인사는 2016년 4월 기준으로 총 89명이다. 이들 중 시정부, 카운티, 주정부 고위직 관리가 430명, 연방정부 고위직관리 17명, 백악관 고위직 관리 7명, 판사 35명으로 분포되어있다. 하지만 한인 중 상원의원 또는 주지사와 같이 전국적으로 영향력이 있는 고위직에 당선된 사례는 아직 없다. 이와 비교하여 일본계에는 1명의 상원의원과 4명의 하원의원, 중국계 3명, 인도계 1명, 필리핀 혼혈인 1명, 태국계 1명 등 11명의 아시아계가 연방 하원의원으로 활동하고 있다. 한인이 연방 하원의원으로 당선된 사례로는 1993년에 김창준 의원이 공화당 소속으로 캘리포니아주 연방 하원의원으로 당선되어 1999년까지 3차례 선출된 적이 있다. 이후 20년 만인 2018년 11월에 한인 2세 앤디 심이 뉴서지주에서 민주당 후보로 출마해서 연방 하원의원으로 당선됐다. 앤디 김과 함께 당선이 기대됐던 캘리포니아주 공화당 후보 영 김은 투표 막판에 아쉽게 역전패했다.

비록 한인의 정치력은 경제적·사회문화적 역량과 비교해서 낮은 수준이지만 한인 2세의 증가와 이들의 높은 정치적 관심과 정치 참여로 인해 한인의 정치력은 조만간 향상될 것으로 기대된다.

5. 요약 및 결론

재외한인사회를 주류화의 관점에서 이해하는 것은 두 가지 측면에서 중요한 함의를 지니고 있다. 첫째, 주류화의 관점은 이민자 사회의 다양한 양태를 개별적으로 이해하기보다 단일한 분석틀을 이용하여 종합적이고 비교분석을 가능하게 한다. 특히 거주국과 모국의 이민정책, 인종·민족관계, 초국적 연결망과 같은 거시적 요인들과 아울러 이민자들의 사회경제적 이동, 공동체, 사회 연결망, 정체성과 같은 미시적 요인들을 동시에 고려할 수 있다. 또한 이민자 주류화의 관점은 이를 구성하는 각 요인들의 계량화, 표준화를 통해 세계 각지의 한인사회들 간의 체계적인 비교를 용이하게 한다. 이를 통해 재외한인사회 간의 사회통합 정도에 대한 체계적인 비교연구를 할 수 있다.

둘째, 주류화의 관점은 특히 재외한인사회의 변화와 미래를 예측하는 데 유용하다. 한인 이주의 역사가 150여 년을 넘어서고 한인사회에서 세대교체가 활발히 이루어지는 시점에서 1세대의 이주나 적응을 다루었던 기존의 연구방법은 재외한인사회의 미래를 예측하고 대응책을 마련하는 데 한계를 갖는다. 특히 차세대들이 주류사회로 더욱 활발하게 참여하고, 그 과정에서 타 인종·타 민족과의 결혼이 증가하고, 주류 문화로의 동화가 가속화되는 현 상황에서 주류화가 가져다주는 기회와 위험을 동시에 판단하고, 기회는 극대화하면서 위험은 최소화하는 솔로몬의 지혜를 모색해야 한다. 이런 측면에서 주류화는 재외한인사회의 주요 트렌드이며 과제로서 이에 대한 면밀한 조사연구와 정책개발이 요구된다.

본 연구에서는 국제이주 연구에서 활발하게 논의되고 있는 이민자 통합 개념을 참조하여 재외한인의 주류화를 개념화하고 측정하고자 했다. 재외한인의 주류화는 "재외한인이 거주국의 기회구조와 사회적 관계에 동등하게 참여하는 과정"이라고 정의했다. 이를 측정하기 위해 에이거와 스트랭의 이민자 통합 모델을 토대로 재미한인의 주류화 모델을 제안했다. 주류화의 토대는 국민으로서의 권리로 정의하고 이를 시민권 또는 영주권자의 수 또는 비율로 측정했다. 촉진요소는 언어문화적 지식과 안전과 안정감으로 구분했는데, 자료의 한계로 안전과 안정감 수준은 측정하지 못했다. 언어문화적 지식은 영어 구사력으로 측정했다. 사회적 관계는 사회적 가교, 사회적 결속, 사회적 연계로 구분했는데, 자료의 부족으로 사회적 가교 수준만 조사했다. 사회적 가교는 족외혼(통혼)율로 측정했다. 마지막으로 표식과 수단은 경제, 주거, 교육,

보건, 정치 참여로 구분했고, 구체적인 통계자료를 사용해서 각 하위 차원에서의 주류화 수준을 측정했다.

조사 결과는 다음과 같다. 주류화의 토대라고 할 수 있는 시민권자와 영주권자의 비율은 비교적 높은 편이다. 재미한인의 인구를 200만 명으로 추산할 경우 이 중 40%가 미국 출생자이고, 외국 출생자 중 시민권자의 비율은 60%에 달하고, 불법체류자 비율은 10%에 불과해서 한인의 법적 신분상의 지위는 안정되어있다고 볼 수 있다. 주류화의 촉진요소로 언어문화적 지식을 설정했고 이를 영어 구사력으로 측정한 결과 한인의 2/3가량이 영어가 능숙하다는 점을 고려할 때, 한인의 언어문화적 지식 수준은 대체로 양호하다고 볼 수 있다. 사회적 관계는 족외혼율로 측정했는데 한인 1세의 족외혼율은 14%로 낮은 편이지만 1.5세와 2세의 경우에는 각각 46%와 54%에 달해서 한인의 주류사회와의 사회적 관계는 대체로 양호한 것으로 볼 수 있다.

주류화의 수준은 경제, 교육, 주거, 건강, 정치 참여로 측정했는데 두드러진 현상은 각 하위영역별로 주류화 수준이 차이를 보인다는 점이다. 교육에서는 백인뿐만 아니라 타 소수민족 집단들보다 높은 학력을 보였으나 소득, 빈곤율, 주택 소유율로 측정한 경제와 주거 영역에서는 전체 미국인과 아시아계 미국인과 비교해서 낮은 수준을 보였다. 또한 건강에서도 한인은 전체 미국인과 아시아계 미국인보다 주관적 건강 수준이 낮았고 건강보험 가입률도 낮았다. 하지만 한인 의사들이 제공하는 의료 서비스를 활용하여 언어 장벽과 건강보험 미가입의 위험을 극복하는 것으로 밝혀졌다. 정치 참여의 영역에서는 한인의 선거인 등록률이 타 아시아계 미국인과 비교해서 더욱 활발하다는 점과 한인 2

세가 증가하고 1세 중에서 시민권 취득자 수가 증가하는 점을 감안하면 앞으로 한인의 정치 참여 수준이 갈수록 높아질 것으로 예측한다. 하지만 선거직 또는 고위 공직에 당선된 한인들의 수는 타 아시아계 미국인들과 비교해서 적은 편으로 아직 한인의 정치 참여 수준은 전반적으로 미흡한 수준이라고 볼 수 있다.

참고문헌

고상두. 2010. "통일 이후 사회통합 수준에 대한 동서독 지역주민의 인식". 『유럽연구』 28(2): 269-288.

구춘권. 2012. "이주의 증가와 독일 이주민정책의 변화". 『국제지역연구』 21(1): 119-154.

김경근. 2005. "미주 한인의 민족교육관 연구". 『비교교육연구』 15(3): 29-55.

김광억. 2005. "종족(Ethnicity)의 현대적 발명과 실천". 『종족과 민족: 그 단일과 보편의 신화를 넘어서』, 아카넷, pp. 15-84.

민병갑. 2019. "재미동포 차세대의 현황: 인구학적, 사회경제적 및 언어사용에 관한 통계". 『재외동포 차세대와 주류화』, 북코리아, 제2장.

민병갑·김영옥. 2007. "이민 사회의 재편(1992~현재)". 『북미주 한인의 역사(상)』(재외동포사 총서 4), 서울: 국사편찬위원회, 제3장.

신효숙 외. 2017. 『북한이탈주민 정착 지표 연구(2): 자립지표』. 남북하나재단.

오숙희. 2019. "재미동포의 정치적 성향과 참여현황". 『재외동포 차세대와 주류화』, 북코리아, 제6장.

오정은. 2013. "암스테르담의 이민자 사회통합 정책 연구". IOM이민정책연구원 워킹페이퍼 시리즈 No. 2012‐08.

윤인진. 1996. "재미 한인의 민족 정체성과 애착의 세대간 차이". 『재외한인연구』 6: 66-95.

_____. 2003. "코리안 디아스포라". 『한국사회학』 37(4): 101-42.

_____. 2004. 『코리안 디아스포라: 재외한인의 이주·적응·정체성』. 고려대학교 출판부.

_____. 2005. "재외동포 차세대 현황과 한민족공동체로의 포용방안: 재미동포를 중심으로". 『단군학연구』 13: 191-243.

_____. 2011. "재미한인 청년의 정치의식과 정치참여: 로스앤젤레스 설문조사 결과를 중심으로". 『재외한인연구』 23: 129-161.

_____. 2019. "탈북민의 사회통합 모델과 통합 실태". 『문화와 정치』 6(1): 5-36.

윤인진·임창규. 2008. "재미한인 차세대의 인구학적 특성과 사회경제적 지위 성취: 세대별 및 민족집단별 비교". 『세계지역연구논총』 26(3): 409-38.

이창원. 2016. 『재미한인의 세대별 사회경제적 특성과 정책적 함의』. IOM이민정책연구원 정책보고서 No. 2016‐04.

Abelmann, Nancy. 2009. *The Intimate University: Korean American Students and the Problems of Segregation*. Duke University Press.

Ager, A., and A. Strang. 2008. "Understanding Integration: A Conceptual Framework." *Journal of Refugee Studies* 21(2): 166-191.

Chung, Angie Y. 2009. "Ethnic Solidarity in a Divided Community: A Study on Bridging Organizations in Koreatown." In H. Ling (ed.), *Asian America: Forming New Communities, Expanding Boundaries*. New Brunswick, NJ: Rutgers University Press.

Chung, Thomas. 2016. *Korean-American Elected and Appointed Politicians, Administrative Officials, and Judges* (4th Version). Community Research Report No. 2, The Research Center for Korean Community.

Jang, Sou Hyun. 2018. "An Overview of Korean Immigrants' Health in the United States." Statistical Reports in Korean American Data Bank. The Research Center for Korean Community at Queens College. https://koreanamericandata bank.org/data-bank/item/104-overview-of-korean-immigrants-health-in-the-u nited-states.html)(검색일: 2019. 03. 9).

Joppke, Christian. 2007. "Beyond National Models: Civic Integration Policies for Immigrants in Western Europe." *West European Politics* 30(1): 1-22.

Katz-Garris, Lynda, and Raymond P. Garris. 1981. "Mainstreaming and Desegregation: Past, Present, and Future." *Negro Educational Review* 32(3): 213-229.

Kim, ChangHwan. 2014. "The Generational Differences in Socioeconomic Attainments." In Pyong Gap Min and Samuel Noh (eds.), *Second-Generation Korean Experiences in the United States and Canada*. London, UK: Lexington Books, pp. 15-33.

Kim, Rebecca Y. 2004. "Second-Generation Korean American Evangelicals: Ethnic, Multiethnic, or White Campus Ministries?" *Sociology of Religion* 65(1): 19-34.

Krechel, Reinhard. 1999. "Social Integration, National Identity and German Unification." In J. T. Marcus, ed. *Surviving the Twentieth Century*. New Burnswick: Transaction Publishers, pp. 85-95.

Kim, Sharon. 2010. *A Faith of Our Own: Second-Generation Spirituality in Korean American Churches*. Rutgers University Press.

Kreckel, Reinhard. 1999. "Social Integration, National Identity and German Unification." In J. T. Marcus (ed.), *Surviving the Twentieth Century*. New Brunswick: Transaction Publisher.

Koopmans, Ruud. 2010. "Trade-Offs between Equality and Difference: Immigrant Integration, Multiculturalism and the Welfare State in Cross-National Perspective." *Journal of Ethnic and Migration Studies* 36(1): 1-26.

Kim, Dae Young. 2011. "Second-Generation Korean Americans and Electoral Politics." *Review of Korean Studies* 14(3): 123-153.

Lee, Jennifer and Frank Bean. 2004. "America's Changing Color Lines: Immigration, Race/Ethnicity, and Multiracial Identification." *Annual Review of Sociology* 30: 221-242.

Lew, Jamie. 2004. "The "Other" Story of Model Minorities: Korean American High

School Dropouts in an Urban Context." *Anthropology & Education Quarterly* 35(3): 303-323.

Madden, Nancy A., and Robert E. Slavin. 1983. "Mainstreaming Students with Mild Handicaps: Academic and Social Outcomes." *Review of Educational Research* 53(4): 519-569.

Min, Pyong Gap. 1998. *Changes and Conflicts: Korean Immigrant Families in New York*. Boston: Allyn and Bacon.

_____. 2006. "Korean Americans." In Pyong Gap Min (ed.), *Asian-Americans: Contemporary Trends and Issues*. Thousand Oaks, Calif.: Pine Forge Press.

_____. 2013. "A Four-Decade Literature on Korean Americans: A Review and Comprehensive Bibliography." In Pyong Gap Min (ed.), *Koreans in North America: Their Twenty-First Century Experiences*. Lanham, MD: Lexington Books.

Min, Pyong Gap, and Joann Hong. 2002. "Ethnic Attachment among Second-Generation Korean Americans." In Pyong Gap Min (ed.), *Second Generation: Ethnic Identity among Asian Americans*. Altamira Press, pp. 113-127.

Min, Pyong. G., and Chigon Kim. 2009. "Patterns of Intermarriage and Cross-Generational In-Marriage among Native-Born Asian." *International Migration Review* 43(3): 447-470.

Min, Pyong. G., and Dae Young Kim. 2005. "Intergenerational Transmission of Religion and Culture: Korean Protestants in the U.S." *Sociology of Religion* 66(3): 263-282.

Niessen, Jan. 2014. "The MIPEX Assessment of the Republic of Korea's Immigrant Integration Policies." *OMNES: The Journal of Multicultural Society* 4(2): 1-26.

Oh, Sookhee. 2014. "Group Membership and Context of Participation in Electoral Politics." In Pyong Gap Min and Samuel Noh (eds.), *Second-Generation Korean Experiences in the United States and Canada*. London, UK: Lexington Books, pp. 87-106.

_____. 2015. "Suburban Ethnic Enclaves and Spatial Assimilation: Koreans in the New York-New Jersey Metropolitan Area." *Journal of Multicultural Society* 5(2): 56-84.

Park, Jerry Z. 2013. "Ethnic Insularity among 1.5- and Second-Generation Korean American Christians." *Development and Society* 42(1): 113-136.

Park, Linda S. 2015. "Contextual Influences on Ethnic Identity Formation: A Case Study of Second-Generation Korean Americans Baby Boomers in Midlife." *Journal of Cross Cultural Gerontology* 30(87): 87-105.

Ryan, Camille, and Kurt Bauman. 2016. "Educational Attainment in the United States: 2015 Population Characteristics." Current Population Reports P-20-578.

Rogers, Joy. 1993. "The inclusion Revolution." *Phi Delta Kappa Research Bulletin* 11.

Sakamoto, Arthur, Kimberly A Goyette, and Chang Hwan Kim. 2009. "Socioeconomic Attainments of Asian Americans." *Annual Review of Sociology* 35: 255–76.

Sapon-Shevin, Mara. 1979. "Implementing the Spirit of the Law." *Journal of Negro Education* 48(3): 364–381.

True, Jacqui. 2003. "Mainstreaming Gender in Global Public Policy." *International Feminist Journal of Politics* 5(3): 368–396.

True, Jacqui, and Michael Mintrom. 2001. "Transnational Networks and Policy Diffusion: The Case of Gender Mainstreaming." *International Studies Quarterly* 45: 27–57.

Yee, Vivian, Kenan Davis, and Jugal Patel. 2017. "Here's the Reality About Illegal Immigrants in the United States." *New York Times,* 2017.03.06.

Yoo, Grace J., and Barbara W. Kim. 2014. *Caring Across Generations: The Linked Lives of Korean American Family.* New York, NY: New York University Press.

Yu, Eui-Young, Peter Choe, and Sang Il Han. 2002. "Korean Population in the United States, 2000: Demographic Characteristics and Socio-Economic Status." *International Journal of Korean Studies* 6: 71–107.

재미동포 차세대의 현황: 인구학적 · 사회경제적 및 언어 사용에 관한 통계

민병갑(퀸즈칼리지)

1. 서론

1965년에 제정된 새로운 이민법이 1968년에 발효되자 한국인의 미국 이민은 그 수가 크게 증가해서 한국 이민자는 미국의 10대 주요 이민자에 들어간다. 이제 그 이민법이 발효된 지 거의 50년이 넘었으니 재미동포사회는 많은 1.5세 및 2세 미국 출생 한인들이 성장해서 직장에 다니고 가족을 형성하기에 이르렀다. 또한 그들은 성인으로서 한인 커뮤니티를 위해 일을 하거나 자원봉사를 하고 있다. 이제 미국의 여러 한인 집거지역에서는 2세들 가정에서 아이들이 출생해 3세대 한인들이 유치원이나 초등학교에 다니고 있는 것도 볼 수 있다. 현 재미한인 커뮤니티는 이민사회가 아니라 여러 세대가 같이 사는 소수민족 커뮤니티에 해당된다.

1980년대 말까지는 재미동포에 관한 연구가 이민자에게만 국한됐다. 하지만 많은 1.5세 및 2세 자녀들이 고등학교에 들어가고 대학에 들어갈 무렵인 1990년대 초반부터는 젊은 세대 한인들에 관한 연구가 시작됐고, 그 연구결과물이 점점 늘어나기 시작했다(Min, 2009 참조). 미국의 다른 젊은 세대에 관한 연구와 마찬가지로 차세대 동포에 관한 연구도 주로 다음의 네 가지 주제에 집중되어있다.

첫째, 차세대에 관한 연구는 차세대 고등학생의 학업성적과 세대별 교육 수준의 증가에 중점을 두었다. 재미동포의 차세대 교육에 관한 연구는 주로 타 아시아계 차세대와 비교해서 연구가 진행되고 있다(Lew, 2007; Xie and Goyette, 2003). 둘째, 연구 주제로 차세대의 경제적 적응, 특히 그들의 교육투자 대비 경제적 효과에 관한 연구가 큰 인기를 차지했다.

이 주제에 관한 연구도 5개의 주요 아시아 이민 민족을 비교하는 방식으로 흔히 이루어지고 있다(Kim and Sakamoto, 2010; Sakamoto et, al., 2009; Zeng and Xie, 2004). 셋째, 차세대 한국인 및 타 이민 민족 자녀들의 민족 정체성에 관한 것이다(Kibria, 2002; Min, 2002; Min and Chung, 2014; Min and Kim, 1999). 마지막으로, 한국 젊은 세대의 종교 활동(특히 젊은 세대 개신교도의 교회 활동 등)에 관한 것이다(Kim, 2006; Min, 2010; Kim, 2010; Min and Kim, 2004). 이는 다른 민족의 종교에 관한 연구가 대부분 1세를 중심으로 이루어진 것과 크게 다른 점이다.

본 연구의 주요 목적은 재미동포 차세대에 관한 기본적인 통계자료를 제공하는 것이다. 특히, 차세대의 인구학적·사회경제적 특성 및 집에서의 언어 사용에 관한 통계를 미국의 최근 센서스 자료를 사용해서 분석하고자 한다. 미국 연방정부 인구조사국은 2000년까지 10년마다 5% 표본 조사 결과를 사용해서 인구 특성에 관한 자세한 통계자료를 일반인 및 연구자들에게 제공해왔다. 하지만 10년의 간격이 너무 길어서 인구 성격에 관한 통계를 더 자주 제공할 필요성에 부응해, 2001년부터 1% 표본을 사용해 매년 인구 특성에 대한 자세한 통계자료를 "The American Community Survey(ACS)"라는 이름으로 공개해왔다. 하지만 재미동포 차세대에 관한 특성을 자세히 분석하기에는 표본이 1%로 너무 작다. 따라서 본 논문은 2008년에서 2012년까지 실시된 5년 동안의 ACS 자료를 한꺼번에 묶어서 분석했다. 미국 센서스 자료를 통해서는 미국 출생 백인에 대한 자세한 정보는 알 수 없지만('백인'이라는 대항목으로 묶이기 때문) 흑인, 아시아계, 라틴계의 소수민족에 관한 정보는 비교적 자세히 알 수 있으므로 이들 소수민족의 인구학적·사회경제적 특성과 집에서의 모국어 사용률도 분석해낼 수 있다.

재미동포 차세대는 12세나 그 이전에 미국에 온 1.5세와 미국에서 출생한 2세 이상의 한인들로 구성된다. 미국 출생 한인 중 대다수는 한국 이민자의 자녀가 되는 2세에 속한다. 하지만 이들 중에는 1900년대 초에 하와이나 남가주에 이민 온 한인들의 후예인 3세나 4세의 비율도 상당하다. ACS의 질문에는 이민 세대가 무엇인지 묻는 항목이 따로 없기 때문에 미국 출생 한인이 2세인지 3세인지 구별할 수 없다.[1] 따라서 본 연구에서는 재미동포 차세대를 1.5세와 미국 출생 한인 두 집단으로 나누어 13세 이상의 나이에 미국에 온 이민 1세와 비교해 살펴보고자 한다. 재미동포 1.5세는 한국 이민자에 해당하지만 한국 1세 이민자보다는 미국 출생 2, 3세와 그 성격이 더 유사하기 때문에(Oh and Min, 2011), 1세와 분리해서 분석할 필요가 있다.[2] 또한 차세대가 미국사회에서 사회경제적으로 어느 정도 잘 적응하고 있는가를 알기 위해서도 1세대와 비교해 살펴봐야만 한다. 이러한 이유로 본 연구에서는 앞에서 언급한 세 가지 이슈에 관해서 재미동포를 세 집단으로 나누어 체계적으로 분석하고자 한다.

---

1   미 연방 인구조사국은 매년 또 다른 설문조사인 Current Population Survey를 실시하는데, 이 설문조사에는 응답자의 세대를 묻는 질문이 포함된다. 그러나 표본이 너무 작아 한인 2세 또는 3세에 대한 정확한 정보를 얻기는 힘들다.

2   1.5세는 어릴 때 미국에 와서 교육을 받았기 때문에 경제 적응에 있어서 미국 회사에서 직장을 잡는 것이 불리하지 않아 자영업 종사율이 아주 낮고, 정체성 형성에서도 한인으로서의 정체성을 갖는 데에 미국 출생처럼 많은 갈등을 겪는다.

2. 차세대의 인구학적 특성

〈그림 2-1〉은 한국인의 미국 이민이 본격적으로 시작한 1970년부터 2010년까지 40년 동안 재미동포 인구가 10년마다 증가해온 것을 보여주고 있다. 1970년에는 전체 재미동포 인구가 7만 명 미만이었으니 센서스에 누락된 한인들을 감안해도 7만 5천여 명에 불과했을 것이다. 그 이후 한국인 수는 10년마다 놀랍게 증가해 1990년에는 80만 명에 육박했으며, 2010년에는 170만 명 이상으로 증가했다. 2010년 센서스의 축소집계와 지난 5년 동안의 한인 인구 증가를 고려하면, 2015년 현재 동포 인구수는 거의 200만 명으로 추산할 수 있다.

1990년까지는 한국인과 비한국인의 결혼 가정에서 태어난 혼혈인들은 센서스에 답할 때 한국인이나 비한국계 부모의 민족 및 인종 중 하나만을 선택해야 했다. 하지만 2000년부터 인구조사국은 혼혈인들이 양쪽 부모의 민족이나 인종을 복수로 선택할 수 있게 허용했다. 〈그림 2-1〉은 2000년 센서스에서 재미동포 123만여 명 중 15만 명 정도가 (12.3%) 두 집단 이상을 선택해서 본인들이 한국인과 타 민족 혹은 타 인종 부모 사이에서 태어난 혼혈인임을 나타내고 있다. 특히 차세대 한인들이 타 민족 및 타 인종 배우자와 결혼하는 비율이 높아졌기 때문에(〈표 2-3〉 참조), 혼혈 한인 인구 비율은 점점 더 늘어날 것이다. 2000년에는 12.3%였던 한국 혼혈인 비율이 2010년에는 16.6%로 증가했다. 타 민족 및 인종과 결혼을 많이 하는 미국 출생 한인 가정이 점점 증가하기 때문에 2020년에는 혼혈인 한인 비율이 20% 이상으로 늘어날 것으로 예상한다.

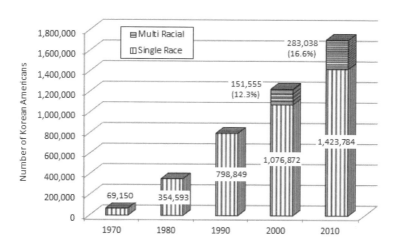

<그림 2-1> 재미동포 인구의 10년 단위 변화 양상(1970~2010)

출처: 1970, 1980, 1990, 2000, 2010년 미국 센서스

    미국에 있는 한인 이민자들은 거의 대부분 한국에서 왔지만 다른 나라를 경유해서 온 사람들도 많고, 다른 나라에서 출생한 이들도 많다. <표 2-1>은 외국 출생 한국인의 출생국가를 세대별로, 한국 및 타 국가로 나누어 보여주고 있다. 1세대의 경우는 5%(43,800명)의 한인들이 한국 외의 다른 나라에서 미국으로 이민 왔음을 보여주고 있다. 1.5세대는 그 비율이 6%(18,324명)로 약간 더 높다. 이들의 절대다수가 일본과 중국을 포함한 아시아 출신이다. 하지만 구소련과 서구 제국 및 남미 출신들도 포함되어있다. 센서스를 사용하는 많은 연구자들이나 한국 해외동포 담당 정부 관리자들은 한국 이민자들이 한국에서만 이민 온 것으로 생각하는 경향이 있지만, 이들 중 일부는 다른 나라에서 태어났다는 사실을 인지할 필요가 있다. 한인 이민자의 경우 타 국가 출생률이 5% 정

<표 2-1> 비혼혈 외국 출생 한인의 세대별 출생지

(단위: 명)

	한국 출생	한국 외 지역 출생	합계
1세대	755,595(95%)	43,800(5%)	799,395(100%)
1.5세대	280,355(94%)	18,324(6%)	298,679(100%)
전체	1,035,950(94%)	62,124(6%)	1,098,074(100%)

출처: The 2008~2012 American Community Surveys

도로 낮지만, 미국에 온 중국과 인도 이민자의 경우 타국 출생률이 14%
나 되기 때문에 이들을 따로 분류해서 인구학적 및 사회경제적 성격을
검토하는 것도 필요하다(Min, 2012).

〈표 2-2〉는 비혼혈 한국인의 세대별 인구학적 성격을 보여주고 있
다. 첫 열에서는 중간 나이를 보여주는데, 1세대의 경우 중간 나이가 48
세로 아주 높다. 이는 한국인의 미국 이민이 1980년대 말에 정점에 이
르고, 1990년부터는 크게 감소하여 한인 커뮤니티의 주 구성원 중 1990

<표 2-2> 비혼혈 한인의 세대별 나이 분포

	나이 중간값	0~17세(명)	18~64세(명)	65세 이상(명)	합계(명)
1세대	48	8,207 (1%)	650,431 (81%)	140,757 (18%)	799,395 (100%)
1.5세대	25	90,356 (30%)	207,902 (70%)	421 (0.1%)	298,679 (100%)
미국 출생	17	178,910 (51%)	166,779 (47%)	7,996 (2%)	353,685 (100%)
세대 전체	36	277,473 (19%)	1,025,112 (71%)	149,174 (10%)	1,451,759 (100%)

출처: The 2008-2012 American Community Surveys

년 이전에 이민 온 올드 타이머의 비율이 높다는 사실을 보여준다. 예상했던 대로 1.5세와 미국 출생 한국인의 중간 나이는 1세대의 중간 나이에 비해 훨씬 낮다. 미국 출생 한국인의 중간 나이는 17세로, 대부분이 성인이 아닌 청소년이나 아이들이라는 사실을 알 수 있다.

〈표 2-2〉의 다음 세 열은 세대별 나이 분포 차이를 보여주고 있다. 한인 1세대는 17세 이하 미성년자의 비율이 1%(8,207명)밖에 안 되어 놀랍겠지만, 사실 자세히 생각해보면 그리 놀라운 일이 아니다. 왜냐하면 12세 이하에 이민 온 사람들은 1.5세로 분류되기 때문에 1%에 포함되어있는 이들의 나이는 사실상 13세에서 17세에 해당하기 때문이다. 이민 1세대의 65세 이상 인구의 비율은 18%로 1.5세나 미국 출생 인구에 비해 월등히 높다. 1.5세의 65세 이상 인구의 비율은 0.1%(421명)로 아주 작은데, 그 이유는 거의 대부분의 1.5세 이민자들은 1965년 이후 이민 온 이민자들의 자녀들이기 때문이다. 그에 반해 미국 출생 한인들은 65세 이상의 노인 비율이 2%로 1.5세 보다 높은데, 그 이유는 1965년 이전에 미국으로 온 한국 개척 이민자들의 2세대 후손들이 포함되어있기 때문이다. 미국 출생의 절반 이상은 아직 미성년자인 17세 이하이다.

재미동포의 타 민족과의 결혼율은 인구학적 특성에는 들어가지 않지만, 한국의 독자들이 관심 있을 것 같아 여기에 그 자료를 소개해보고자 한다. 1965년 이전에 태어났거나 이민 온 한인들은 한인 인구가 매우 적어 한인 배우자를 찾는 것이 힘들었기 때문에 족외혼율이 훨씬 더 높았다. 이에 반해 1965년 이후 출생했거나 이민 온 한인들은 점차 증기하는 한인 인구 덕분에 한인 배우자를 찾는 일이 더 쉬워졌다. 따라서 현 한인 커뮤니티의 족외혼율을 더 정확하게 파악하기 위해 이 글에서는 1965년 이후에 태어났거나 이민 온 한인들만을 뽑아 자료를 분석했다.

〈표 2-3〉에서 볼 수 있듯이, 이민 1세대의 족외혼율은 14.1%로 아주 낮다. 1세대 족외혼 인구의 거의 대부분은 여성이며, 남성의 족외혼율은 3% 미만에 그친다. 이것은 전통적인 가부장적 관습을 가지고 있는 한국 남성들이 타 민족이나 타 인종의 여성들과 결혼하기가 어려웠기 때문이다. 1세대 여성의 경우, 1/4가량이 타 민족과 결혼했는데, 여기에는 크게 두 가지 이유가 있다. 첫째, 1980년도 이전에 이민 온 한국 1세

〈표 2-3〉 1965년 이후 출생했거나 이민 온 비혼혈 한인의 세대 및 성별에 따른 족외혼율

세대 및 성별	N	족외혼 한 한인 배우자의 인종				
		비혼혈			혼혈	전체
		백인	타 아시아인	타 소수민족		
1세대						
남성	215,098	1.0	1.3	0.2	0.2	2.7
여성	277,657	17.4	2.5	2.1	0.9	22.9
전체	492,755	10.2	2.0	1.3	0.6	14.1
1.5세대						
남성	34,266	16.5	7.9	1.6	1.6	27.6
여성	47,554	45.5	8.3	2.7	2.7	59.3
전체	81,820	33.3	8.2	2.3	2.2	46.0
미국 출생						
남성	16,220	29.1	8.8	4.8	2.7	45.4
여성	19,775	40.6	11.0	6.8	3.0	61.3
전체	35,995	35.4	10.0	5.9	2.9	54.2

출처: The American Community Survey 2007~2011 5 Year Sample (Ruggles et al., 2010).

대 여성의 상당수가 한국에서 미군과 결혼 후 미국에 이민 왔기 때문이다. 둘째, 최근 한국의 경제 수준이 높아짐으로 인해 미군과 결혼하는 한인 여성의 비율은 낮아졌지만, 한국이나 미국에서 교육을 받은 여성들이 미국 백인 남성과 결혼하여 이민 오는 경향이 높기 때문이다.

1.5세와 미국 출생 한인의 족외혼율은 각각 46.0%와 54.2%로, 1세대 한인이 14.1%인 데 비해 월등히 높다. 미국에서 나고 자라 미국 문화에 동화되고, 학교나 직장을 통해 사회적으로도 타 민족과의 접촉이 큰 1.5세와 미국 출생 한인들은 족외혼을 할 확률이 높은 것이다. 이 비율은 아시아 이민자 전체 차세대의 족외혼율과도 비슷하다(Min and Kim, 2009). 한인 남성들의 족외혼율은 세대가 높아질수록 크게 늘어나, 한인 여성의 족외혼율과도 차이가 많이 좁아졌다. 미국 출생 한인 남성의 족외혼율은 45.4%로 여성 족외혼율(60%)과 크게 차이 나지 않는다. 이런 현상은 한인 남성들이 세대가 높아질수록 가부장적인 관습이 줄어들어, 타 민족 여성과의 평등한 관계 유지를 수용하게 됐음을 나타낸다.

〈표 2-3〉에서 발견할 수 있는 또 한 가지 중요한 현상은 세대와 관계없이 족외혼한 한인들의 배우자들은 압도적으로(70% 이상) 백인이 많다는 점이다. 여기에는 여러 가지 이유가 있다. 첫째, 백인 인구가 미국 인구의 다수를 차지하고, 한인 차세대 성인들이 대학교나 직장이나 거주지역에서 백인과 접촉할 수 있는 기회가 많기 때문이다. 둘째, 흑인이나 라틴계의 경우 교육 수준이나 경제 수준이 낮아 백인과의 사회적 거리가 먼 반면, 타 아시아계를 포함한 한인들은 교육과 경제 수준이 높아 백인과 대등하게 접촉할 수 있는 기회가 많기 때문이다. 이로 인해 백인들이 아시아계의 소수민족에 대한 편견도 과거에 비해 많이 줄어들게

됐다.

3. 재미동포 차세대의 사회경제적 특성

　이 장에서는 재미동포 차세대의 사회경제적 특성을 검토하고자 한다. 사회경제적 특성을 나타내는 지표로는 교육 수준, 직업 특성, 경제적 조건을 살펴볼 것이다. 〈표 2-4〉는 한인의 교육 수준을 이민 세대 및 성별로 분류했다. 한국 이민자는 한국사회에서 사회적 지위가 높은 편이다. 그 예로, 한국 1세대 25~64세 이민자의 4년제 대학 졸업률은 53%로, 현재 한국의 25~64세 인구의 4년제 대학 졸업률이 20%가 채 안 되는 것에 비해 크게 높다.

　교육 수준이 높은 계층의 선택적 이민은 타 아시아계 이민자들에게서도 나타나는 현상인데, 사실상 인구가 아주 많은 중국이나 인도 이민자의 경우 교육에 의한 선택이민 정도가 훨씬 더 높다. 예를 들면, 인도에서 성인의 대학 졸업률은 3%가 못 되는데, 미국의 인도 이민자의 경우 75% 정도가 대학을 졸업했으며, 이는 미국의 어떤 이민자 그룹보다 교육 수준이 높은 것이다.

　〈표 2-4〉를 보면 예상한 대로 한인의 교육 수준이 세대가 높아질수록 증가했다. 1세대의 대학 졸업률은 53%인 데 반해 1.5세대의 졸업률은 64%, 미국 출생 한인의 졸업률은 69%로 증가했다. 세대가 높아질수록 교육 수준이 높아지는 현상은 중국, 인도, 베트남 등 타 아시아 이민민족에서도 동일하게 나타난다. 〈표 2-4〉에는 포함되어있지 않지만, 같

〈표 2-4〉 25~64세 비혼혈 한인의 성별 및 세대별 교육 수준(졸업률) 비교

		N	고등학교 졸업률(%)	4년제 대학 졸업률(%)	대학원 이상 졸업률(%)
1세대	전체	605,944	94	53	18
	남성	244,833	96	60	25
	여성	361,111	92	47	13
1.5세대	전체	156,081	98	64	23
	남성	68,287	99	63	23
	여성	87,794	98	66	23
미국 출생	전체	96,098	98	69	26
	남성	48,118	97	68	25
	여성	47,980	99	71	28
세대 전체	전체	858,123	95	57	20
	남성	361,238	97	62	25
	여성	496,885	94	53	16

출처: The 2008~2012 American Community Surveys

은 나이대의 미국 출생 백인들의 4년제 대학 졸업률은 35% 미만이고, 흑인과 라틴계의 대학 졸업률은 그보다도 훨씬 낮기 때문에, 차세대 아시아인의 높은 교육 수준은 미국 언론과 학자들의 큰 관심을 받고 있다. 아시아계 차세대의 높은 교육 수준을 연구하는 학자들은 아시아 이민자 부모들의 높은 교육 수준, 높은 교육열, 아시안 커뮤니티의 어린이 교육을 위한 여러 가지 교육 제도를 주요 기여원인으로 보고 있다.

　차세대 아시아인들의 현저히 높은 교육 수준은 부정할 수 없는 사실이지만, 전 세계적으로 세대가 젊을수록 교육 수준이 높아졌다는 것을 감안할 때 실제로 한국이나 타 아시아계 이민자들이 자신들이 이민

전에 계획한 대로 자식 교육에 성공했다는 결론에 대해서는 새로운 시각으로 검토할 필요가 있다.

이를 위해서는 우선 남녀 교육 수준의 차이를 검토하는 것이 필요한데, 한국 1세대 이민자의 경우 남성의 대학 졸업률은 60%이고, 여성은 47%로 교육 수준의 성별 차이가 아주 크다. 이것은 한국에서 유교의 가부장적 관습을 따라 아들 교육에 중점을 두었기 때문이다. 이에 반해 미국 출생 한인의 대학 졸업률의 성별 차이를 비교해보면, 오히려 여성의 대학 졸업률이 71%로 남성의 68%보다 약간 높다. 결국 2세 한국 여성은 1세 어머니 세대에 비해서 교육 수준이 47%에서 71%로 크게 증가한 반면, 남성들은 8%의 낮은 증가율을 보인다.

한국과 미국에서 모두 세대가 높아짐에 따라 교육 수준이 증가하는 경향이 두드러지게 나타나는 것을 고려했을 때, 한인 남성의 세대적 교육 수준 증가폭은 여성에 비해 상대적으로 감소했다고 볼 수 있다. 딸을 둔 한국 이민자 부모들은 미국으로 이민 온 것을 다행이라고 생각하는 사람들이 많은데, 그 중요한 이유는 여성들의 높은 교육 수준이 높고 그로 인해 안정적인 직장을 얻을 수 있기 때문으로 예상된다.

한국 이민자들은 1970년대 말부터 미국의 여러 지역에서 잡화상, 식품점, 주류점, 세탁소, 네일숍 등 노동집약적인 판매업과 서비스업에 종사하여 미국 언론과 학계의 비상한 관심을 받아왔다. 〈표 2-5〉를 보면 1세대 한국 이민자 중 26%가 자영업에 종사하는 것으로 되어있는데, 이 자영업 비율은 1980년대와 1990년대의 자영업 비율보다 훨씬 낮은 것이다. 1980년대와 1990년대 뉴욕과 LA의 경우, 한국 이민자의 35% 이상이 자영업에 종사했다(Min, 1996; Yoon, 1997).

〈표 2-5〉 25~64세 비혼혈 한국인의 성별 및 세대별 직종 종사율 비교

		N	자영업(%)	전문·기술직 및 관련 직종(%)	관리·경영· 금융직(%)
1세대	전체	463,180	26	25	17
	남성	218,624	29	28	21
	여성	244,556	23	23	14
1.5세대	전체	144,712	11	34	24
	남성	65,104	14	31	27
	여성	79,608	9	36	22
미국 출생	전체	88,746	9	39	24
	남성	45,368	10	37	24
	여성	43,378	8	41	23
세대 전체	전체	696,638	21	29	19
	남성	329,096	23	30	22
	여성	367,542	18	28	17

출처: The 2008~2012 American Community Surveys

한국 이민자들이 자영업에 집중적으로 종사하게 된 중요한 이유
는, 그들 대부분이 대학교육을 받은 고학력자임에도 불구하고 언어 장
벽과 미국 노동시장에 대한 정보 부족으로 자신의 학벌에 맞는 전문직
을 찾지 못해 낮은 수준의 서비스업에 종사할 수밖에 없었기 때문이다
(Min, 1988). 또 다른 중요한 이유는 한국 이민자들이 자영업을 통해 가족
을 동원하고, 장시간 일함으로써 빠른 시간 안에 지위 상승을 할 수 있
다고 생각했기 때문이다(Min, 2013; Zenner, 1991). 해외에 거주하는 중국인(화
교)들과 인도인들이 중간 상인으로 상업에 집중했다는 많은 연구가 있지
만(Min, 2013; Zenner, 1991), 미국의 중국과 인도 이민자들의 자영업률은 10%

정도로 한국 이민자들보다 훨씬 낮다(Min, 2008: 29).

미국의 센서스 자료는 한국 이민자의 자영업을 실세보다 직게 측정하는데, 필자가 뉴욕과 LA에서 1980년대 후반에 실시한 동포 이민자에 관한 설문조사에 의하면, 50% 정도의 한국 이민가정이 자영업에 종사하고, 30% 이상은 한국가게에 고용되어 일하기 때문에 실제 미국회사에서 일하는 한국 이민자의 비율은 20%가 채 되지 않는다(Min, 1996: 48). 최근에는 동포 이민자의 자영업률이 줄어들었지만 아직도 뉴욕 지역의 40% 정도의 이민자 가정이 자영업에 종사하고 있다(Min, 2008: 30).

이러한 자료는 한편으로 재미한인 이민자들이 경제적으로 고립되어있다는 사실을 보여준다. 경제적 고립은 동포 이민자들의 사회적 고립을 의미한다. 동포 이민자들은 영어 실력의 부족으로 주류 경제에서 교육 수준에 맞는 직장을 잡을 수 없어서 소규모 사업을 택했지만, 한인 가게에서 한국인 고용주와 고용인들끼리 대화를 나누기 때문에 영어와 미국 관습을 배우기가 힘들다. 물론 한국 상인 대부분이 미국 고객도 상대하기 때문에 영어를 쓰긴 하지만, 소기업 특성상 고객과의 대화가 아주 적기 때문에 동포 이민자들은 영어를 배워야 할 필요성을 별로 느끼지 못한다.

미국의 차세대 한인이 미국사회에서의 경제적 적응에 있어서 부모들과 가장 크게 다른 점은 부모 세대가 영세사업에 집중했다면, 차세대는 미국 직장의 전문직이나 경영직으로 진출하게 됐다는 사실이다. 〈표 2-5〉에서 볼 수 있는 바와 같이 1.5세와 미국 출생 한인들의 자영업 비율은 10% 정도로 아주 낮다. 중국이나 인도의 이민자들은 부모의 자영업률이 10% 정도로 낮기 때문에 그 자녀들과 별 차이가 없지만 한인 커뮤니티의 경우, 이민자와 차세대 간의 자영업률에 큰 차이가 있다. 〈표 2-5〉는 차세대 한인들의 직종별 종사율을 보여주는데, 1.5세 한인의 34%와 미국 출생 한인의 39%가 각각 전문직에 종사하고, 24%는 경영직에 종사하고 있음을 보여준다.

차세대 한인 노동인구의 다수가 수준이 가장 높은 이 두 가지 직종에 종사하고 있다는 것은 그들이 주류사회의 경제에 성공적으로 적응해가고 있음을 반영한다. 그들이 미국에서 태어났거나 어릴 때 미국에 왔기 때문에 언어 장벽이 전혀 없으며, 미국 노동시장에 대한 정보력도 높아 미국의 큰 회사에서 바람직한 직장을 잡을 수 있다는 것은 조금도 놀라운 사실이 아니다. 이러한 차세대는 주류 경제에 큰 어려움 없이 진입할 수 있기 때문에 장시간 노동을 요하는 자영업을 택할 이유가 없다. 또한 이것은 재미동포 이민자들이 원하는 것이기도 하다.

여기서 하나 짚고 넘어가야 할 사실은 19세기 말부터 미국에 대거 이민 온 유태인 이민자들도 한인 이민자들처럼 소상업에 종사하며 높은 자영업률을 보였는데, 그들은 2, 3세대에게도 계속 사업을 물려준 반면, 재미한인 이민자들은 왜 2세들에게 사업체를 물려주지 않았는가 하는 점이다. 이 질문에 답하기 위해 필자는 두 가지 사실을 지적하고자 한다.

첫째, 유태인은 역사적으로 오랫동안 세계 여러 나라에서 박해와 차별을 받고 살아왔기 때문에 노동시장에서 차별을 크게 받지 않는 자기 사업의 중요성을 강조해왔다. 따라서 수익이 좋은 사업체를 자식들에게 물려주는 것은 그들에게 중요한 일이다(Gold, 1995: 35; Gold and Philips, 1996). 그에 반해, 재미한인 이민자들은 오랜 유교사상의 영향으로 자녀들이 사회적 지위가 높고 돈도 많이 벌 수 있는 의사나 변호사, 회계사 등의 전문직을 갖기를 희망한다. 필자는 1983년에 애틀랜타에서 박사 논문을 쓰기 위해 159명의 한인 상인들을 면담했는데, 이들 중 아주 극소수만이 자녀들이 사업을 이어받기를 원했다(Min, 1988: 71~72). 교포 상인에 대한 다른 연구도 같은 사실을 반영한다(Waldinger, 1989; Kim, 2004).

차세대 한인이 유태인 이민자 후손과 사업을 계승하는 정도가 다른 둘째 이유는, 1920년대 유태인 2세대 성인이 직업을 찾을 당시에는 유태인에 대한 편견도 많고, 전문직 비율이 낮아서 부모의 사업을 계승하는 것이 경제적으로 더 이득이었다. 하지만 다행히도 1990년대부터 미국의 노동시장에 진출하게 된 한인 및 타 아시아계 차세대들은 전보다 노동시장에서의 인종 차별이 훨씬 줄어들었을 뿐만 아니라, 지위가 높고 경제적 대우가 좋은 전문직과 경영직으로도 많이 진출하게 됐다.

〈표 2-5〉에서 볼 수 있는 바와 같이, 1.5세 및 2세 한인들은 높은 교육 수준 덕분에 55%나 63%가 전문직 및 경영직에 진출하고 있다. 한인을 비롯한 아시아 이민자들은 미국의 인종차별 제도가 크게 줄어들고 교육을 많이 받은 사람들에게 직업 대우를 잘 해주는 시기에 이민 와서 자녀들이 미국사회에 빨리 진출할 수 있게 됐고, 이는 매우 다행스러운 일이다.

교육 수준과 직업 적응 이외에 또 하나 중요한 사회경제적 특성의 지표는 개인소득, 가구 소득 및 빈곤율이다. 〈표 2-6〉은 비혼혈 한인의 경제적 수준을 나타내는 지표 세 가지를 세대별 및 성별로 분석하고 있다. 〈표 2-4〉와 〈표 2-5〉가 보여준 바와 같이, 재미한인 차세대는 1세대 이민자들보다 교육 수준이 더 높고, 자영업 대신 주류 경제에서 높은 수준의 직장에 집중되어있다. 따라서 그들의 소득이 더 높고 빈곤율은 낮을 것으로 기대된다.

〈표 2-6〉의 자료는 이러한 우리의 기대가 사실로 드러났음을 보여준다. 우선 개인소득을 관찰할 때, 한인 1세대 이민자는 개인소득 중간값이 32,106달러인 데 비해, 1.5세와 2세는 46,000달러로 늘어났다. 가구 소득도 1세대 63,175달러에서, 1.5세대 94,600달러, 미국 출생자 98,427달러로 늘었다. 한국 1세대 이민 노동자의 대부분은 고소득층에 해당하는 중년인 데 비해, 1.5세와 2세 노동자의 대부분은 20대 후반과

〈표 2-6〉 25~64세 비혼혈 한인의 성별 및 세대별 경제적 수준 비교

		N	개인소득 중간값*	N	가구소득 중간값*	N	빈곤율 (%)
1세대	전체	161,538	$32,106	215,071	$63,175	602,323	14
	남성	78,613	$42,117	87,123	$63,175	242,484	13
	여성	82,925	$25,548	127,948	$63,181	359,839	14
1.5 세대	전체	48,414	$46,340	53,087	$94,600	154,978	7
	남성	23,496	$51,035	24,492	$94,320	67,514	7
	여성	24,918	$42,807	28,595	$94,762	87,464	7
미국 출생	전체	29,131	$46,952	32,398	$98,427	94,986	8
	남성	15,231	$52,252	16,424	$96,864	47,336	7
	여성	13,900	$40,667	15,974	$101,732	47,650	9
세대 전체	전체	239,083	$36,852	300,556	$70,878	852,287	12
	남성	117,340	$44,749	128,039	$71,449	357,334	11
	여성	121,743	$30,000	172,517	$70,381	494,953	12

주: * 개인소득과 가정소득 중간값은 전년도 기준 주 35시간 이상, 연 27주 이상 일한 이들만을 대상으로 계산함.
출처: 2008~2012 American Community Surveys

30대라는 점을 고려할 때, 차세대는 1세대보다 훨씬 높은 경제적 지위를 누리고 있다는 사실을 알 수 있다.

다만 소상업의 한인 경제에 집중되어있는 재미동포 1세대와 미국 주류사회에서 일하는 2세대의 센서스에 보고된 수입을 비교할 때 유의해야 할 한 가지 중요한 사실이 있다. 자기 사업을 하든 한인 가게에 고용되어있든 1세대의 수입은 실제보다 크게 줄여서 센서스에 보고되어있지만, 자영업률이 낮은 1.5세와 미국 출생 한인들의 수입은 거의 그대로 보고되어있다는 것이다. 1세 자영업자들은 자기 수입을 아주 적게 보고할 뿐만 아니라, 한인 가게에 고용되어있는 1세들도 많은 경우 실제로 수입 보고가 되어있지 않기 때문에 센서스에도 낮게 집계되어있을 것이다. 센서스에 보고된 한국 이민자의 수입은 베트남 이민자의 수입보다 약간 낮은데, 이것은 그들이 대부분 수입 보고를 적게 하기 때문이다.

또한 〈표 2-6〉에서 발견할 수 있는 중요한 사실 하나는, 개인소득에 있어 한인 1세 이민자들의 남녀 차이는 아주 크지만, 1.5세와 2세에서는 그 차이가 상당히 줄어들었다는 점이다. 우선 1세 한인 여성들의 개인소득이 아주 낮은 중요한 이유 중 하나는, 많은 경우 부부가 같이 자영업에 종사하지만 가게를 남편의 이름으로 등록하고 수입도 남편의 이름으로만 보고하기 때문이다. 자영업을 하지 않을 경우에도, 1세 남성들은 거의 풀타임으로 일하지만 많은 1세대 여성들은 파트타임으로 일하면서 가사에 집중하는 경향이 있기 때문이다.

교육 수준에 있어 여성이 남성보다 앞서는 미국 출생 한인들의 경우, 부부가 각자 다른 직장에서 높은 수준의 직업에 종사하기 때문에 남녀의 소득 차이가 크게 줄어들었다. 하지만 1.5세와 미국 출생 한인들도 여성들이 남성보다 1/3 정도 수입이 적은데, 이것은 미국사회가 다른 유럽 국가에 비해 아직도 여성들이 수입이 적은 서비스 직종에 집중되어있기 때문이다.

4. 가정에서의 모국어 사용률

위의 두 절에서는 재미동포의 세대마다 인구학적 특성과 사회경제적 특성에서 어떻게 다른지를 통계자료를 통해 검토했다. 이번 절에서는 가정에서 모국어를 사용하는 비율에 있어 차세대와 이민 세대가 어떻게 다른가를 고찰해보고자 한다. 미 연방 센서스국이 매년 실시하는 1% ACS는 2000년까지 10년마다 실시해온 5% Sample Survey에서처럼 집에서 영어 이외의 다른 언어를 사용하는지 여부를 물어보고, 그렇다고 답할 경우 그 언어가 무엇이냐고 묻는다. 이 설문에 참여하는 세대주는 5세 이상 되는 자기 가족이 영어 이외에 집에서 쓰는 언어를 기록하게 되어있다. 이 질문에 대한 답변은 차세대가 이민 세대에 비해 집에서 모국어 사용이 얼마나 줄어들었는가를 측정하는 데 사용할 수 있다.

다만 이 답변이 가정에서의 모국어 사용 현황을 정확히 반영하지는 못한다. 그 이유는 모국어 사용 여부에 대해서는 조사하지만 모국어를 얼마나 잘하는지에 대해서는 측정하지 않으므로 모국어를 아주 가끔 할 때에도 '집에서 사용한다'고 대답할 수 있기 때문이다. 또 세대주가 가족들의 언어 사용에 대해 답하기 때문에 가족의 모국어 사용을 과

대평가할 수도 있다. 이러한 문제점에도 불구하고 ACS 데이터는 비교적 샘플이 크기 때문에 이민 민족을 연구하는 학자들은 이 질문에 대한 답변에 기초해서 여러 이민 민족의 집에서의 모국어 사용률을 측정하고 있다.

〈표 2-7〉은 비혼혈 외국 출생 5세 이상 한인의 세대별 출생지에 따른 한국어 사용률을 보여주고 있다. 〈표 2-1〉에서 살펴본 바와 같이, 미국의 외국 출생 한인은 한국에서만 태어난 것이 아니라 이들의 6%는 한국 이외의 다른 나라에서 출생했다. 이들 대부분은 한국이 1945년 일본 식민지배로부터 해방되기 이전 중국, 일본 및 구소련으로 이민 간 선조들의 3, 4대 후손들이다. 타국의 한인 집중 거주지역에 살던 3, 4세대의 한인들이 가정에서 자기 출생국가의 언어가 아닌 모국어 즉, 한국어를 얼마나 쓰고 있는가 하는 것은 흥미로운 일이다.

〈표 2-7〉에 따르면, 한국 출생 이민 1세는 94%가 집에서 한국어를 사용하는 반면, 한국 외 지역에서 출생한 한인의 41%만이 집에서 한국어를 사용하고 있다. 물론 지역적 편차도 존재한다. 이 장에는 그 자료가 포함되어있지 않지만, 중국에서 태어난 한국 이민자의 경우 약 80%가 집에서 한국어를 사용하는 데 반해 일본이나 구소련 등 다른 나라에서 태어난 한인 이민자는 41%보다 훨씬 낮은 비율로 한국어를 사용한다(Min, 2012).

흥미로운 점은 한국 출신 1.5세는 1세보다 한국어 사용률이 크게 낮은 데 반해(약 40% 감소), 한국 외 지역에서 태어난 1.5세의 경우 한국어를 사용하는 정도가 1세와 큰 차이가 없다는 것이다. 즉 세대가 지남에 따라 한국어를 잃는 정도는 한국 외 지역에서 태어난 1.5세가 한국에서

〈표 2-7〉 비혼혈 외국 출생 5세 이상 한인의 세대별 출생지에 따른 한국어 사용률

	한국 출생		한국 외 지역 출생		전체	
	N	%	N	%	N	%
1세대	755,595	94	43,800	41	799,395	91
1.5세대	270,715	55	16,861	36	287,576	54
전체 세대	1,026,310	83	60,661	40	1,086,971	81

출처: 2008~2012 American Community Surveys

태어난 1.5세에 비해 상대적으로 낮다는 것이다.

이는 다음과 같은 이유로 설명할 수 있다. 한국 외 지역에서 태어난 이들은 자신이 태어난 지역의 언어와 문화에 익숙해져 있어 미국에 와서도 이를 쉽게 잃지 않지만, 1.5세의 경우 부모 세대에 비해 토착국의 언어와 문화 유지 정도가 낮기 때문에 상대적으로 한국어에 대한 강한 애착을 보일 수 있기 때문이다. 〈표 2-7〉에는 제시되어있지 않지만, 한국 외 지역 출생자의 토착국에 대한 민족 정체성도 1.5세대가 부모 세대보다 훨씬 낮기 때문에 한인으로서의 정체성이 더욱 강하게 나타날 수 있다.

〈표 2-8〉은 비혼혈 한인의 모국어 사용률을 세대, 연령 및 결혼 여부에 따라 분석했다. 예상했던 대로 1.5세대는 1세대보다 모국어 사용률이 훨씬 낮으며, 또 미국 출생은 1.5세보다 더 낮다. 하지만 미국 출생 한인들의 모국어 사용률 56%는 우리가 예상한 수치보다는 높다. 이것은 부모와 같이 살고 있는 미성년 미국 출생 한인들의 모국어 사용률이 아주 높기 때문에 미국 출생 한인 전체의 모국어 사용률이 높게 나온 것이다.

〈표 2-8〉 비혼혈 한인의 세대, 연령, 결혼 여부에 따른 한국어 사용률

	5~17세		18세 이상 미혼 또는 배우자 부재		18세 이상 기혼		전체	
	N	%	N	%	N	%	N	%
1세대	8,207	91	270,818	87	520,370	92	799,395	91
1.5세대	79,253	65	126,753	51	81,570	49	287,576	54
미국 출생	121,240	66	130,681	56	44,094	29	296,015	56
전체 세대	208,700	67	528,252	71	646,034	82	1,382,986	76

출처: 2008~2012 American Community Surveys

1.5세와 미국 출생 한인들의 모국어 사용률을 연령별로 비교해보면, 부모와 같이 사는 미성년층(5~17세)은 각각 65%와 66%로 비교적 높은 편인데, 18세 이상 성인들은 그 비율이 아주 낮다. 차세대 성인들 중 미혼이나 배우자가 없는 한인들은 기혼자보다 모국어 사용률이 더 높다. 특히 미국 출생 한인들의 경우, 배우자가 없는 성인들은 56%가 집에서 모국어를 사용하는 데 반해, 기혼자들은 단지 29%만이 모국어를 사용한다. 이것은 미국 출생 한인들의 약 55%가 타 민족과 결혼했으며 (Min and Kim, 2009, 〈표 2-9〉 참조), 타 민족과 결혼한 미국 출생 한인들은 한국인과 결혼한 한인들보다 한국어 사용률이 훨씬 낮기 때문에 당연한 결과이다.

〈표 2-9〉는 18세 이상의 미국 출생 재미동포 중 기혼자의 결혼유형 및 배우자의 세대별 · 민족별 차이에 따른 한국어 사용 비율의 차이를 보여주고 있다. 우선 배우자가 한인인 미국 출생 한인들은 56%가 모국어를 사용하는 반면, 타 민족과 결혼한 사람들은 단지 17%만이 모국어를 사용한다. 타 민족과 결혼한 경우에서도, 아시아계 배우자를 가지

고 있는 경우 31%가 모국어를 사용하지만, 흑인이나 라틴계 등 타 소수 민족과 결혼한 경우 모국어 사용률이 25%로 줄어들고, 백인과 결혼한 경우는 단지 13%만이 모국어를 사용한다. 그런데 사실상 타 민족과 결혼한 한인 중 70% 정도가 백인과 결혼하기 때문에, 타 민족과 결혼한 경우 전체 모국어 사용률은 17%로 아주 낮을 수밖에 없다.

또한 〈표 2-9〉는 미국 출생 한인들이 한인 배우자를 만난 경우에도 배우자의 세대에 따라 한국어 사용률이 다르다는 점을 보여준다. 일반적으로 이민 연구자들은 미국 출생 한인들이 같은 한인끼리 결혼할 경우에 미국 출생 한인끼리 결혼하는 걸로 생각하는 경향이 있는데, 사실은 반 정도만 같은 미국 출생 배우자를 택하고, 나머지 반은 1.5세나 한

〈표 2-9〉 18세 이상 미국 출생 재미동포 중 기혼자의 결혼유형 및 배우자의 세대별·민족별 차이에 따른 한국어 사용 비율의 차이

결혼 유형		한국어 사용 비율(%)
재미동포 간의 결혼	전체	56
	1세대 배우자와의 결혼	82
	1.5세대 배우자와의 결혼	49
	미국 출생 배우자와의 결혼	41
타 민족과의 결혼	전체	17
	타 아시아 민족과의 결혼	31
	타 소수민족과의 결혼	25
	백인과의 결혼	13
전체		29

출처: The 2005~2007 American Community Survey from IPUMS
주: Kim and Min(2010)의 "Marital Patterns and Use of Mother Tongue at Home among Native-Born Asian Americans" 〈표 2〉 재인용(p. 243).

인 이민자와 결혼한다(Min and Kim, 2009).

미국 출생 재미동포가 다른 미국 출생 한인과 결혼할 경우 41%만이 한국어를 사용하는 데 비해, 1.5세대 배우자와 결혼할 경우 49%로 늘어나고, 1세 이민자와 결혼할 경우 82%로 늘어난다. 미국 출생 한인이 1세 한인 이민자와 결혼할 경우 이민자 배우자뿐만 아니라 그의 사회 연결망(친구 및 친척)에 들어가기 때문에 본인이 원하든 원치 않든 한국어를 쓸 기회가 훨씬 더 많아진다(Kim and Min, 2010). 그들은 또한 모국을 방문하고 모국과 통신을 하는데도 이민자 배우자 덕분에 더 수월하고 쉽게 모국어에 접근할 수 있다.

5. 요약 및 결론

본 장에서는 가장 최근의 미국 센서스 자료를 기초로 재미동포 1.5세대와 미국출생 세대의 인구통계학적·사회경제적 특성과 가정에서의 모국어 사용률을 분석했다. 2010년 현재 혼혈 한인의 비율은 17%이며, 비혼혈 한인 145만여 명 중 1세 이민세대는 80만여 명이 되고 1.5세와 미국출생 한인은 각각 30만여 명과 35만여 명이 된다. 두 차세대가 비혼혈 한인 전체의 약 44%를 차지한다. 한인 1세대 이민자의 경우, 한국에서 미군과 결혼해 이민 온 여성들이 많아서 여성의 족외혼율은 상당히 높지만(22.9%), 남성들은 거의 한인 배우자를 택했다. 하지만 차세대 한인들의 족외혼율은 남녀 모두 아주 높은 편이다. 1.5세대는 46%가, 미국출생 한인들은 54.2%가 타 민족과 결혼했다. 타 민족과 결혼한 차세대 한인들의 70% 이상이 백인과 결혼했다. 앞으로 젊은 세대의 족외혼율은 더 높아질 것이므로 재미동포의 혼혈인 비율도 더 증가할 것이다.

주로 한국에서 교육 수준이 높은 층에서 미국행 이민을 선택했는데, 차세대는 이민 1세보다 교육 수준이 더 높고, 미국출생 백인에 비해 훨씬 더 높다. 특히 미국출생 한인 여성들의 교육 수준은 그들의 어머니 세대에 비해 훨씬 더 높고, 미국출생 한인 남성의 교육 수준보다도 더 높다. 높은 교육을 받은 사람들을 우대하는 21세기의 미국 자본주의 체제에서 성인으로서 노동시장에 진입한 차세대 한인들은 대다수 주류 경제에서 높은 지위와 고소득을 보장하는 전문직 및 경영직을 찾을 수 있게 됐다. 이민세대의 영세상업 집중에서 2세의 주류 경제 전문직으로 전환한 미국 이민 민족의 신화는 오늘날 아시아계 어느 민족보다도 한국민족에게 더 적합한 이야기인 것 같다.

재미교포가 성공적인 소수민족으로 미국에서 명맥을 유지하기 위해서는, 한편으로는 유태인처럼 사회경제적으로 주류사회에 진출하면서, 또 한편으로는 안으로 자기 문화전통을 유지하는 것이 필요하다. 문화를 대표하는 지표는 언어인데 가정에서의 모국어 사용률은 차세대 한인들의 모국어 유지 정도를 반영하고 있다. 차세대 전체의 모국어 사용률은 50% 이상으로 높은 편이지만, 나이가 많을수록 줄어들고 그들이 결혼하면 모국어 사용률이 현저히 줄어든다. 특히 미국출생 2~3세들은 그들 대부분이 타 민족과 결혼하기 때문에 모국어 사용이나 한국문화 유지도가 아주 낮다.

일본 민족의 경우, 미국 출생자의 비율이 이민자보다 많으며, 미국 출생자 대부분이 3세대 이상의 다세대에 속하기 때문에 족외혼율이 70% 정도로 높다(Min and Kim, 2009). 따라서 재미일본인은 혼혈인의 비율도 40% 이상 아주 높다(Takei and Sakamoto, 2011). 세대가 올라갈수록 족외혼율이 높아지고 비혼혈 자기 민족의 비율이 줄어든다. 이에 따라 구성원의 민족성 혹은 민족 정체성이 낮아지는데, 이런 현상을 학자들은 "종족 감소(ethnic reduction)"라고 칭한다.

현재의 한국 이민 규모가 계속 유지되면 지금부터 20여 년 후에는 한인 커뮤니티도 한인 2~3세의 족외혼 증가와 이에 따른 혼혈 한국인의 증가로 종족 감소의 문제에 직면할 것이다. 이런 현상은 미국에서 여러 세대를 살면 어느 민족이든 불가피하게 직면하는 일이지만 유태인 커뮤니티처럼 우리 한인 커뮤니티도 종족 감소의 충격을 최소화해야 한다. 한편으로는 민족문화·역사 교육에 치중하고, 다른 한편으로는 족외혼 가정과 혼혈 한국인을 한인 커뮤니티로 끌어들이는 노력이 필요하다.

참고문헌

Dakei, Isao, and Arthur Sakamoto. 2011. "Demographic Characteristics of Third-Generation Asian Americans: Socioeconomic Attainments and Assimilation." *An Unpublished Paper.*

Duncan, Brian, and Stephen Trejo. 2011. "Tracking Intergenerational Progress for Immigrant Groups: The Problem of Ethnic Attribution." *American Economic Review* 101(3): 603-608.

Gold, Steven J. 1995. *From Workers State to the Golden State: Jews from the Formal Soviet Union in California.* Boston: Allyn and Bacon.

Gold, Steven, and Bruce Philips. 1996. "Mobility and Continuity among Eastern European Jews." In Silvia Pedraza and Ruben Rumbaut (eds.), *Origins and Destinies: Immigration, Race, and Ethnicity in America.* Belmont. Calif.: Wadworth Publishing.

Kim, ChangHwan, and Arthur Sakamoto. 2010. "Have Asian American Men Achieved Labor Market Parity with White Men?" *American Sociological Review* 75: 934-957.

Kim, Chigon, and Pyong Gap Min. 2010. "Marital Patterns and Use of Mother Tongue at Home among Native-Born Asian Americans." *Social Forces* 89: 233-256.

Kim, Dae Young. 2004. "Leaving the Ethnic Economy: The Rapid Integration of Second-Generation Korean Americans in New York." In Philip Kasinitz, John H. Mollenkoph, and Mary C. Waters (eds.), *Becoming New Yorkers: Ethnographies of the New Second Generation.* New York: Russell Sage Foundation.

Kim, Rebecca. 2006. *God's New Whiz Kids?: Korean-American Evangelicals on Campus.* New York: New York University Press.

Kim, Sharon. 2010. *A Faith of Our Own: Second-Generation Spirituality in Korean American Churches.* New Brunswick, NJ: Rutgers University Press.

Lew, Jamie. 2007. "A Structural Analysis of Success and Failure of Korean Americans in Urban Schools." *Teachers College Record* 102: 369-390.

Min, Pyong Gap. 1996. *Caught in the Middle: Korean Communities in New York and Los Angeles.* Berkley, CA. University of California Press.

_____. 2008. *Ethnic Solidarity for Economic Survival: Korean Greengrocers in New York City.* New York, NY: Russell Sage Foundation.

_____. 2009. "A Four-Decade Literature on Korean Americans: A Review and Comprehensive Bibliography." *Studies of Koreans Abroad* 21: 15-132.

_____. 2012. "Twice-Migrant Koreans in the U.S.: Their Countries of Origin, Socioeconomic Characteristics, and Ethnic Attachment." *Journal for Diasporic Studies* 6: 155-176.

_____. 2013. "Middleman entrepreneurs." In Steven J. Gold and Stephanie J. Nawyn (eds.), *The Routledge International Handbook of Migration Studies*. London and New York: Routledge, pp. 145-152.

Min, Pyong Gap, and Chigon Kim. 2009. "Patterns of Intermarriage and Cross-Generational In-Marriage among Native-Born Asian Americans." *International Migration Review* 43(3): 447-70.

Oh, Sookhee, and Pyong Gap Min. 2011. "Generation and Earnings Patterns among Chinese, Filipino, and Korean Americans in New York." *International Migration Review* 45(3): 852-871.

Sakamoto, Author, Kimberly A. Goyette, and Changhwan Kim. 2009. "The Socioeconomic Attachments of Asian Americans." *Annual Reviews of Sociology* 35: 255-76.

Yoon, In-Jin. 1997. *On My Own: Korean Businesses and Race Relations in America*. Chicago: University of Chicago Press.

Waldinger, Roger. 1985. "Immigrant and Industrial Change in the New York City Apparel Industry." In George Borjas and Marta Tienda (eds.), *Hispanics in the U.S. Economy*. Orlando, Fla.: Academic Press.

Xie, Yu, and Kimmberly Goyette. 2003. "Social Mobility and the Educational Choices of Asian Americans." *Social Science Research* 32: 467-498.

Zeng, Zhen, and Yu Xie. 2004. "Asian-American's Earnings Disadvantage Reexamined: The Role of Place of Education." *American Journal of Sociology* 109: 1075-1108.

Zenner, W. 1991. *Minorities in the Middle: A Cross-Cultural Analysis*. Albany, NY: State University of New York Press.

제3장

뉴질랜드와 호주 한인 이민 1.5세대와 2세대의 언어와 정체성의 문제

송창주(오클랜드대)

1. 호주와 뉴질랜드 한인 이민 1.5세대와 2세대 언어문제의 중요성

호주와 뉴질랜드처럼 한인의 이민 역사가 비교적 짧은 나라의 한인 이민들은 그 언어생활에 있어서 미국처럼 한인 이민들의 역사가 상대적으로 긴 나라의 동족들과는 다른 양상을 보인다. 예를 들어 1970년대와 1980년대에 한국에서 대거 미국으로 이민을 간 한인들의 경우 대체로 한 세대 만에 2세들이 모국어를 잊는 경향을 보인다. 즉, 미국에서 거주하는 기간이 길면 길수록 한인 차세대들이 한국어를 잊고 영어가 모국어로 된다.

그러나 1990년대 이후에야 본격적으로 이민이 이루어진 호주와 뉴질랜드의 경우는 이런 패턴과 조금 다른 양상을 보인다. 이들 1990년대 이후의 한인 이주자들은 (이들은 미국으로도 갔지만 호주, 캐나다, 뉴질랜드 등으로도 이주했다) 여러 가지 이유로 그 전 시기의 한인 이민자들에 비해 대체로 한국어를 더 잘 유지한다.

물론 여기에는 1990년대 이후에 널리 쓰인 인터넷 등 통신수단과 기술의 비약적 발전이 큰 요인으로 작용한다. 인터넷 등 통신기술의 발달로 이들 한인 이민 차세대들이 (다른 이민자들도 마찬가지이다) 비록 몸은 외국에 있지만 한국의 미디어를 통해 한국사회와 매일 실시간으로 교류를 할 수 있게 된 것이 전 세대에 비해 모국어를 더 잘 유지할 수 있는 이유이다. 또한 이와 더불어 1990년대의 한국은 1970년대의 한국과는 달리 경제적으로 번영하고 발전한 사회로서, 오늘날의 한인 이민자들은 그 전 세대의 미국 이민자들처럼 '영구히' 모국인 한국을 떠난다는 생각을 하지 않고, 거주국과 모국인 한국 사이를 오가면서 '초국가적' 생활을 하기 때문이기도 하다.

　호주로의 한인 이민은 1970년대부터 소금씩 이루어져 1980년대 이후에 크게 늘어났고, 뉴질랜드의 경우 한인 이민이 1990년대 들어서야 비로소 본격화됐다. 이 두 나라의 경우 한인 이민사회의 형성이 북미 지역에 비해 그 역사가 아주 짧다. 호주의 경우 2016년의 조사에서 총 123,017명의 '한인계'(한국인을 조상으로 둔 인구)가 있는 것으로 나타났으며(2011년의 조사 때는 88,984명의 '한인계' 인구가 있었다), 이 가운데 98,776명은 한국에서 태어난 사람들이다(2011년의 조사 당시 한국 태생은 74,537명이었다). 전체 한인들 가운데 68%가 1990년대 이후에 호주로 이민을 온 사람들이다. 또한 2006년의 조사 당시에는 59명이 북한에서 태어나 호주에 거주하고 있는 것으로 나타났다.[1]

　호주 한인들 중 다수가(약 65%) 시드니를 중심으로 한 뉴사우스웨일스 지역에 집중적으로 거주하고 있다. 뉴사우스웨일스 지역에 거주하는 인구가 호주 전체 인구의 33%를 차지하는 것을 고려하면 한인들이 이 지역에 집중하여 거주하는 정도는 다른 민족들에 비해 현저히 높다는 것을 알 수 있다. 2006년의 통계에 의하면 38%의 한인들이 호주 시민권을 가진 것으로 나타나고 있다.

　뉴질랜드의 경우 2006년의 조사에서 한인의 수는 30,792명으로 중국인과 인도인 이민자 다음으로 그 수가 많아 뉴질랜드 아시아 인구 가운데 3위를 차지하고 있었다. 그러나 그로부터 7년 후인 2013년의 조사

1　출처: http://quickstats.censusdata.abs.gov.au/census_services/getproduct/census/2016/communityprofile/036?opendocument.

에서 보면 뉴질랜드 거주 한인들의 수는 2006년도에 비해 2%가 줄어 30,171명으로 집계됐고, 이로써 한인인구는 뉴질랜드 전체 인구의 1% 이하로 떨어졌다. 반면에 2006년도 조사 이후 중국계·인도계·필리핀 계 이민자들의 수는 지속적으로 늘어 2013년에 한인들은 아시아인들 가운데 필리핀계 다음으로 4위를 차지했다(〈그림 3-1〉 참조).

호주의 한인들이 뉴사우스웨일스의 시드니 근처에 집중되어 거주 하는 것처럼 뉴질랜드의 한인들은 전체 인구의 73%가량이 북섬의 오클 랜드 지역에 집중적으로 거주하고 있다. 특히 오클랜드 안에서도 북쪽 인 노스쇼 지역에 집중되어있다. 뉴질랜드 한인들의 중간 나이는 31.2 세로서 상대적으로 젊으며, 이들 가운데 11%인 3,294명이 뉴질랜드 태

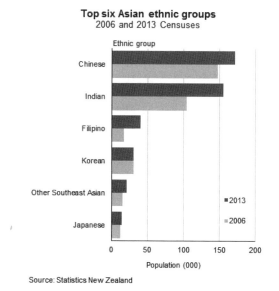

〈그림 3-1〉 뉴질랜드의 6대 아시안 종족집단 인구 규모(2006~2013)

출처: http://www.stats.govt.nz/Census/2013-census/data-tables/totals-by-topic-mr1.aspx

〈표 3-1〉 뉴질랜드 내 인종별 아시아인 이민자 수의 증감(2006~2013)

민족별	2006년 조사	2013년 조사
중국계	139,731	163,101
인도계	97,443	143,520
필리핀계	16,938	40,350
한국계	30,792	30,171
일본계	11,910	14,118

출처: 뉴질랜드 통계국

생 2세이다. 한인들의 연간 수입은(노동을 할 나이인 15세 이상 대상) 11,500달러로 다른 민족에 비해 낮은 편이다.

호주에서도 한인 신이민들('신포')에게서 나타나는 현상이지만, 뉴질랜드에 거주하는 한인 인구 가운데는 학생들의 비율이 높다. 많은 한국인 부모들이 자녀들의 교육을 위해 뉴질랜드로 이민을 오는 경향이 있고, 따라서 대개의 가정이 초등·중등·고등학교에 다니는 자녀들이 있다. 뉴질랜드 한인 가정에서 특기할 만한 것은, 부모를 따라 뉴질랜드로 이민을 한 1.5세대들이 대개 가정에서 1세대 부모를 위한 통역자의 역할을 한다는 점이다. 대부분의 1세대 부모들은 일상생활을 수행하는 데 필요한 영어회화 능력이 부족한 경우가 많은데, 1.5세대 자녀들은 이민 직후부터 학교에 들어가 공부를 하면서 곧 영어에 익숙해지므로 자연히 이들이 부모인 1세대를 위한 통역자 역할을 하는 것이다. 그러므로 부모들은 영어에 관한 한 이들 1.5세대에게 의존하여 이민생활을 시작한다.

부모의 입장에서 보면 이들 한인 1.5세대는 집에서는 한국어로 부모와 의사소통을 하는 데 문제가 없고, 또 학교에 가서는 영어로 수업을 받으며, 부모가 필요할 때 훌륭한 통역자의 역할을 할 뿐만 아니라 학교에서 공부도 곧잘 하므로 (비록 이 지역의 초등·중등학교에서는 한국에 비해 상대적으로 학과 공부에 강조를 덜 두는 경향이 있지만) 부모들은 자녀들의 한국어, 영어 이중언어 구사능력에 대해 신뢰하는 경향도 있다. 또한 이런 이유로 자녀교육을 위해 뉴질랜드로의 이민을 택한 것이 현명한 결정이었다고 생각하는 경향이 있다.

그런데 이들 1.5세대들은 부모를 따라 이민을 온 당시의 연령대와 이민 후의 경험 등에 의해 언어능력 등에 있어서 다양성을 보인다(Pyon, 2012). 또한 1.5세대 아동 이민들 가운데는 겉으로 보면 거의 완벽한 이중언어 구사자처럼 보이면서도 실제로는 불완전한 '이중언어 구사자'들인 경우도 많다. 즉 일상적인 상황에서 한국어나 영어로 말을 하고 알아듣는 능력은 문제가 없지만, 쓰기에 있어서는 문제가 많은 경우가 대부분이다. 이들은 한국어 쓰기 능력에 있어서는 당연히 같은 나이의 한국 내 학생들에 비해 크게 떨어진다. 또한 부모를 따라 이민을 온 당시의 연령에 따라서는 영어로 글을 쓰는 능력도 상당히 불완전한 경우가 많다(Pyon, 2012).

실제로 이들은 대학을 졸업한 후 뉴질랜드에서 취직을 하지 못하고 다른 나라로 나가는 경우가 적지 않은데 이들 가운데 상당수는 한국을 택한다. 그러나 한국에서도 이들은 언어소통의 문제로 고통을 겪는 수가 많다. 이들은 영어의 발음과 유창성 면에 있어서는 한국 내의 경쟁자들에 비해 월등하지만, 한국어 쓰기 능력 등에 있어서는 그들에 비해 현저히 떨어지는 경우가 대부분이고 전문직종에 종사하기에 한국어 실력이 부족하다.

특히 요즘에는 한국에서 대학을 졸업하는 학생들도 졸업 전까지 '스펙'을 쌓기 위해 일정기간 외국에 나가 공부한 경험이 있는 경우가 대부분이고 또 한국 내에서 워낙 영어를 열심히 공부하기 때문에 외국에서 살다가 돌아온 이민 1.5세에 비해 영어실력이 부족하지 않은 경우도 많다. 그러므로 이들은 여러 가지 문제, 특히 한국어에 관련한 능력 때문에 한국의 직장생활에 잘 적응하지 못하는 경우가 있다(Seo, 2007).

또한 뉴질랜드나 호주에서 어린 시절을 보내면서 습득한 현지의 문화와 개인주의적 태도 등은 집단성이 강하고 직장을 중심으로 한 인간관계가 중요한 한국사회에서 어려움을 야기할 수 있다. 그리하여 이들은 비슷한 해외이주 배경을 가진 동료들과 주로 어울리고, 이로 인해 한국인들과는 다른 정체성을 경험하기도 한다(Seo, 2007). 극단적인 경우 이런 1.5세대 '이중언어자'들 가운데는 소위 '언어적 장애자'(linguistic cripples)로 되는 사람들도 있다(cf. Rao, 2005: 21). 이민 1세대인 부모들은 자녀들의 교육 때문에 이민을 왔다고 하지만 이런 결정은 결국 이민사회와 모국 모두에서 언어적으로 적응하지 못하고 경쟁적이지 못한 세대를 길러낼 수 있다고도 볼 수 있다.

아무튼 이렇게 이민 새 세대들이 부모들의 언어인 모국어를 잊는 것은 여러 가지 면에서 문제가 된다. 일단 부모와의 소통이 어려워지고 따라서 세대 간의 갈등이 악화되기 쉽다(윤인진, 2000). 그리고 모국어를 잊는 그 당사자들의 사회적·경제적 기회도 위축된다. 즉, 위에서 말한 바와 같이, 이들 이민 1.5세대 가운데는 모국에서 직장을 구하려는 희망을 가진 사람들도 상당수가 있는데, 모국어 실력의 약화 또는 상실은 이들의 모국에서의 취업기회를 줄인다.

또한 한국의 입장에서 보면 이민 차세대의 모국어 능력 약화 또는 상실은 세계화와 초국가주의의 힘에 의해 한국의 문화가 위축되는 것이라고 여겨질 수도 있다. 실제로 Ethnologue Report(2014)에 따르면 세계적으로 한국어를 구사하는 사람들의 수는 2012년을 정점으로 조금씩 줄어들고 있다고 한다. 이것은 한국에서의 출산율 저하와 고령화의 심화로 인해 예측되는 절대인구 감소 전망, 그리고 재외한인 인구 가운데 차츰 모국어를 잊는 경향을 반영한다. 삼성경제연구소의 보고도 2500년에는 한국어와 함께 한민족이 사라질 수 있다는 심각한 경고를 하고 있다(조중식, 2010).

그런데 이민 1.5세대나 2세대가 자신들의 모국어를 상실하는 것은, 다음 절에서 보듯이, 뉴질랜드나 호주와 같은 다문화정책을 펴고 이민자를 받는 수민국 사회의 입장에서도 무시할 수 없는 중요한 문제가 된다. 이 글에서는 뉴질랜드와 호주의 한인 1.5세대와 2세대의 모국어 유지 상황을 통계적으로 유추해보며, 또 비교적인 시각에서 이것이 어떤 요인에 의해 영향을 받는지, 또 이것이 정책적으로 수민국(호주, 뉴질랜드)과 송출국(한국)에 어떤 의미를 가지며, 특히 한국의 디아스포라 정책에는 어떤 의미를 갖는지를 알아보고자 한다.

2. 다문화 사회의 언어정책과 이민 차세대

뉴실랜드와 호주는 공히 전체 인구에서 차지하는 해외 태생 이민자들의 비율이 세계적으로 높은 나라이다. 그 비율은 호주의 경우

27.7%이고, 뉴질랜드의 경우 이보다 약간 낮은 25.1%이다. 특수한 경우인 중동 산유국들(예를 들어 카타르, 유나이티드 아랍에미리트, 쿠웨이트 등의 경우 이 비율은 모두 70% 이상이다)을 제외하면, 전통적인 이민국가들 가운데 이 비율은 아주 높은 것이다. 예를 들어 세계에서 가장 많은 수의 이민자를 받는 미국의 경우 이 비율은 14.3%로 호주나 뉴질랜드의 절반 수준에 불과하며, 캐나다의 경우도 20.7%로서 이 두 나라보다 낮다.

이처럼 전체 인구에서 해외 태생 이민자들의 비율이 아주 높은 호주와 뉴질랜드는 공식적으로 다문화주의를 표방하고 있다. 호주는 캐나다(1971)에 이어 1972년부터 다문화주의를 표방하고 있고, 뉴질랜드 또한 1970년대 이후부터 모든 이민자들이 각자의 언어, 문화 등을 유지하면서 동시에 뉴질랜드 사람으로서 사는 데 아무런 문제가 없다고 여기기 시작했다.

이런 경향은 지속적으로 이 나라들의 정책에 반영되어왔으며, 실제로 뉴질랜드에서 실시된 2012년의 조사에 따르면 거의 90% 정도의 뉴질랜드인들이 다양한 인종, 언어, 종교와 문화가 뉴질랜드 사회에 긍정적인 영향을 가져다준다고 믿고 있다. 특히 뉴질랜드에서는 다문화를 "뉴질랜드 국경 안에 전 세계를 가져다주는 것"이라고 여기며(Singham, 2006) 이를 긍정적인 것으로 이해한다. 즉, 다문화가 자국의 '문화적 힘(cultural power)'이라고 보는 것이다(Singham, 2006: 36).

물론 뉴질랜드 사회는 다른 한편 뉴질랜드가 민족국가로서 지속적으로 번영해가려면 다양한 이민자들을 사회적으로 통합시키는 것도 중요하다고 여긴다. 그러므로 New Zealand Government Social Report (2006)에서도 보이듯이 뉴질랜드 정부는 뉴질랜드에 사는 사람들이 '뉴

질랜드인'으로서 강한 정체성과 소속감을 가지면서 동시에 문화적 다양
성을 중요하게 생각하도록 하는 정책을 펴고 있다.

이런 맥락에서 뉴질랜드 정부는 뉴질랜드 사회가 지속적으로 다양
성을 유지하고 발전시키기를 바라는데, 그 이유는 역시 위에서 말한 것
처럼 다문화가 궁극적으로 이 나라의 문화적 힘이 된다는 사고에 기인
한다(Singham, 2006). 또한 경제 등 실질적인 면에 있어서도 뉴질랜드에 유
입되는 외국인 이민자의 수가 늘면 그 나라와 뉴질랜드 간의 무역량 같
은 것이 증가하여 뉴질랜드의 경제적 발전에도 도움이 된다는 사실에
도 주목한다(cf. Genc et al., 2011).

특히 다양한 언어를 구사하는 사람들이 뉴질랜드 내에 더 많이 존
재하면 뉴질랜드가 외국과의 교역 또는 문화 교류 등을 함에 있어서 크
게 도움이 되고, 또 뉴질랜드 사회가 당면한 각종 문제를 해결하는 데
이들이 가져다주는 새로운 시각을 이용하게 되어 결국 사회발전에 도
움이 된다는 것이다(송창주, 2009). 뉴질랜드 정부는 특히 이민자들과 그 자
손들이 자연적으로 가져오게 되는 언어 능력이 뉴질랜드의 문화와 경
제 등에 중요한 자산으로 기능한다는 사실에 주목하고, 또 이런 맥락에
서 이민자 차세대들이 이민 후에도 자기 민족의 언어를 지켜가는 정도
에 관심을 기울이고 있다(송창주, 2009).

3. 뉴질랜드와 호주에서의 한인 이민 1.5세대와 2세들의 모국어 유지 현황

위에서 언급한 것처럼 이민 차세대의 모국어 유지는 개인적인 수

준뿐만 아니라 국가 수준에서도 중요한 문제이다. 특히 이민 1.5세대와 2세대의 모국어 능력은 부모와의 소통뿐만 아니라 뉴질랜드 같은 다문화 사회에서 이민 차세대들이 건강한 정체성을 발전시켜 나가는데도 중요하다. 그렇다면 뉴질랜드와 호주에서 한인 1.5세대와 2세대가 얼마나 자신들의 모국어인 한국어를 지켜가고 있는가? 불행하게도 여기에 관련한 통계자료는 별로 없고, 설사 있다고 하더라도 통계자료의 분절성과 파편성 때문에 이를 정확히 파악하는 것이 쉽지 않다. 그럼에도 불구하고 여태까지의 여러 조사와 기타 간접적 자료를 종합해봄으로써 이에 대한 어느 정도의 사실을 유추할 수 있다.

1) 뉴질랜드

뉴질랜드의 경우 한인 이민 신세대의 모국어 및 영어 언어능력에 대한 직접적인 조사는 없다. 다만 뉴질랜드 정부의 정기적인 인구조사에 이민자들의 언어 사용에 관련한 항목이 있는데 이 자료를 통해 한인 이민 1.5세대와 2세대가 어느 정도로 모국어인 한국어를 지켜가고 있는지를 추측해볼 수 있다.

아래의 표에서 보다시피 뉴질랜드 거주 한인계 이민자들의 수는 1991년에 930명, 1996년에 12,753명, 2001년에 19,026명, 그리고 2006년에는 30,792명으로 늘었다. 그 가운데 한국 태생인 사람들은 각각 1996년 12,183명(뉴질랜드 태생은 570명), 2001년 17,934명(뉴질랜드 태생은 1,092명), 그리고 2006년에는 28,806명(뉴질랜드 태생은 1,986명)이었다. 그 가운데 사용언어가 한국어라고 대답한 사람들의 수는 1996년 11,157명, 2001년에 15,876명, 그리고 2006년에는 26,967명이었다. 여기서 "한국 태생

이면서 한국어를 더 이상 사용하지 않는 사람"의 수는 1996년에 1,026
명, 2001년에 2,058명, 그리고 2006년에 1,839명이었다. 이것으로 유추
해볼 때 뉴질랜드 전체 한인계 인구 가운데 한국어를 구사하지 않는 (또
는 못하는) 사람들의 비율은 1996년에 8.4%, 2001년에 11.4%, 그리고

〈표 3-2〉 뉴질랜드 한인의 한국어 사용 현황

(단위: 명)

	1. 한인계 (한국인을 조상으로 둔 사람)	2. 출생지가 한국인 사람	3. 사용언어가 한국어인 사람	4. 뉴질랜드 전체 인구	5. 뉴질랜드 출생 한국계	6. 한국 태생 한인 이민자 이면서 한국어를 더 이상 사용하지 않는 사람	7. 한국어를 사용하지 않는 한국이민자의 비율
1991	930			3,373,926			
1996	12,753	12,183	11,157	3,618,303	570	1,026(A)	8.4%
2001	19,026	17,934	15,876	3,737,277	1,092	2,058	11.4%
2006	30,792	28,806	26,967	4,027,947	1,986	1,839	6.3%

출처: 뉴질랜드 통계국(NZ Statistics)

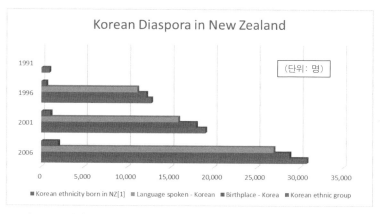

〈그림 3-2〉 뉴질랜드 한인들의 모국어 유지 정도

출처: 뉴질랜드 통계국의 자료를 바탕으로 재구성.

2006년에는 6.3%였음을 알 수 있다.

비록 여기서 다루는 기간이 1991년부터 2006년까지 불과 15년 밖에 되지 않고 또한 한인 교민의 수 자체가 겨우 30,000명 정도이므로 이 통계자료에서 어떤 의미 있는 사실을 유추하기가 쉽지 않다. 그러나 한 가지 뚜렷한 추세는 적어도 이 15년 사이에 한인들의 이민자 수는 꾸준히 늘었고(물론 2016년의 조사에 의하면 다시 줄었지만), 출생지가 한국인 사람의 수, 사용언어가 한국어인 사람의 수, 그리고 뉴질랜드 출생 한인의 수 등도 모두 늘었다. 반면에 한국 태생이면서 한국어를 더 이상 사용하지 않는 사람의 수와 한국어를 사용하지 않는 사람들의 비율은 2001년까지는 늘었다가, 2006년에는 다시 감소한 것으로 나타났다.

이미 언급한 것처럼 모집단의 수가 적으므로 여기서 섣불리 어떤 결론을 도출해내기가 어렵지만, 적어도 이민 초창기에는(1996~2001) 보통의 이민 커뮤니티처럼 시간이 흐를수록 한국어를 구사할 수 없는 인구가 늘었다는 것을 알 수 있다. 그러나 그로부터 5년 후인 2006년에는 전체 한인 가운데 한국어를 구사하지 않는 사람의 비율이 2001년에 비해 오히려 줄었다. 즉 2001년과 2006년 사이에 한국어를 사용하는 한인들의 비율이 오히려 늘었다는 것이다. 특히 그 사이에 뉴질랜드에서 태어난 한인들의 수가 1,092명에서(2001년 조사) 1,986명(2006년 조사)으로 거의 두 배가 늘었다는 사실을 상기해보면 이것은 더욱 놀라운 현상이다.

이 문제는 필자가 현재 연구하고 있는데, 이는 바로 뉴질랜드 태생 한인 젊은이들 또는 아주 어린 나이에 이민을 온 학생들이 초등학교와 중학교 과정에서는 한국어 구사능력이 눈에 띄게 저하하다가 고등학교, 특히 대학에 들어간 후 한국계 학생들과 교류하면서 한국어 실력이 눈에 띄게 높아지는 것과 관련이 있는 것으로 생각된다(Song, 2018). 그리고 여기에는 디지털 커뮤니케이션의 발달이 한 몫을 하고 있는 것으로 추측된다. 즉, 온라인으로 뉴질랜드에서도 한국의 신문 등을 볼 수 있게 되었고, 또 친구끼리 문자 메시지 등을 교환하면서 한국어 실력이 느는 것이다.

2) 호주

호주의 경우에도 한인 이민 신세대의 모국어 유지 능력에 관련해 직접적인 자료를 찾기가 힘들다. 호주 통계청의 자료로는 이를 알기가 어렵지만 정부의 지원을 받아 인구에 관련한 자료를 제공하는 '.id Services(.id The Population Experts ⟨http://home.id.com/au/⟩)' 같은 기구들의 광범한 인구 자료에서 이를 유추해볼 수 있다.

여기서 보듯이 2006년 호주의 한인 인구는 60,767명이었고, 이는 2011년에 88,984명으로 늘었다. 그 가운데 한국 태생은 2006년에 52,649명, 그리고 2011년에는 그 수가 늘어 74,537명이었다. 가정에서 한국어를 사용하는 인구는 2006년에 54,624명(전체 한인 인구의 89.9%), 2011년에는 더욱 늘어 79,784명(전체 한인 인구의 89.7%)이었다. 호주의 경우 뉴질랜드에 비해 현지 출생자이면서 한국어를 구사하는 사람의 비율이 더욱 높아 2006년에는 그 비율이 대략 25%였고, 2016년에는 그 비율이 더욱 늘어 36%에 달했다는 추측이 나온다.

호주 거주 한인들이 뉴질랜드 거주 한인들에 비해 한국어 사용 능력의 정도가 높은 것은 아마도 호주에는 우선 한인 이민의 수가 뉴질랜드에 비해 월등하게 많고, 또 이들이 시드니를 중심으로 한 뉴사우스웨일스 지역에 집중되어있고, 이 지역의 여러 곳에서 규모가 큰 힌인타운을 형성하고 사는 것이 그 이유일 것으로 추측된다. 그러나 뉴질랜드의 경우처럼 호주 태생 한인 차세대 젊은이들이 초등학교, 중등학교, 고등학교, 그리고 대학교에 진학하면서 처음에는 이민족 학생들과 어울리

〈표 3-3〉 호주 한인의 한국어 사용 현황 자료(2006~2011)

(단위: 명)

	1. 한인 인구	2. 출생지가 한국인 경우	3. 집에서 쓰는 언어가 한국어인 경우	4. 호주 전체 인구	5. 호주 태생 한인	6. 호주 태생으로서 한국어를 구사하는 사람	7. 호주 태생 한인으로서 한국어를 구사하는 사람
2006	60,767	52,649	54,624	19,855,287	8,118 (A)	1,975(B)	24.3%
2011	88,984 (+28,217)	74,537 (+21,888)	79,784 (+25,160)	21,504,691 (+1,649,404)	14,447	5,247	36.3%

주: 이 표에서 5번은 거의 확실한 수치이며, 6번과 7번은 변수가 많아서 정확하지는 않지만, 위와 같이 예상·추측해볼 수 있다.

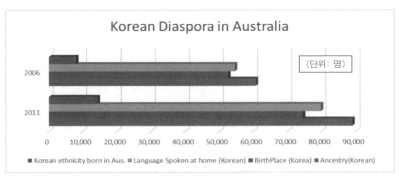

〈그림 3-3〉 호주 한인의 한국어 사용 현황(2006년과 2011년 비교)

출처: 호주 통계국과 .id Services의 자료를 바탕으로 재구성.

다가 차츰 같은 이주 경험을 공유하는 한인 학생들을 만나게 됨으로써 점차로 한국 문화와 한국어를 더 배우게 되는 것인지에 대해서는 여기서는 알 길이 없고, 미래의 연구에서 밝혀지기를 기대한다.

4. 이민 차세대의 언어와 정체성

언어학자들의 연구에 따르면 언어는 인간의 정체성을 지배한다(cf. Tabouret-Keller, 2017). 한인 이민 1.5세대와 2세대들의 경우 대체로 이중언어를 구사함으로써 자연히 이민사회의 주류사회 구성원들과 또 한국에 사는 한국인들과는 구별되는 정체성을 발전시킨다. 실제로 미국에서 한인 대학생들을 대상으로 한 연구에 따르면 재미한인 2세대는 자신들만의 독특한 이중문화 정체성을 갖고 있다(Jo, 2001; Lee, 2002). 이들 가운데 모국어를 구사하는 능력이 있는 사람들은 그렇지 않은 사람들에 비해 더욱 확실한 이중정체성을 갖는다고 한다(Lee, 2002).

이민자들은 이민사회에서 여러 가지 문제에 봉착하기 마련이며 정착하는 과정의 여러 변수들에 따라 모국어의 유지가 달라진다. 모국어의 유지는 여러 가지 변수에 작용을 받는데, 대체로 이주할 당시의 연령, 그리고 이주한 사회에 거주한 시간에 따라 이들의 모국어 유지 정도가 결정된다. 이민사회에 정착해서 교육을 받고 또 직업을 구하기 위해 이민자들은 수민국의 언어를 사용하는 능력을 갖추어야 한다. 이민사회에 적응하기 위해 노력하면서 시간이 계속 지나면 자신의 모국어를 덜 사용하게 된다. 득히 학교 교육이 이들의 언어생활에 큰 영향력을 가진다.

그런데 뉴질랜드 한인들의 경우 다른 여러 민족들 가운데 자기 언어를 지키는 비율이 상대적으로 높다. 뉴질랜드의 한인들은 이민한 지 20~24년 후에도 75%가량이 자기 언어를 지켜 그 비율이 타 민족에 비해 상대적으로 높으며, 이후에도 자국어를 잃는 비율이 타 민족에 비해 상대적으로 느리다(New Zealand Statistics, 2004: Ch. 5). 아래 〈그림 3-4〉가 이런 현상을 잘 보여준다. 이 그림에서 보듯이 2001년도의 조사를 보면 뉴질랜드의 한인 이민들은 비록 이주기간이 오래되면서 한국어 사용능력이 서서히 떨어지기는 하지만, 다른 민족들(캄보디아인, 베트남인, 중국인, 그리고 인도인 이민자)에 비해 모국어를 유지하는 정도가 높은 것으로 나타난다.

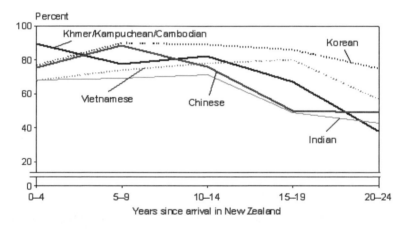

〈그림 3-4〉 10~24세 외국 출생 아시아인의 거주기간에 따른 모국어 유지 현황(2001)

출처: New Zealand Statistics, 2004: Ch. 5.
    http://www.stats.govt.nz/browse_for_stats/people_and_communities/Language/concern
    ing-language-2004/chapter5.aspx

같은 조사(2001)에 따르면(아래 〈그림 3-5〉 참조) 뉴질랜드에서 태어난 이민자 2세 아동들 가운데 대체로 아시아계 아동들이 타 인종에 비해 모국어를 사용할 수 있는 가능성이 높은 것으로(46%) 나타났다. 반면 유럽계 아동들은 모국어를 사용할 수 있는 가능성이 가장 낮았고(11%), 태평양계는 약 32%가 모국어를 사용할 수 있다(New Zealand Statistics, 2004: Ch. 7). 이민 아동들의 모국어의 유지에 있어서 같은 언어를 구사하는 친구집단의 영향도 크게 작용하는 것으로 나타난다(Phinney et al., 2001; Luo and Wiseman, 2000). 또한 가정 내에서 모국어로 말하는 어른의 수가 많을수록 뉴질랜드 태생 2세들의 모국어 유지 비율이 높았다.

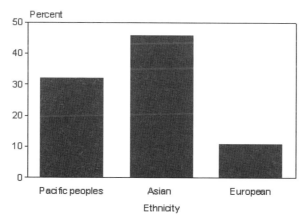

〈그림 3-5〉 뉴질랜드 출생 2세 아동의 모국어 사용 능력(2001)

출처: NZ Statistics. 2004. "Chapter 7. Household Analysis of Children's Language Retention," http://www.stats.govt.nz/browse_for_stats/people_and_communities/Language/concer ning-language-2004/chapter7.aspx

그런데 위에서 언급했듯이 호주와 뉴질랜드 사이의 1.5세대 및 2세대의 모국어 유지에는 약간의 상이점이 발견된다. 즉, 호주에서는 상대적으로 모국어의 유지 비율이 높은 반면 뉴질랜드에서는 이 비율이 낮다. 이것은 더 과학적인 분석을 해보아야 알겠지만, 위에서 말했듯이 아마도 한인 커뮤니티가 강한 나라(호주)와 약한 나라(뉴질랜드)의 차이일 것으로 추측된다. 이민 차세대늘의 모국어 유시는 이민사회에서 기주한 기간과 관계가 있다. 그리고 특히 에스닉 커뮤니티의 존재와 그 거리에 비례한다(Portes and Schauffler, 1994). 호주의 경우 여기저기에 한인타운들이 비교적 잘 발달되어있고, 한인들이 밀집되어 상권을 형성하고 있는 반면, 뉴질랜드에서는 비록 한인들이 밀집되어 산다고는 하지만 상권을 크게 형성하고 사는 것은 아니라는 차이가 있을 것 같다.

아무튼, 언어가 그 사람의 정체성을 규정한다는 언어학자들의 견해(Tabouret-Keller, 2017)에 비추어보면 호주나 뉴질랜드에서 공히 한인 1.5세 및 2세 이민자들은 이민사회에서 상당한 정도로 (적어도 다른 유럽계 이민자 자녀들이나 아시아계 이민자 자녀들에 비해) 적어도 아직까지는 한인으로서의 정체성을 유지해나가는 것 같다.

5. 결론

과거에 미국 등지에서 한인 이민 2세대와 그 후세대는 대체로 한 세대 안에 모국어를 잃어버리는 경향이 강했다. 그러나 언어 사용 면에서의 이런 빠른 주류사회로의 동화 추세는 지난 20년 사이에 많이 변했다. 크게는 인터넷 등 커뮤니케이션 기술이 발달함으로써 이민자와 이민자들의 자손들이 모국과 문화적으로 결속되기가 쉬워졌고, 또 그 사이에 한국을 비롯한 아시아 각국의 국제적 지위가 상대적으로 향상되어 이민자들이 예전과 다르게 아시아인 또는 한국인으로서의 정체성에 자부심을 갖게 된 것이다. 그럼에도 불구하고, 대체로 이민기간이 늘어나면서 또 세대가 바뀌면서 모국어를 구사하는 능력이 조금씩 낮아지는 것은 어느 정도 자연스러운 현상이라고 할 수 있다. 호주와 뉴질랜드에서는 한국계 이민 1.5세와 2세들이 아직까지는 다른 민족에 비해 모국어를 지켜가는 편이지만, 이런 현상이 언제까지 지속될지는 미지수이다.

여러 가지 연구가 이민 신세대들이 모국어를 유지하는 것, 즉 이중언어를 구사하는 것이 개인적으로, 가정적으로, 또 사회적으로 긍정적이라는 것을 알려준다. 개인적으로는 이민자의 후손으로서 다문화 사회 내에서 건강한 정체성을 가질 수 있고, 가정적인 면에 있어서는 부모와의 의사소통에 유리하며, 또 국가적으로 보더라도 이주민들의 모국어 능력 유지는 문화적·경제적으로 바람직하다고 할 수 있다. 특히 뉴질랜드의 경우 다문화 정책을 표방하면서 언어를 포함한 이민자들의 자기 문화적 능력의 유지가 뉴질랜드의 경제와 문화에 도움이 됨을 천명해오고 있다.

그러나 현실은 이민사회에서 차세대들이 모국어를 배우는 데 어려움을 주고 있다. 뉴질랜드나 호주 커뮤니티에서 제공되는 한국어 수업들은 학생들의 수준에 맞지 않거나 또 가르치는 방식에 있어서 전문성이 부족하다(Lee, 2002). 그리고 아무리 다문화를 강조하는 나라라도 대부분의 교육기관들은 실질적 필요와 재정 등의 부족으로 학교 교육에서 언어적으로는 단일어를 강요한다(Jo, 2001). 물론 호주, 미국, 뉴질랜드 등은 기본적으로 이중언어 교육을 인정하여 언어적 소수자들이 자신의 언어로 교육을 받도록 하는 제도를 운영하고 있기는 하지만 다양한 이민자들의 모든 언어를 교육에 포함시키기는 현실적으로 어렵다.

그러므로 이민자들의 이런 이중언어 능력을 유지시켜가기 위해서는 개인은 물론 이민을 받는 수민국, 그리고 이민을 보내는 송출국의 사회와 정부가 모두 힘을 기울일 필요가 있다. 특히 한국의 경우 고령화와 저출산율로 곧 인구가 줄고, 이에 따라 한국어를 사용하는 인구가 줄 것이라는 현실이 다가오는 것을 고려하여 해외 한인들의 모국어 유지 정도에 관심을 기울일 필요가 있다.

뉴질랜드와 호주의 경험과 사례에서 보면, 많은 한인계 결혼 이주자들이 한국에서도 언어적 소수자들을 위해 호주나 뉴질랜드처럼 실질적인 다문화와 이중언어 교육정책을 받아들이기를 바란다. 위에서 인용한 Flimore(1991)가 지적했듯이 이민 차세대들이 현지어를 배우면서 부모들이 쓰는 모국어를 잃는 것은 개인, 가정, 그리고 사회 전체에 아주 큰 손실이라는 점을 늘 기억해야 한다.

참고문헌

송창주. 2009. 『다문화청소년 알아가기: 뉴질랜드의 이주, 난민 아동청소년 정책』. 서울: 무지개청소년센터.

윤인진. 2000. "한인 이민 가족의 세대갈등." 『아시아태평양지역연구』 3(1): 154-181.

_____. 2001. "토론토지역 한인의 생활과 의식." 『재외한인연구』 11(1): 5-55.

조중식. "삼성경제연구소, "2500년 한민족 소멸된다."" 『조선일보』(2010.04.21)(http://biz. chosun.com/site/data/html_dir/2010/04/21/2010042101128.html)

Fillmore, Lily Wong. 1991. "When Learning a Second Language Means Losing the First." *Early Childhood Research Quarterly* 6(3): 323-346.

Genc, Murat, Masood Gheasi, Peter Nijkamp, and Jacques Poot. 2011. "The Impact of Immigration on International Trade: A Meta-Analysis." *Norface Migration Discussion Paper* No. 2011-20.

http://www.norface-migration.org/publ_uploads/NDP_20_11.pdf

Jo, Hye-Young. 2001. "Heritage' Language Learning an Ethnic Identity: Korean Americans' Struggle with Language Authorities." *Language, Culture, and Curriculum* 14(1): 26-41.

Lee, Jin Sook. 2002. "The Korean Language in America: The Role of Cultural Identity in Heritage Language Learning." *Language, Culture, and Curriculum* 15(2): 117-133.

Luo, Shiow-Huey, and Richard L Wiseman. 2000. "Ethnic Language Maintenance among Chinese Immigrant Children in the United States." *International Journal of Intercultural Relations* 24(3): 307-324.

NZ Statistics. 2004. "Chapter 5. Concerning Language." http://www.stats.govt. nz/browse_for_stats/people_and_communities/Language/concerning-language -2004/chapter5.aspx

NZ Statistics. 2004. "Chapter 7. Household Analysis of Children's Language Retention." http://www.stats.govt.nz/browse_for_stats/people_and_communities/ Language/concerning-language-2004/chapter7.aspx

NZ Statistics. 2014. "2013 Census ethnic group profiles: Korean." http://www. stats.govt.nz/Census/2013-census/profile-and-summary-reports/ethnic-profile s.aspx?request_value=24754&parent_id=24726&tabname=#24754

"New Zealanders value a strong multicultural society" http://www.victoria.ac.nz/cacr/about-us/diversity-issues/corruption-drops-as- inc omes-rise-say-victoria-researchers

Phinney, Jean S., Irma Romero, Monica Nava, and et al. 2001. "The Role of

Language, Parents, and Peers in Ethnic Identity among Adolescents in Immigrant Families." *Journal of Youth and Adolescence* 30(2): 135-153.

Portes, Alejandro, and Richard Schauffler. 1994. "Language and the Second Generation: Bilingualism Yesterday and Today." *International Migration Review* 28(4): 640-661.

Rao, Digumarti Bhaskara. 2005. *Globalization and Living Together*. New Delhi: Discovery Publishing House.

Rumbaut, Rubén, Douglas S. Massey, and Frank D. Bean. 2006. "Linguistic Life Expectancies: Immigrant Language Retention in Southern California" *Population and Development Review* 32(3): 447-460.

Seo, Ellie Hyun-Kyung. 2007. "Return Migrants or Transmigrants?: Return Migration of 1.5 Generation Korean New Zealanders." MA Thesis, University of Auckland.

Singham, Mervin. 2006. "Multiculturalism in New Zealand?: The Need for a New Paradigm." *Aotearoa Ethnic Network Journal* 1(1): 33-37. http://www.aen.org.nz/journal/1/1/AENJ.1.1.Singham.pdf

Song, Changzoo. 2018. "Korean Youths in New Zealand: Explaining Re-ethnicisation Process." Unpublished paper presented at the 2018 AASA (Association of Asian Studies in Australasia) Biennial Meeting in Sydney, July 2-5.

Tabouret-Keller, Andree. 2017. "Language and Identity." In Florian Coulmas (ed.) *The Handbook of Sociolinguistics*. Oxford, UK: Blackwell, pp. 315-326.

Te Ara The Encyclopedia of New Zealand. "Multicultural New Zealand." http://www.teara.govt.nz/en/the-new-zealanders/page-13

United Nations. 2013. Trends in International Migrant Stock: The 2013 Revision. http://www.un.org/en/development/desa/population/migration/data/index.shtml

Pyon, H. Teresa. 2012. "Understanding 1.5 Generation Korean Americans Considering Their Diversity and Educational Experience." (1.5세 재미한인들에 대한 이해: 다양성과 교육적 경험에 관하여) 『재외한인연구』 28: 85-122.

제4장

독일의 한국계 후세대의 높은 교육 성취에 기여하는 요인

*
본 글은 필자의 박사학위 논문의 일부를 발췌·요약했음을 밝힌다.

1. 서론

한국인들의 국제 이주가 시작된 것은 19세기 중반부터이며, 그 길지 않은 역사에도 불구하고 외교통상부의 통계에 의하면 2013년을 기준으로 전 세계 총 181개국에 약 700만 명의 한인들이 거주하고 있다. 이는 한국 전체 인구의 약 10%에 해당한다. 재외동포들의 주요 거주 국가는 중국과 미국이며, 독일에 있는 동포는 2013년 기준 약 33,774명으로 추산된다(재외동포현황, 2013). 이 규모는 다른 국가에 거주하고 있는 한인 동포보다 상대적으로 적다. 따라서 독일에 거주하는 한인들은 독일과 한국 양국 모두에서 '소수'로 인식됐고 이들에 관한 연구는 많이 이루어지지 않았으며, 연구범위 또한 주로 이민 역사와 공동체, 이민체계에 관한 것들로 한정됐다(Jeong, 2007; Kim, 2006; Yoo, 1996).

독일의 한국계 후세대로 주목받은 마틴 현[1]은 최근 독일에 거주하는 한인들에 관한 에세이집을 출간했다. 그는 한인들의 '역경'과 '고난'에 대해 다음과 같이 설명했다. 독일의 이민자 그룹에서 일단 한민족은 '소수' 공동체이기 때문에 독일 언론은 한인에 대해 크게 주목하지 않았으나, 이들의 성공적인 동화는 이민자 통합에 성공적인 사례로 자주 인용되었다. 그러나 그는 한인들이 독일사회의 동화 요구에 계속해서 모범적·일방적으로 순응한다면, 한인 문화가 다음 세대들에게 '의미화'되는 작업에 실패할 것이라고 우려했다. 한인들의 일방적인 순응과 침

---

1 마틴 현(Martin Hyun, 한국명: 현종범, 1979년 5월 4일~)은 독일의 전 아이스하키 선수이나. 한국계 독일인으로 파독 광부와 간호사 사이에서 태어났다. 5세부터 아이스하키를 시작해 독일 아이스하키 청소년 대표를 거쳐 아시아인 최초로 독일 아이스하키 리그에서 뛰었다. https://ko.wikipedia.org/wiki/%EB%A7%88%ED%8B%B4_%ED%98%84

묵은 독일 언론에서 아시아인들의 '약점의 상징'으로 인식되곤 했다 (Hyun, 2013).

게다가 독일의 한인들은 극소수만이 하우프트 슐레(Hauptschule)[2]에 진학한다는 것을 지나치게 강조해왔으며, 한국계 후세대들이 하우프트 슐레에 진학한다고 하더라도 자신들의 학업을 여기서 멈추지 않고, 두 번째 교육의 기회(Zweiter Bildungsweg)를 찾는다. 사실, 대부분의 한국계 후세대들은 대학에 진학한다. 한국계 후세대들이 대학 진학에 중요한 목표와 의미를 두는 것은 독일사회 내의 한인 커뮤니티 안에서 대학 진학을 하지 않는 것을 일종의 사회적 일탈 행위로 보기 때문이다.

당시 1세대의 대부분이 초청노동자 프로그램(Guest-worker Program)으로 독일로 왔기 때문에 이들의 교육 수준이 낮았을 것이라고 예상했으나, 당시 한국인 초청노동자들은 다른 이주자 집단과 비교하면 고학력자들로 이루어져 있었다. 1세대들의 고학력을 바탕으로 한국계 후세대들은 독일사회에서 엘리트 이민자가 되었다. 독일의 한인들이 독일의 이민자 중 '모범적인' 집단으로 분류되는 것은 높은 교육 성취도에 기인한다. 따라서 본 연구에서는 독일 한국계 후세대들의 이러한 높은 학업 성취에 초점을 맞춘다.

---

2 1950년 처음 도입된 뒤 학생 인구의 65~70%를 수용하고 있다. 전통적 대입 준비학교인 김나지움(Gymnasium), 고등경영기술학교 준비기관이자 공무원 양성기관인 레알 슐레 (Realschule)와 함께 독일의 세 가지 중등학교 유형에 속한다. 하우프트 슐레와 초등학교 4학년까지의 과정인 그룬트 슐레(Grundschule)는 보통 한 건물 안에 있으며, 직업훈련을 위한 초·중등 준비과정으로 폴크스 슐레를 보충한다. 때때로 마지막 학년에서 직업교육 1년이 실시되기도 한다. 오스트리아에서 하우프트 슐레는 인구가 많은 지역에서 폴크스 슐레의 마지막 4개 학년을 대신하여 상급 교육과정을 실시하며, 대규모 학교에서는 우수학생들을 위해 능력별로 편성된 상급반으로 대신한다.

2. 연구방법

독일에 거주하는 한국계 후세대 중 연령을 18~39세로 한정 지었고, 2011년 4월부터 11월까지 온라인설문을 했다. 총 709명이 온라인설문[3]의 첫 번째 페이지를 클릭했고, 이 중 470명이 계속해서 질문을 이어갔으며, 마지막 질문까지 대답한 응답자는 358명이었다. 본 연구에서는 '한국계 후세대'라는 개념을 사용했는데 이것은 '2세'와는 구별되는 개념이다. 부모의 이민으로 인해 독일에서 태어나거나 학령기 이전에 독일로 온 경우를 '2세'로 지칭한다(Worbs, 2003: 11). 그러나 본 연구의 대상자는 한국인 2세를 포함하나, 학령기 이후에 독일로 온 경우와 부모 중 1명만 한인인 경우도 연구 대상에 포함시켰기 때문에, '한국계 후세대'라는 용어를 쓰기로 한다. 한편, 독일의 전체 이민자 자녀의 학업성취도에 관한 선행 연구는 독일 연방 통계청의 통계자료와 국제학력평가(PISA)의 통계자료를 활용하여 이루어졌다.

3. 독일 이민자 자녀의 교육 현황

독일 이민자 자녀의 교육 현황을 살펴보기에 앞서, 독일 교육시스템의 전반적인 특성에 대한 이해가 필요하다. 독일 교육시스템의 특징이라 할 수 있는 이중직업 교육시스템과 중등과정 '조기선택'에 관한 논의가 먼저 이루어져야 할 것이다.

---

3   독일의 한국 2세 모임과 교포 커뮤니티 공식 홈페이지와 페이스북을 통해 설문을 실시했다.

1) 독일 교육시스템

독일의 초등과정은 초등학교(그룬트 슐레, 1~4학년, 연령: 6~10세)에서 이루어지며, 초등과정 4년을 마치고 나면,[4] 다양한 형태의 중등과정 학교를 선택하게 된다. 기본학교(하우프트 슐레, 5~9학년, 연령: 10~15세)[5]에서는 실용적인 직업교육을 담당하여, 기초단계의 자격을 갖추게 된다. 기본학교에 비해 더 전문적인 직업교육이 이루어지는 실업학교(레알 슐레, 5~10학년, 연령: 10~16세)는 졸업 후 중급 단계의 자격을 갖추기 위한 교육과정으로 이루어져 있다. 두 학교 모두 실습을 위한 준비과정의 학교이나, 일반적으로 각각 다른 종류의 직업을 갖게 된다. 김나지움(5~12)학년, 연령: 10~19세)은 대학 진학을 위한 준비과정이다. 이 학교의 마지막 과정에서 대학에 입학할 수 있는 Abitur 시험을 치르게 되는데, 시험에 통과하면 대학 입학자격을 갖추게 된다(Kristen and Granato, 2007).[6]

학부모와 자녀의 의견을 기초로 초등학교 교사는 중등과정의 학교를 추천하게 된다. 학부모의 의견이 중등과정의 학교를 결정하는 데 영향을 미치며 한번 결정한 중등과정은 원칙적으로는 중간에 바꿀 수 있다고는 하지만 쉽지 않기 때문에(Schüller, 2011: 8) 중등과정의 학교 유형을

---

4 독일 초등학교 교육과정은 일반적으로 4년이나 베를린과 브란덴부르크는 6년으로 구성되어 있다.

5 개별 주에 따라 차이가 있기는 하나, 기본학교로의 진학률은 높지 않고 점점 낮아지는 경향을 보인다. 기본학교는 사회적 약자 계층 자녀의 진학률과 농촌지역에서의 진학률이 높다. 따라서 교육과정 개혁에 대한 필요성이 제기됐고, 1993년부터 기본학교와 실업학교의 통합 형태의 학교 유형이 새로 도입됐다(이시우, 2009: 36).

6 지나치게 자신의 진로를 일찍 결정하게 하는 독일 교육시스템의 비판에서 기인한 종합학교(게잠트 슐레, Gesamtschule)는 기본학교, 실업학교, 김나지움의 과정을 종합적으로 갖추고 있는 중등교육 과정의 다른 형태이다(김도협, 2013: 58).

선택하는 것은 매우 중요한 일이다(Allmendinger, 1989; Alba et al., 1994; Crul and Vermeulen, 2003; Worbs, 2003; Kristen and Granato, 2007).

부모가 자녀의 적성과 능력을 잘 알고 있다는 것을 전제로, 부모는 자녀의 능력과 적성에 맞는 학교를 선택하고 진로를 결정지을 수 있고, 이 과정에서 부모는 교육기관과 전문가로부터 필요한 정보를 얻을 수 있어 자녀의 진로 결정에 참여하게 된다. 따라서 독일기본법 제6조 제2항에서 "부모를 자녀의 교육에 있어 권리자이자 의무자"로 규정했다. 대체적으로, 고학력 부모의 자녀는 어렸을 때부터 '교육'의 중요성에 대해 부모로부터 교육받게 되고, 중등교육 과정을 신중하게 선택하는 경향을 보인다. 고학력 부모는 자녀의 교육과 직업에 대해 많은 지원을 아끼지 않으며 자녀들의 학업성취와 중등교육 과정 선택에 영향을 끼치게 된다(Boudon, 1974; Gambetta, 1987; Erikson and Jonsson, 1996; Breen and Goldthorpe, 1997; Esser, 1999; Kristen and Granato, 2007: 345~349).

독일에서는 중등단계의 학교를 결정하는 연령이 일반적으로 10세이며, 본인의 학업성취도, 담당교사의 추천, 부모의 의견 등으로 학교를 결정하게 된다. 부모의 학력에 따라 자녀의 중등교육 단계의 선호도가 다르게 나타나는데, 고학력 부모의 경우 자녀가 김나지움에 진학하여 일반대학에 진학하기를 바라는 경향을 보인다(Alba et al., 1994: Worbs, 2003; Kristen and Granato, 2007).

〈표 4-1〉은 부모의 학력과 자녀의 중등교육 과정의 학교 유형별 분석을 보여준다. 부모 중 1명이 대학 입학자격을 갖추었을 경우, 75.5%가 김나지움을, 5.1%만이 기본학교를 선택했고, 반대로 부모 모두 대학 입학자격이 없는 경우는 36.0%만이 김나지움을, 23.2%가 기본학교를

〈표 4-1〉 부모의 학력과 자녀의 학교 유형(2010년 기준, 자녀 나이: 15세 이상)

(단위: %)

		자녀의 학교 유형			
		합계 (단위: 1,000명)	기본학교	실업학교	김나지움
부모의 대학 입학자격 유무	긍정 부정	2,990 2,113	5.1 23.2	19.4 40.7	75.5 36.0

출처: 독일 연방 통계청(Statistisches Bundesamt), 2011, 마이크로센서스

선택했다.

　이민자 자녀에게 특히 불리하게 작용하는 것은 이들 부모 세대의 학력이 대체로 낮다는 것이다. 또한, 독일로 이주한 지 얼마 안 된 자녀의 경우 부모가 교육과정에 대한 정보가 없다면 더욱 문제가 될 수 있고, 담당교사의 문화적으로 편향된 시각으로 이민자 자녀는 때로 불이익을 얻을 가능성이 있다(Boos-Nünning et al., 1990; Autorengruppe Bildungsberichteranstattung, 2010). 따라서 부모가 독일 교육시스템에 대해 충분한 정보를 가지고 있는 것은 이민자 자녀에게 특히 중요하며, 반대로 부모가 독일 교육시스템에 대해 충분히 알지 못하면 자녀의 중등교육 과정 선택을 잘못된 방향으로 이끌 수 있다.

2) 이민자 자녀교육 현황

　이민자 자녀가 현지사회에 잘 통합되기 위해 가장 중요한 요인 중의 하나로 꼽히는 것은 '교육'이다. 그러나 대부분의 이민국가에서 이민자 자녀들은 선주민 자녀들보다 학업성취에 있어 어려움을 겪고 있다

(Bean and Tienda, 1987; Geiersbach, 1989; Esser, 1990; Seifert, 1992; Alba and Müller, 1994; Zhou and Bankston, 1994; Crul and Vermeulen, 2003; Nielsen et al., 2003; Riphahn, 2003; Van Ours and Veen-man, 2003; Worbs, 2003; Kristen and Granato, 2007; Aleksynska and Algan, 2010; Belzil and Poinas, 2010; Cobb-Clark and Nguyen, 2010).

선행연구에서는 이민자 자녀들의 학업성취가 일반적으로 이민 온 나이, 현지어 능력, 부모의 사회·경제적 지위, 현지 거주기간, 태어난 장소, 국적 취득 여부, 부모의 현지문화 적응도에 의해 영향을 받는다는 것을 밝혀냈다. 취학연령 이전에 이주해 온 자녀의 경우 취학연령 이후에 이주해 온 자녀들보다 더 쉽게 현지어를 습득할 수 있고, 현지어 능력은 학업성취도에 영향을 준다. 현지 거주기간이 길수록 도시에서 성장한 이민자 자녀일수록, 부모의 사회·경제적 지위가 높은 이민자 자녀일수록 학업성취도는 더 높은 것으로 나타났다(Esser, 1990; Köhler, 1992; Seifert, 1992; Alba and Müller, 1994; Crul and Vermeulen, 2003; RiPhahn, 2003; Worbs, 2003; Kristen and Granato, 2007; Luthra, 2010; Schüller, 2011).

이민자 자녀의 학업성취에 영향을 주는 요인 중 부모의 현지 문화 적응도에 대해서는 크게 주목하지 않았으나 최근 그 중요성이 드러나고 있다. Schüller(2011)는 이민자 자녀의 부모가 모국의 문화적 특성을 유지하고 있어도 이들이 독일 사회에 강한 소속감을 느끼고 있을수록 자녀의 학업 성취도가 높은 것을 증명했다. 부모의 독일사회에 대한 강한 소속감은 자녀가 독일어를 더 잘 습득할 수 있도록 동기를 부여하게 되고, 현지 교육시스템에 관한 이해도를 높여주며, 문화적 차이에서 나오는 여러 문제점을 극복할 수 있게 한다(Schüller, 2011: 3~6). 따라서 Schüller(2011)의 연구는 이민자 자녀의 교육에 있어 부모의 독일사회로의 통합의 정도가 중요한 역할을 하고 있음을 보여준다.

이민자 자녀들의 학업성취와 학력이 독일사회에 큰 사회문세가 되고 있는데, 2000년 PISA[7] 테스트의 결과는 당시 독일사회에 큰 충격을 주었다. 독일 이민 청소년들은 전반적으로 모든 영역에서 평균 이하의 성적을 받았고, 독일은 청소년들의 사회적 배경과 이민 여부가 교육 성취에 큰 영향을 미치는 나라로 평가됐다. 이민자 자녀들의 낮은 학업성취의 가장 큰 원인으로 지적된 것은 그들의 독일어 능력이었는데, 독일어 능력은 모든 과목에 영향을 미치기 때문에 낮은 학업성취도로 이어진다고 분석했다. 2000년과 비교하여 2009년에 발표된 PISA 테스트의 결과는 독일의 이민자와 선주민 자녀들의 학업 격차가 눈에 띄게 좁혀졌음을 보여주었으나 여전히 차이는 존재했다(OECD, 2010: 20).

다행히도 이민자 자녀들의 학습 동기가 높아졌으며 기본학교의 졸업장조차 없는 무학력(중도 탈락) 이민자 자녀의 비율이 서서히 감소했다. 또한 대학 입학자격에 해당하는 Abitur 시험 합격자 또한 늘어나고 있다. 독일의 이민자와 선주민 자녀들의 학력격차가 2000년과 비교하여 조금씩 나아지고 있는 것은 독일의 그동안의 '통합정책'의 성과라고 할 수 있다.

---

7 PISA(Programm for International Student Assessmen) 테스트는 OECD 국가의 국제 학생 평가 프로그램으로, 15세 아이들을 대상으로 읽기, 수학, 과학 성취도를 평가한다.

4. 연구결과

1) 이민자 자녀의 학업성취도

독일 한국계 후세대의 학업성취도에 대해 논의하기 전에, 독일의 이민자와 선주민 그리고 에스닉 그룹 간의 차이를 비교할 필요성이 있다. 독일 학교 시스템에서 'Abitur', 'Fachabitur'는 대학 입학자격으로 간주되며, 본 연구에서는 '파흐크 슐레(Fachhochscshule)'를 대졸 범주 안으로 포함하기로 한다.

〈표 4-2〉는 독일사회의 한국 이민자들의 55.8%가 대학 입학자격을 가졌으며, 이는 이들의 높은 학업성취도를 의미한다. 이것은 아시아 전체 이민자(25.8%)보다도 눈에 띄게 높으며, 독일 선주민(22.7%)보다도 높다. 가장 낮은 학업성취도를 보이는 이민자 집단은 터키 이민자(10.2%)이

〈표 4-2〉 이민자 자녀의 학업성취도

(단위: %)

	대학 입학자격	대졸	총합
독일 선주민	22.7	12.2	65,970
아시아	25.8	12.7	2,101
한국	55.8	26.4	34
중국	62.7	38.3	86
일본	68.4	52.6	19
유럽	21.4	10.1	10,142
터키	10.2	3.2	2,485
그리스	18.6	7.2	375
핀란드	55.0	30.0	19
이탈리아	11.8	4.9	745

자료: 독일 연방 통계청, 2011: 148~167, 원자료 분석.

고, 유럽국가 중 핀란드(55.0%) 이민자가 가장 높다. 다른 아시아 국가들과 비교했을 때 한국, 중국, 일본인 이민자들의 대학 입학자격 취득률이 높으며, 특히 일본인 이민자들의 대졸자 비율은 52.6%로 높게 나타났다. 이러한 경향은 미국사회에서 목격되는 것과 비슷하며 특히나 'PISA' 테스트의 결과에서 동아시아 국가와 핀란드가 높은 교육 성취를 보이는 결과와도 같다.

〈표 4-3〉은 한국계 후세대들의 학업성취를 보여주는데 본 연구에서 수집한 데이터와 독일 연방 통계청의 데이터를 비교했다. 에스닉 그룹 간의 차이는 뚜렷하게 나타난다. 대학 입학자격을 가진 독일 선주민은 42.5%인 반면, 대졸자는 22.9이다. 대체적으로 이민자는 선주민에 비해 학력이 낮다. 대학 입학자격을 가진 이민자는 35.0%이며, 반면 대졸자는 17.7%이다. 그러나 한국인들은 예외이다. 한국인 중 86.0%가 대학 입학자격을 갖추었으며, 46.0%가 대졸자이다. 에스닉 그룹 간의 차이점은 동아시아와 터키인들 사이에 두드러지게 나타난다. 동아시아인들의 76.6%가 대학 입학자격을 갖춘 반면, 터키인들의 12.2%가 대학

〈표 4-3〉 이주배경 여부에 따른 교육 성취

(단위: %)

	한국인* (20~39)	이주배경(20~40세)		이주배경(15세 이상)		
		없음	있음	동아시아	터키	총계
대학 입학자격	86.0	42.5	35.0	76.6	12.2	26.8
대졸	46.0	22.9	17.7	50.0	3.7	12.7
N (in1,000)	(300)	14,917	4,886	110	2,204	12,3382

주: * 원자료
자료: 독일 연방 통계청, 2011: 47~56.

입학자격을 갖추었다.

독일 연방 통계청의 자료에 따르면, 동아시아인들은 다른 에스닉 그룹(특히 터키)에 비해 훨씬 더 높은 학력을 가지고 있으며, 독일 선주민과 비교해도 더 높다. 이러한 경향은 미국의 코리안 아메리칸에게도 비슷하게 나타난다. PISA 테스트 결과에 따르면, 한국 학생들의 교육 성취는 다른 나라의 또래들보다도 높게 나타나며, OECD 국가 평균보다도 높다. OECD 평균보다 높은 국가들은 중국, 일본, 한국, 핀란드와 같은 나라이며 이 나라들은 또한 대학 입학자격 취득률 또한 높다. 독일에서 이러한 나라 출신들의 이민자들은 다른 이민자들에 비해 높은 교육성취도를 보이며, 게다가 독일 선주민보다도 높다. PISA 테스트에서 더 높은 점수를 취득한 나라 국민들은 이민사회에서도 더 높은 학업성취도를 보인다.

2) 개인적 · 구조적 요인

한국계 후세대의 학업성취도를 크게 개인적 · 구조적 요인에 따라 분석해본다. 이민 온 나이, 독일 국적 유무, 부모의 국적, 독일어 능력을 개인적 요인으로, 부모의 학력을 구조적 요인으로 보아 이에 따라 한국계 후세대들의 학업성취도가 어떻게 달라지는지를 분석해보았다. 부모가 둘 다 한국인인지 부모 중 1명이 한국인인지에 따라 한국계 후세대들을 Korean-Korean, German-Korean으로 구별하도록 한다.

〈표 4-4〉는 개인적 요인에 따라 한국계 후세대들의 교육 성취가 어떻게 달라지는지를 보여준다. 그러나 개인적 요인과 학업성취 간에는

〈표 4-4〉 한국계 후세대의 학업성취도: 개인적 요인(20~39세)

(단위: %)

		N	대졸		
			네	아니오	x^2, CV
2세 여부	네	219	82.6	17.4	0.8
	아니오	64	87.5	12.5	n.s
독일 국적 유무	네	180	82.8	17.2	0.3
	아니오	103	85.4	14.6	n.s
한국-한국인	네	224	83.9	16.1	0.0
	아니오	59	83.1	16.9	n.s
모국어: 독일어	네	256	84.0	16.0	0.1
	아니오	26	80.8	19.2	n.s

유의미한 관계가 나타나지 않는다. 기대와는 다르게 개인적 요인은 한국계 후세대들의 교육 성취와는 관련이 없다.

당시 초청노동자 프로그램으로 독일로 온 노동자들은 본국에서의 사회·경제적 지위가 낮은 계층들이 대부분이었고, 이것은 이들의 자녀세대에까지 영향을 미친다. 따라서 독일 이주 1세대가 초청노동자인지 아닌지는 이들의 사회경제적 지위와 연관이 있다. 이주 1세대의 이주이유를 초청노동자 프로그램, 난민, 자녀교육, 가족 재결합, 결혼, 학업, 초청노동자 프로그램 이외의 노동으로 나누었다.

〈표 4-5〉는 부모의 사회·경제적 지위와 한국계 후세대들의 학업성취도와의 관계를 나타낸다. 어머니가 고졸 이하인 경우 이들 자녀의 68.6%는 대학 공부를 하는 중이거나 대학을 졸업했다. 어머니가 고졸이면 이들 자녀의 88.4%는 대학 공부를 하는 중이거나 대학을 졸업했다. 어머니의 학력과 자녀의 학업 성취도는 유의미한 관계를 보인다

<표 4-5> 부모의 사회·경제적 지위에 따른 한국계 후세대들의 학업성취(20~39세)

(단위: %)

		합계	대학		
			네	아니오	
모	고졸 이하	35	68.6	31.4	x^2=9.8
	고졸	138	88.4	11.6	CV= 0.18
	대졸	92	84.8	15.2	p<0.05
부	고졸 이하	62	74.2	25.8	x^2=9.0
	고졸	78	88.5	11.5	CV=0.18
	대졸	123	87.8	12.2	p<0.05
모	초청노동자	147	82.3	17.7	x^2=1.1
	초청노동자 외	130	86.9	13.1	n.s
부	초청노동자	85	81.2	18.8	x^2=0.8
	초청노동자 외	187	85.6	14.4	n.s

(CV=0.18).

아버지의 학력과 자녀의 교육 성취도도 비슷한 경향을 보인다. 아버지가 고졸 이하인 경우 그들의 자녀의 74.2%는 대학 공부를 하는 중이거나 대학을 졸업했다. 반면, 아버지가 고졸이면 이들의 자녀의 88.5%는 대학 공부를 하는 중이거나 대학을 졸업했다. 아버지의 학력과 자녀의 교육 성취도는 유의미한 상관관계가 있다(CV=0.18). 그러나 대부분의 한국계 후세대들은 현재 대학에서 공부하거나 대학을 졸업한 것으로 나타났고, 이들은 높은 학력을 보여준다.

PISA 테스트의 결과에 따르면, 한국은 1세대와 2세대의 학력 격차가 가장 큰 나라 중의 하나이다. 이것은 부모 세대가 자신들은 교육받지 못했더라도 자신들의 자녀들은 대학교육을 시켰다는 것을 의미한다.

이 결과는 부모 세대가 그들 자녀세대를 고학력자로 키우려는 열망과 교육의 중요성을 강조하는 유교주의와 연관이 있다. 또한, 부모 세대들은 1960년대를 겪은 세대들이며, 한국전쟁 이후, 한국 정부는 개발과 성장에 전념했다. 이 세대는 전쟁의 경험과 빠른 경제성장을 동시에 겪은 세대로서 개인의 성장과 발전에 대한 믿음이 있으며, 교육이 이러한 원동력이 된다고 주장한다.

이민사회에서 이것은 심화되어 나타난다. 부모는 자녀들의 미래를 위해 자신들의 현재를 희생한다. 자녀들은 부모의 이러한 희생을 받아들이고, 이민국에서의 상향이동에 대한 부모들의 열망과 기대에 부응하는 결과물이 바로 이들의 높은 학업 성취도라고 볼 수 있다. 부모의 지나친 희생과 압력은 자녀들이 심리적 문제를 일으키는 직접적인 원인이 되기도 한다. 또한 실패에 대한 낙인은 가족 내 뿐만 아니라 에스닉 커뮤니티에서도 나타난다.

3) 한인 커뮤니티

독일의 한인 커뮤니티 내 활동은 주로 한글학교, 종교모임, 일반적인 한인 이민자 모임과 같은 세 가지 유형으로 분류된다. 독일의 첫 한글학교는 1975년 마인츠에 설립됐다. 현재 독일 내 한글학교는 총 35개이며, 한글학교의 설립목적은 한국어와 문화 보전에 있으며, 주로 일주일에 한 번 2시간에서 3시간 정도의 한글 수업을 진행하며 문화행사 또한 진행한다. 대부분의 한글학교는 금요일이나 토요일 오후에 수업하며, 학교는 주로 다양한 특활 활동 등을 제공한다. 최근에는 부모나 종

(단위: %)

		대학		
		네	아니오	
한글학교 참여	부정	27.0	30.4	χ^2=0.4
	중립	3.9	2.2	n.s
	긍정	69.1	67.4	
한인교회 참여	부정	22.8	28.3	χ^2=3.8
	중립	7.3	0.0	n.s
	긍정	69.8	71.7	
N		232~233	46	

교단체가 중심이 되는 작은 규모의 학교들도 생기기 시작했으며, 독일 내 점점 한글 교육에 대한 관심이 증가하면서 독일인을 위한 한글 교육도 이루어지고 있다.

한인교회의 경우 2011년을 기준으로 139개의 개신교와 8개의 가톨릭교회가 설립되어있다(http://www.koreanchurchyp.com). 2012년 Pew Research Center의 AsianAmerican Survey에 따르면 미국에 거주하는 한인 중 71%가 크리스천인 반면, 23%는 종교를 가지고 있지 않다고 응답했다. 이 조사는 전화 설문으로 이루어졌으며, 미국에 거주하는 3,511명의 18세 이상의 아시아인을 대상으로 했으며 이 중 코리안-아메리칸은 504명이었다. 이 결과는 미국 한인들의 종교 활동이 활발하다는 것을 보여준다.

유년시절 에스닉 커뮤니티 활동과 교육 성취와의 관계를 알아보기 위해 한인들의 대표 커뮤니티인 한글학교와 한인교회를 조사 대상으로 선정했다. 독일의 한인 커뮤니티는 미국의 한인 커뮤니티와 특성이 비숫한데, 미국과는 다르게 독일의 한인 커뮤니티 참여도는 교육 성취도와 연관이 없는 것으로 나타났다. 일반적으로 부모의 학력과 에스닉 커뮤니티 참여도는 동아시아 이민자들의 교육 성취에 영향을 미치는 것으로 분석됐다. 커뮤니티 활동은 사회경제적 지위가 낮은 이민자 가족의 사회적 상향 이동에 긍정적인 영향을 주기도 한다. 그러나 독일의 한인 커뮤니티는 이러한 기능을 하지 않는 것으로 나타났다.

5. 결론

독일 선주민의 경우, 42.5%가 대학 입학자격자, 22.9%가 대졸자이다. 그러나 이민자의 학력은 일반적으로 낮다. 이민자의 경우 35.0%가 대학 입학 자격자, 17.7%가 대졸자이다. 이민자 그룹 중 한인들은 조금 다른 경향을 보이는데, 독일의 한국계 후세대들의 86.0%가 대학 입학 자격자이고 46.0%가 대학을 졸업했다. 일반적으로 동아시아 국가 출신과 터키인들 사이의 학력 격차가 큰데, 동아시아 이민자의 76.6%가 대학 입학자격을 가진 반면 터키인들의 12.2%가 대학 입학자격을 가졌다.

독일 교육시스템은 이민자 자녀들에게 더욱더 불리하게 작용하지만 한국계 후세대들은 다른 이민자 집단, 독일 선주민에 비해서도 높은 교육 성취도를 보여준다. 그 원인을 밝히기 위해 개인적 요인(독일어 능력, 국적, 부모의 국적, 이민 온 나이)과 학업 성취도와는 유의미한 관계는 나타나지 않았다.

부모의 학력과 자녀의 학업성취도는 유의미한 관계를 보인 반면, 부모의 이주 이유와 자녀의 학업성취는 유의미한 관계를 보이지 않았다. 부모의 사회경제적 지위와는 관계없이 일반적으로 한국계 후세대들은 성공적인 교육 성취도를 보였다.

부모 세대들은 한국의 1960년대를 거친 세대이다. 이 세대는 한국전쟁과 빠른 경제성장을 함께 겪은 세대이다. 전쟁과 경제성장의 경험은 이 세대에게 개인이 열심히 노력하면 반드시 성공할 수 있다는 믿음을 가져다주었고, 교육이 성공의 결과에 중요한 요인이 된다고 믿었다.

이민사회에서 이러한 믿음은 더 깊어진다. 부모는 자녀들의 더 나은 미래를 위해 현재를 희생한다. 자녀들은 이러한 부모의 희생을 받아들이고, 부모의 높은 기대와 자식으로서의 의무감 때문에 사회적 상향이동에 대한 열망이 높아지고 이주국에서 이것은 긍정적인 교육 성취의 결과로 나타난다. 한인들이 독일 이민자 중 '모범적인' 이민자 집단으로 분류되는 것은 높은 교육 성취도에 기인하며, '뛰어난 언어 능력과 적절한 사회성' 또한 성공적인 동화의 주요 원인으로 보인다.

마틴현(2008: 20~24)은 한국 이민자 1세대인 자신의 부모님의 희생에 대해 다음과 같이 진술했다.

> 나의 부모님도 다른 한국 부모님과 다르지 않았다. 그들은 자녀교육을 위해 지나치게 절제하며 살아왔다. 우리 부모들은 독일에서 새로운 삶을 시작했고, 그들의 우리를 향한 희생과 믿음이 없었더라면, 우리는 '대학교육'을 받기 힘들었을 것이다.

현의 에세이에서 독일의 한국계 후세대들은 아시안 아메리칸과 꽤 유사한 점들을 보이는 것을 찾아볼 수 있다. 뛰어난 학업성취도는 전형적인 성공한 이민자를 대표하는 것이며 두 나라 모두에서 후세대들은 에스닉 커뮤니티와 자신들을 더 나은 삶으로 이끌어주었던 부모 세대의 희생을 강조한다. 독일의 한국계 후세대들에 대한 분석은 독일의 코리안 아메리칸의 전형적인 역경 스토리와의 유사점을 찾을 수 있다. 1세대들의 사회적 지위를 극복하기 위한 커뮤니티의 중요성이 강조되고, 한국계 후세대들이 다른 이민자들보다 더 잘 '동화'된다는 점이 그 근거로 작용해왔다. 그러나 한인들이 독일의 동화 요구에 계속해서 모범적 · 일방적으로 순응만 한다면, 한인 문화가 다음 세대들에게 '의미화'되는 작업에 실패할지도 모른다.

참고문헌

Alba, Richard, Johann Handl, and Walter Müller. 1994. "Ethnic Inequalities in the German School System." *MZES-Arbeitspapier/Working Paper*, Arbeitsbereich I, No 8. Mannheim: Mannheimer Zentrum für Europäische Sozialforschung: 115-153.

Allmendinger, Jutta. 1989. "Educational Systems and Labour Market Outcomes." *European Sociological Review* 5(3): 231-250.

Aleksynska, Mariya, and Yann Algan. 2010. "Assimilation and Integration of Immigrants in Europe." IZA Discussion Paper. No. 5185. Bonn: Institute for the Future of Labor.

Anweiler, Oskar, and Ursula Boos-Nünning. 1996. *Bildungssysteme in Europa: Entwicklung und Struktur des Bildungswesens in zehn Ländern: Deutschland, England, Frankreich, Italien, Niederlande, Polen, Rußland, Schweden, Spanien, Türkei*. Weinheim: Beltz.

Autorengruppe Bildungsberichterstattung. 2010: *Bildung in Deutschland 2010*. Bielefeld. http://www.bildungsbericht.de/daten2010/bb_2010.pdf (최종검색일: 2014.11.09.).

Baur, Rupprecht S. 2000. "Schulischer Zweitspracherwerb bei Migrantenschülern: Theorie und Empirie, Deutsch als Fremdsprache." *Zeitschrift zur Theorie und Praxis des Deutschunterrichts für Ausländer* 37: 131-135.

Baumert, Jürgen and Schümer, Gundel. 2001. "Familiäre Lebensverhältnisse, Bildungsbeteiligung und Kompetenzerwerb in PISA 2000." In Deutsches PISA Konsortium (ed.), *Basiskompetenzen von Schülerinnen und Schülern im internationalen Vergleich*. Opladen: Leske und Budrich, pp. 323-407.

Bean, Frank D and Tienda, Marta. 1987. *The Hispanic Population of the United States* (for the Committee for Research on the 1980 Census). New York: Russell Sage Foundation.

Belzil, Christian and Poinas, François. 2010. Education and Early Career Outcomes of Second-Generation Immigrants in France. Open Access publications, University of Toulouse 1 Capitole.

Boos-Nünning, Ursula. 1994. "Familie, Jugend, Bildungsarbeit." In Klaus J. Bade J. (ed.), *das Manifest der 60: Deutschland und die Einwanderung*. Munich: Beck, pp. 43 48.

Boos-Nünning, Ursula, Alice Jaeger, Renate Henscheid, Wolfgang Sieber, and Heike Becker. 1990. "Berufswahlsituation und Berufswahlprozesse griechischer, italienischer und portugiesischer Jugendlicher." *Beiträge zu Arbeitsmarkt und Berufsforschung* 140. Nuremberg.

Boudon, Raymond. 1974: *Education, Opportunity, and social Inequality.* New York: Wiley.

Breen, Richard, and John H. Goldthorpe. 1997. "Explaining Educational Differentials: Towards a Formal Rational Action theory." *Rationality and Society* 9(3): 275-305.

Cobb-Clark, Deborah A., and Trong-Ha Nguyen. 2010. "Immigration Background and the Intergenerational Correlation in Education." IZA Discussion Paper 4985. Bonn: Institute for the Future of Labor.

Coleman, James S. 1990. *The Foundations of Social Theory.* Cambridge, MA: The Belknap Press of Harvard University.

Cortina, Kai S., Jürgen Baumert, Achim Leschinsky, Karl Ulrich Mayer, and Luitgard Trommer. 2003. *Das Bildungswesen in der Bundesrepublik Deutschland.* Reinbek: Rowohlt.

Crul, Maurice, and Hans Vermeulen. 2003. "The Second Generation in Europe." *International Migration Review* 37(4): 965-986.

Diefenbach, Heike. 2002. "Bildungsbeteiligung und Berufseinmündung von Kindern und Jugendlichen aus Migrantenfamilien: Eine Fortschreibung mit Daten des Sozio-Ökonomischen Panels(SOEP)." Sachverständigenkommission (ed.). 11. Kinder und Jugendbericht: Migration und Europäische Integration. Herausforderungen für die Kinder und Jugendhilfe. Munich: 9-70.

Dillman, Don A., Jolene D. Smyth, and Leah Melani Christian. 2009. *Internet, Mail, and Mixed-Mode Surveys: The Tailored Design Method.* New York: John Wiley and Sons.

Erikson, Robert, and Jan O. Jonsson. 1996. "Explaining Class Inequality in Education Swedish Test Case." In Robert Erikson and Jan O. Jonsson (eds.), *Can Education be Equalized? The Swedish Case in Comparative Perspective.* Stockholm: Westview Press, pp. 1-63.

Esser, Hartmut. 1990. Familienmigration und Schulkarriere Ausländischer Kinder und Jugendlicher. In Esser, H. and Friedrichs, J. (eds.), *Generation und Identität. Theoretische und Empirische Beiträge zur Migrationssoziologie.* Opladen: Westdeutscher Verlag, pp. 127-146.

_____. 1999. *The Logic of the Situation and Action: Soziologie, Spezielle Grundlagen, Band 1: Soziologie Vol 1: Situationslogik und Handeln.* Frankfurt: Campus.

_____. 2001. *Integration und ethnische Schichtung.* Mannheim: Mannheimer Zentrum für Europäische Sozialforschung, *Arbeitspapiere* 40.

_____. 2004. "Does the New Immigration Require a New Theory of Intergenerational Integration?" *International Migration Review* 38: 1126-1159.

Gang, Ira N., and Klaus F. Zimmermann. 2000. "Is Child like Parent? Educational Attainment and Ethnic Origin?" *Journal of Human Resources* 35(3): 550 - 569.

Gambetta, Diego. 1987. *Were They pushed or Did they jump? Individual Decision Mechanisms in Education*. Cambridge: Cambridge University Press.

Geiersbach, Paul. 1989. *Warten bis die Züge wieder fahren. Ein Türkenghetto in Deutschland*. Berlin: Mink Verlag.

Heckmann. F., H. W. Leherer, and Susanne Worbs (in cooperation with the EFFNATIS research team). 2001. *Effectiveness of National Integration Strategies Towards Second-generation Migrant Youth in a Comparison European Perspective*. Final Report to the European Commission. Bamberg. http://www.efms.uni-bamberg.de/pdf/finalreportk.pdf(last accessed: 07.07. 2011).

Helmke, Andreas, and Hans H. Reich. 2001. "Die Bedeutung der sprachlichen Herkunft für die Schulleistung." *Empirische Pädagogik. Zeitschrift zu Theorie und Praxis erziehungswissenschaftlicher Forschung* 15: 567-600.

Hu, Winnie. 2006. "Surge in Asian Enrollment Alters Schools." *New York Times*, 3 December.

Jeong, Yang-Cun. 2007. *Koreanische Immigrations Gemeinden in der Bundesrepublik Deutschland*. PhD thesis, Universität Paderborn.

Kamo, Yoshinori, and Min Zhou. 1994. "Living Arrangements of Elderly Chinese and Japanese in the United States." *Journal of Marriage and the Family* 56: 544-558.

Kao, Grace, and Marta Tienda. 1995. "Optimism and Achievement: The Educational Performance of Immigrant Youth." *Social Science Quarterly* 76(1): 1-19.

Kim, Yong-Chan. 2006. *Migration System Establishment and Korean Immigrant Association Development in Germany and the United Kingdom*. PhD thesis, University of Glasgow.

Kitagawa, Joseph. 1969. *Religion in Japanese History*. New York: Columbia University Press.

Kristen, Cornelia. 2000. "Ethnic Differences in Educational Placement: The Transition from Primary to Secondary Schooling." *Working Paper* No. 32 of the Mannheim Centre for European Social Research.

_____. 2005. *School Choice and Ethnic School Segregation: Primary School Selection in Germany*. Münster: Waxmann.

_____. 2006. "Ethnische Diskriminierung im deutschen Schulsystem? Theoretische Überlegungen und empirische Ergebnisse." *Discussion Paper* Nr. SP IV 2006-601. Veröffentlichung der Arbeitsstelle Interkulturelle Konflikte und Gesellschaftliche Integration, Wissenschaftszentrum Berlin für Sozialforschung. http://www.tuerkischeelternfoederation.de/downloads_foeted/aki_ethnische_di

skriminierung_schulsystem.pdf (last accessed: 15.08.2012).

Kristen, Cornelia, and Nadia Granato. 2004. "Bildungsinvestitionen in Migranten-familien." In Klaus Bade and Michael Bommes (eds.), *Migration, Integration, Bildung*. IMIS-Beiträge Heft 23, pp. 123-141.

Kristen, Cornelia, and Nadia Granato. 2007. "The Educational Attainment of the Second Generation in Germany: Social Origins and Ethnic Inequality." *Ethnicities* 7(3): 343-366.

Lee, You-Jae, and Sun-Ju Choi. 2006. "Umgekehrte Entwicklungshilfe: Die koreanische Arbeitsmigration in Deutschland (Reverse Development Assistance: Korean labour migration in Germany)." Seoul: Goethe Institute.

Luthra, Renee Reichl, 2010. "Assimilation in a New Context: Educational Attainment of the Immigrant Second generation in Germany." *ISER Working Paper* 21, https://www.iser.essex.ac.uk/publications/working-papers/iser/2010-21.pdf (last accessed: 04.03.2012).

Nauck, Bernhard, and Heike Diefenbach. 1997. "Bildungsbeteiligung von Kindern aus Familienausländischer Herkunft: eine methodenkritische Diskussion des Forschungsstands und eine empirische Bestandsaufnahme." In Schmidt, Folker (Hrsg.) *Methodische Probleme der empirischen Erziehungswissenschaft*. Baltmannsweiler: Schneider Verlag Hohengehren, pp. 289-307.

Nauck, Bernhard, Heike Diefenbach, and Kornelia Petri. 1998. "Intergenerationale Transmission von kulturellem Kapital unter Migrationsbedingungen: Zum Bildungserfolg von Kindern und Jugendlichen aus Migrantenfamilien in Deutschland." *Zeitschrift für Pädagogik* 44: 701-722.

Nielsen, Helena Skyt, Michael Rosholm, Nina Smith, and Lief Husted. 2003. "The School-to-Work Transition of 2nd Generation Immigrants in Denmark." *Journal of Population Economics* 16: 755-786.

Osako, Masako M., and William T. Liu. 1986. "Intergenerational Relations and the Aged among Japanese American." *Research on Aging* 8: 128-155.

Portes, Alejandro, and Rubén G. Rumbaut. 2001. *Legacies: The Story of the Immigrant Second Generation*. Berkeley: University of California Press and Russell Sage Foundation.

_____. 2006. *Immigrant America: A Portrait*. (3rd edition). Berkeley: University of California Press.

Portes, Alejandro, Patricia Fernández-Kelly, and William Haller. 2005. "Segmented Assimilation on the Ground: The New Second Generation in Early Adulthood." *Ethnic and Racial Studies* 28: 1000-1040.

Riphahn, Regina T. 2003. "Cohort Effects in the Educational Attainment of Second-generation Immigrants in Germany: An Analysis of Census Data." *Journal of Population Economics* 16(4): 711-737.

_____. 2005. "Are there Diverging Time Trends in the Educational Attain-ment of

Nationals and Second-generation Immigrants?" *Journal of Economics and Statistics* 225: 325 - 346.

Schüller, Simone. 2011. *Parental Ethnic Identity and Educational Attainment of Second-generation Immigrants.* Forschungsinstitut zur Zukunft der Arbeit Discussion Paper series 6155.

Seifert, Wolfgang. 1992. "Die zweite Ausländergeneration in der Bundesrepublik, Längsschnittbeobachtungen in der Berufseinstiegsphase." *Kölner Zeitschrift für Soziologie und Sozialpsychologie* 44: 677-696.

Siebert-Otto, Gesa. 2003. "Mehrsprachigkeit und Bildungserfolg." In Auernheimer, Georg(Hrsg.), *Schieflagen im Bildungssystem. Die Benachteiligung der Migrantenkinder.* Opladen: Leske and Budrich, pp. 161-176.

Van Ours, Jan C., and Justus Veenman. 2003. "The Educational Attainment of Second-generation Immigrants in the Netherlands." *Journal of the European Society for Population Economics* 16(4): 739-754.

Vernez, Georges, Robert F. Schonei, and Kevin F. McCarthy. 1996. *The Mixed Economic Progress of Immigrants: Economic Progress of Immigrant Men in California and the Nation.* Santa Monica, CA: Rand Publishing.

Vernez, Georges, and Allan Abrahamse. 1996. *How Immigrants Fare in U.S. Education.* Santa Monica. CA: Rand Center for Research on Immigration Policy.

Worbs, Susanne, 2003. "The Second Generation in Germany: Between School and Labour Market." *International Migration Review* 37(4): 1011-1038.

Zhou, Min. 1997. "Segmented Assimilation: Issues, Controversies, and Recent Research on the New Second generation." *International Migration Review* 31 (4): 825-858.

_____. 2003. "Assimilation, The Asian Way." In Tamar Jacoby (ed.), *Reinventing the Melting Pot: How Assimilation Can Work for the New Immigrants.* New York: Basic Books, pp. 139-153.

_____. 2008. "Segmented Assimilation." In Vincent N. Parrillo (ed.), *Encyclopedia of Social Problems 2.* Thousand Oaks, CA: Sage, pp. 819-820.

_____. 2012. "Segmented Assimilation and the American Experience of Asian Immigrant Children." In Marc R. Rosenblum and Daniel J. Tichenor (eds.), *Oxford Handbook of the Politics of International Migration.* Oxford, UK: Oxford University Press, pp. 383-409.

Zhou, Min, and Carl L. Bankston. 1994. "Social Capital and the Adaptation of the Second Generation: The Case of Vietnamese Youth in New Orleans East." *International Migration Review* 28 (4): 775-799.

Zhou, Min, and Susan Kim. 2006a. "Acculturation." In J. Grusec and P. Hastings (eds.), *Handbook of Socialization Research.* New York: Guilford Press, pp. 543-560.

_____. 2006b. "Community Forces, Social Capital, and Educational Achievement: The Case of Supplementary Education in the Chinese and Korean Immigrant Communities." *Harvard Educational Review* 76(1): 1-29.

제5장

재미동포의
주류 경제 및 정치 참여

민병갑(퀸즈칼리지)

1. 서론

재미동포사회는 1903~1905년, 7,200여 명의 하와이 노동이민으로 시작됐지만 그 후 이민이 거의 끊어져서 1960년까지 한인 수는 아주 적었다. 하지만 1965년에 미국의 새 이민법이 통과된 후, 한미가 가까운 동맹관계였으므로 미국 이민이 본격화됐다. 그 결과 인구 규모에 있어서 재미한인은 현재 아시아계 6개의 주요 이민 민족 중 하나로 자리 잡고 있다. 1965년 미 이민법이 개정된 지 벌써 50년이 넘었으니 재미동포사회도 고령화됐으며 2, 3세의 비율이 급격히 증가하고 혼혈인의 비율도 증가했다. 따라서 이제 재미 동포사회는 이민사회가 아니라 미국의 한 아시아계 소수민족 사회로 자리 잡고 있다.

한인 이민자들의 미국 체류기간이 급격히 증가하고 젊은 세대의 한인들이 성장해서 미국사회에 진입함으로써 재미동포사회가 미 주류사회에 진입하는 것은 불가피하다. 젊은 세대의 한인 동포가 미국의 대기업에서 일한다는 사실은 그들이 주류사회의 미국인들, 특히 백인들과 사회적 접촉을 많이 한다는 것을 의미하기 때문에 그들의 사회적 주류화를 가속시킨다.

재미동포의 미 주류사회 진출을 나타낼 수 있는 또 하나의 중요한 지표는 그들의 주류사회 정치 참여다. 1990년대부터 각 지역의 주요 한인 커뮤니티에는 한인 정치 신장을 위한 단체들이 생겨 동포 시민권자의 미국 선거 참여를 위한 등록운동을 해왔으며, 한인 후보를 발탁해서 시 의원이나 주 의원 후보로 등록시키기도 했다. 한인 커뮤니티 밖에 거주하는 젊은 세대 한인들은 스스로 그들 거주지역 주민들의 이익을 보호하기 위해서 한인 커뮤니티와 관계없이 시 의원이나 주 의원으로 출마했다. 그 결과 선출직에 당선된 재미동포의 수가 크게 늘어났다.

본 장은 서론과 결론 사이에 들어갈 내용이 다섯 항으로 나뉘어있다. 1항은 한인들의 미국 이민 추세, 재미동포의 인구 증가와 세대별 연령 분포를 보여주는 인구학적 자료를 미국 이민국 자료와 센서스 자료를 중심으로 보여줄 것이다. 둘째 항은 1970년대와 1980년대 재미동포 이민자들의 높은 민족경제 의존도와 이에 따른 그들의 사회적 고립 및 타 민족과의 갈등을 조명할 것이다. 셋째 항은 1990년대부터 시작된 동포 이민자들의 자영업 비율의 감소와 이에 따른 주류사회 진입의 증가를 보여줄 것이다. 넷째 항은 동포의 사회경제 지위를 세대별로 나누어 비교할 것이다. 이 항은 특히 1.5세 및 미국 출생 2세가 이민 1세대의 자영업 중심의 경제 적응을 벗어나 주류 경제에 참여해 주로 전문직이나 경영직에 종사하는 것을 보여줄 것이다.

2~4항에서 재미동포의 사회적·경제적 적응의 변화를 보이기 위해서 미국의 센서스 자료를 주로 사용했다. 동포 상인들이 1990년대 전반까지 겪은 타 민족과의 잦은 갈등을 검토하기 위해 그동안 출판된 많은 책과 논문도 검토했다. 본 논문의 마지막 항은 재미동포의 주류사회 정치 참여와 정치적 신장을 검토할 것이다.

2. 재미동포의 인구학적 특성

오늘의 재미동포 95% 이상은 1965년에 미 의회를 통과한 새 이민법(The Hart-Celler Immigration Act of 1965)의 혜택으로 이민 온 한국인 1세와 2
세 자녀들로 구성되어있다. 〈그림 5-1〉은 2년 주기로 한국 출생 이민자
숫자의 변화를 보여주고 있다. 연 이민자 수가 1965년부터 상승세를 보
여 1970년대 후반에는 30,000명이 넘었으며 이 숫자는 1980년대 중반
에 절정에 이르러 35,000명을 육박했다.

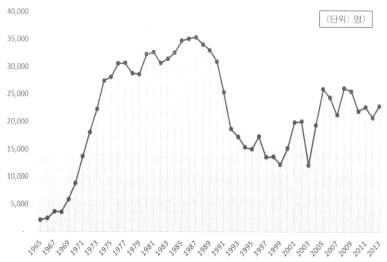

〈그림 5-1〉 2년 주기의 한인 이민자 수의 변화(1965~2013)
출처: 미국 이민국 2년 주기 이민 통계

　　하지만 1980년대 후반부터 한국 이민자 수는 줄어들기 시작하여
1990년대에는 20,000명 미만이 됐다. 한인 이민자 수의 감소는 한국 경
제 수준의 상승, 남북 간 긴장 완화에 따른 전쟁 위험의 감소 및 민주화
로 인하여 한국사회가 안정됐기 때문이다. 또한 미국에서 한인 이민자
들이 잦은 한흑 갈등으로 경제적응에 어려움을 겪고 있었던 점도 이 시

기의 한인의 미국 이민을 줄어들게 하고 많은 재미동포들을 한국으로 영구 귀국하게 만든 요소라는 사실을 지적할 수 있다.

2000년대 초기부터 한국인의 미국 이민은 다시 증가해 현재는 연 22,000명에서 25,000명 정도를 유지하고 있다. 2000년대부터 한국인 이민자 수가 다시 증가하게 된 주 요인은 1998년 한국의 외환 위기 이후로 한국 대학생들의 취업이 힘들어졌으며, 또 많은 한국인 유학생들이 공부가 끝난 후 미국에서 영주권을 받고 영주한다는 사실이다. 따라서 2000년대 이후 한국인 이민자의 높은 비율이 젊은 사람들의 직업이민이었으며, 이들은 1980년대와 그 이전에 형제자매 초청 중심의 가족 이민으로 온 한국인들보다 미 주류 경제로 더욱 활발하게 진출하고 있다. 이와 관련해서 다음 항에서 재미동포 이민자의 자영업 비율 감소를 다룰 때 더욱 자세히 언급하겠다.

〈그림 5-2〉는 1970년부터 2010년까지의 재미동포 인구 증가를 보여주고 있다. 1970년에 7만여 명밖에 안 됐던 동포 인구수가 10년마다 급속히 증가해 2010년에는 30만여 명의 혼혈인을 포함해서 170만 명이 넘는다. 미 연방 인구조사국은 2000년부터 미국 인구를 인종적으로 분류할 때 혼혈인 범주를 따로 만들어 선택할 수 있게 했다. 재미동포의 혼혈인 비율은 2000년에 12.3%에서 2010년에는 16.6%로 증가했다. 혼혈 한인은 한인과 타 인종 간의 결혼에서 태어난 자녀로, 한인이 주로 미 백인과 결혼하기 때문에 생김새도 한인, 백인을 닮은 사람들이 대부분이다. 특히 재미동포의 1.5세 및 2세의 반 정도가 타 민족하고 결혼하기 때문에 혼혈 한인 대부분이 한인 3세대에 해당한다.

2010년부터 지금까지 늘어난 재미동포 수와 2010년 센서스에 들어

가지 않은 동포 수를 감안할 때, 현재 2016년의 재미동포 수는 거의 200만이 넘는다고 추정할 수 있다. 이 숫자는 현재 한국 외교부가 추정하고 있는 재미동포 수 224만(2015년 현재)보다 작다. 한국 정부는 미국 및 다른 서구 국가의 정확한 동포 수는 실제보다 부풀려서 계산하고 이민 역사가 깊은 중국과 일본에 거주하는 동포 수는 실제보다 적게 평가하는 경향이 있다. 이것은 미국이나 다른 서구 국가에 정착한 한인 동포 수를 계산할 때는 각국의 센서스보다는 영사관 자료를 주로 사용하는 반면, 중국이나 일본의 동포 인구를 계산할 때는 각국의 센서스 자료를 기초로 하기 때문에 나타나는 현상이라고 생각한다. 재외동포 인구를 계산할 때는 각국의 센서스 자료를 일률적으로 사용하는 것이 필요하다.

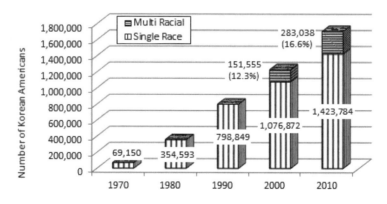

〈그림 5-2〉 재미동포 인구의 증가(1970~2010)

출처: 미국 연방 통계국의 10년제 통계

〈표 5-1〉은 2010~2014년 센서스 자료(The American Community Surveys)에 나타난 비혼혈 재미동포 인구의 수와 세대별 비율을 보여주고 있다. 이 통계는 2010~2014년 표본을 사용했기 때문에 2010년경 재미동포 1세(13세 또는 그 이후에 미국에 이민 온 한인)는 795,301명으로 비혼혈 동포 전체 인구의 54.1%를 차지하고 있다. 12세나 그 이전에 이민 온 1.5세의 비율은 283,030명으로 전체 동포 인구의 19.3%를 차지한다. 미국 출생(주로 2세나 3세)의 비율은 26.6%를 차지하고 있다. 이 통계에 포함되어있지 않은 약 28만 명의 혼혈인 거의 대부분이 미국 출생 3세나 그 이상 세대이기 때문에 미국 출생 동포 인구수와 비율은 이보다 훨씬 높다. 결국 1.5세 및 2세 혼혈인 수가 이민 1세 한인 수보다 더 크다.

〈표 5-1〉 비혼혈 재미동포의 세대별 분포

	세대			합계
	1세대	1.5세대	2세대 이상	
수	795,301	283,030	391,750	1,470,081
비율(%)	54.1	19.3	26.6	100.0

자료: 2010~2014 American Community Survey (Ruggles et al., 2015)

〈표 5-2〉는 비혼혈인 재미동포의 연령 분포를 보여주고 있다. 예상했던 대로 동포 1세대의 평균연령은 49.9세로 아주 높은 편이며 65세 이상 노인의 비율도 19.6%나 된다. 동포 1세대의 미성년자 비율은 1%도 못 된다. 1.5세대를 우리는 어리게만 생각하기 쉬운데 그들의 평균연령이 27.2세나 된다. 그들의 72.7%는 18세 이상의 성인에 속한다. 2세대 이상의 한인은 46.2%가 18세 미만의 미성년자이지만 그들의 평균

나이도 20.4세로 늘어났다.

〈표 5-2〉 비혼혈 재미동포의 세대별 연령 분포

	세대			합계
	1세대	1.5세대	2세대 이상	
연령 분포(%)				
0~17세	0.7	27.1	46.2	17.9
18~64세	79.7	72.7	52.2	71.0
65세 이상	19.6	0.2	1.7	11.1
합계	100.0	100.0	100.0	100.0
평균연령	49.9	27.2	20.4	37.7

자료: 2010~2014 American Community Survey (Ruggles et al., 2015)

〈표 5-1〉과 〈표 5-2〉의 재미동포의 인구학적 특성을 반영하는 통계는 재미동포사회가 이민사회가 아니라 젊은 세대의 비율이 반이 넘는 미국의 한 소수민족으로 성장했음을 보여주고 있다. 이러한 통계는 재미동포의 '주류화' 현상을 이해하는 데 중요한 단서가 될 수 있다. 재미동포사회는 1990년대에 한국 이민자 수가 급격히 줄어들고, 이민 양상이 형제 초청 가족 이민에서 전문직·경영직·직업 이민으로 바뀌어가고, 1960년대와 1970년대에 미국에 이민 온 한국 올드 커머들의 자녀들이 성장해서 주류사회에 나가기 시작할 때 이미 시작됐다. 2010년대에는 경제적 적응뿐 아니라 정치 활동에도 본격적으로 주류화가 확장됐다. 이러한 현상을 다음 세 항에서 자세히 검토할 것이다.

〈표 5-3〉은 외국 출생 한국인을 1세대와 1.5세대로 나누어 그들의 법적 지위와 이에 따른 연령의 차이를 보여주고 있다. 한인 이민 1세대

는 대다수가 시민권자이며 그들의 중간 연령도 56세로 아주 높다. 이런 현상은 1970대와 1980년대에 많은 한국인이 미국에 이민 왔는데, 1990년대부터 그들의 이민이 크게 줄어들었다는 사실을 반영하는 것이다.

미국 센서스는 법적 지위에 대해서 시민권자인지 아닌지를 묻지만, 비시민권자가 영주권자인지 아닌지에 대해서는 묻지 않는다. 1990년대부터 한국인의 미국 이민이 크게 줄은 반면 유학생이나 한국 상사 직원 등 임지 체류자의 비율이 크게 늘었기 때문에 한인의 비영주권자(47%) 대부분을 임시 체류자로 간주할 수 있다. 미국 이민국 자료에 의하면, 최근의 한국인 영주권 취득자의 80% 정도는 미국에 임시 체류 신분으로 방문해서 몇 년 거주 후 영주권을 취득했다(Min, 2011). 따라서 옛날처럼 한국인 이민자가 이민 보따리를 싸서 새로운 미국사회로 들어와 정착의 어려움을 겪는 경우는 드물다.

〈표 5-3〉 18세 이상 외국 출생 한국인의 미국 시민권 보유 현황

	1세		1.5세	
	N	중간 나이	N	중간 나이
시민권자	423,629(53%)	56	189,315(85%)	34
비시민권자	372,785(47%)	41	32,305(15%)	22
전체	796,414(100%)		221,620(100%)	

자료: U.S. Census Bureau, "2010~2014 American Community Surveys."

3. 재미동포 이민자의 자영업 집중과 타 민족과의 갈등

1970년대 후반과 1980년대 한국인의 미국 이민 절정기에 입국한

재미동포 이민자들은 주로 노동집약적 소기업에 집중해서 경제적 적응을 했다. 따라서 이들은 센서스 통계에서 높은 자영업 비율을 보였다.

〈표 5-4〉는 1965~1989년 시기와 그 이후 1990~2010년 시기에 미국에 온 아시아 이민 민족의 자영업 비율을 나누어 보여주고 있다. 1965~1989년 시기에는 재미동포 이민자의 자영업 비율이 25% 이상으로 아시아계 이민자 중 제일 높았다. 이 통계는 표본으로 17세 이상의 노동 참여자를 다 포함시켰기 때문에 자영업 비율을 과소평가했다. 왜냐하면 25세 미만의 젊은 층은 자영업률이 아주 낮기 때문에 그 표본을 25세 이상의 아시아 이민자들에게만 국한시키면 이들 전체 아시아 이민자들의 자영업은 훨씬 높아질 것이다.

25세 이상 한인 이민자들의 자영업률은 30%에 육박한다. 인도와 필리핀계 이민 집단의 자영업 비율이 10% 미만으로 한인 이민자보다 훨씬 낮다. 인도와 필리핀계 이민자들의 자영업 종사자 중 상당한 비율이 의사나 회계사들인 반면 한인 이민자 자영업자들의 거의 대부분이 청과상, 식품점, 옷가게 등 소매업과 네일 살롱이나 세탁업 등 서비스업에 종사한다는 사실을 고려하면 한인 이민자의 소상업 집중도는 타 아시아계 이민자보다 훨씬 더 높다고 말할 수 있다.

〈표 5-4〉 아시아 이민 민족의 이민 집단에 따른 자영업 비율 변화

	아시아 이민 민족					합계
	중국인	인도인	필리핀인	한국인	베트남인	
1990 Census	11.1	9.8	4.1	25.4	9.1	11.0
2007~2011 ACS	8.2	6.5	4.3	19.4	12.9	8.4

자료: 1990 U.S. Census와 2010~2014 American Community Survey (Ruggles et al., 2015)

미국 센서스 자료는 이민 집단, 특히 한인 이민자의 자영업률을 실제보다 훨씬 더 낮게 측정한다. 한 이민자가 사영업과 타 회사 근무를 겸할 때 자영업을 보고하지 않는 것도 이민 집단의 자영업 비율을 낮게 평가하는 이유가 되지만, 더 중요한 이유는 자영업에 종사하는 한인 이민자 대부분이 가게를 부부가 같이 경영하는데도 세금 보고나 센서스 설문지에 답할 때는 주로 한 사람, 종종 남편만 자영업에 종사하는 것으로 보고하는 경향이 있기 때문에 그들의 자영업 종사 비율이 센서스 자료에 낮게 계산된다. 따라서 독립적인 설문조사를 통해서 재미동포 이민자들의 자영업 비율을 더 정확히 측정하는 것이 필요하다. 필자는 1988년에 뉴욕시 한인 이민자들의 경제 적응 및 부부의 역할 분담을 검토하기 위해서 전화번호부에 나온 김씨 성을 표본으로 한인 이민자 중 기혼 여성만을 무작위로 뽑아 전화 설문조사를 실시했다.

〈표 5-5〉는 그 설문조사 내용을 기초로 뉴욕시 한인 이민 부부의 자영업 비율과 한인 소유 가게 고용인 비율을 보여주고 있다. 이 표에 의하면 응답자의 49%가 자영업에 종사했으며 그 남편의 61%가 자영업에 종사했다. 부인과 남편을 합쳐서 56%가 자영업에 종사했는데 부인이나 남편 중 한 사람이 자영업에 종사한 한인 이민 가정의 자영업 비율은 60% 이상이었다. 또한 이 응답 가정 부부의 30% 정도는 다른 한인 소유 가게에 고용됐기 때문에 단지 14%의 응답자와 그 배우자가 비한국인 사업체에 고용되어있었다. 이 자료는 재미동포 이민자의 실제 자영업 비율이 센서스 자료에 나타난 것보다 훨씬 높다는 사실을 잘 증명해주고 있다.

1970년대와 1980년대에 이민 온 한국인들이 자영업에 집중한 가장 중요한 이유는 한국에서 대학교육을 받았어도 언어 장애 때문에 미국에서 자기 교육 수준에 맞는 직장을 잡을 수 없었기 때문이다. 청소일, 봉제 공장의 제조업이나 소매상의 점원 같은 낮은 지위의 직종을 피하기 위한 대안으로 선택한 것이었다(Min, 1984; 1996). 인도인이나 필리핀계 아시아 이민자에 비해 한인 이민자들은 영어에 문제가 훨씬 더 많다. 물론 한인교회나 다른 한인 단체를 통한 한인들의 강한 사회 연결망도 한국 이민자들의 사업체 설립과 운영에 도움이 됐다.

〈표 5-5〉 뉴욕시 한인 이민자의 한인 경제 집중도 감소

1988								
	자영업		한인 소유 사업체		비한국계 소유 사업체		총계	
남성	172	61%	69	25%	39	14%	280	100%
여성	102	49%	76	36%	31	15%	209	100%
총계	274	56%	145	30%	70	14%	489	100%
2005								
	자영업		한인 소유 사업체		비한국계 소유 사업체		총계	
남성	56	48%	46	38%	20	16%	122	100%
여성	53	34%	71	46%	31	20%	155	100%
총계	109	39%	117	42%	51	19%	277	100%

출처: 필자가 1988년과 2005년에 실시한 뉴욕시의 한국 이민자에 관한 설문조사(민병갑, "Caught in The Middle: Korean Communities in New York and Los Angeles," 1996: 48; 민병갑, "Ethnic Solidarity for Economic Survival: Korean Green Grocers in New York City," 2008: 32)

1970년대와 1980년대에는 한인 이민자들이 대부분 한인 가게 고용인으로 한인 민족 경제에 집중되어있다는 사실은 그들의 경제적 고

립뿐만 아니라 사회적 고립을 의미한다(Min, 1996; 2008). 그 당시에 80% 이상이 한인 경제에 의존해 있었기 때문에 그들의 직장에서의 사회적 고립은 아시아 어느 이민 민족보다 높았다. 물론 한인 소유 가게의 절대다수의 고객은 백인, 흑인 및 라틴계들이었다. 하지만 그들은 노동집약적인 소매업이나 서비스업에 종사했으므로 고객과 많은 대화를 필요로 하지 않았기 때문에 가게에서 영어를 거의 사용하지 않았다. 필리핀계 이민자들은 90% 이상이 미국 회사에서 직장을 잡았기 때문에 직장에서 늘 영어를 써야 됐지만 한인들은 80% 이상이 한인 경제에 의존해서 직장에서의 영어 사용이 아주 제한적이었다.

결국 한인 이민자들은 영어가 부족해서 자영업을 선택했는데, 그들의 자영업 집중은 그들이 영어를 배우고 미국 관습을 익힐 수 있는 기회를 주지 않고 더욱더 미국 주류사회로부터 고립되도록 만들었다(Min, 1991; 1998; 2008). 또한 한인 이민자들은 뉴스와 오락 생활도 거의 한국 미디어에 의존했으며 일요일에는 대다수가 한인교회(개신교회나 가톨릭교회)에 나가서 많은 시간을 보내면서 예배·미사와 친교를 즐겨서 사회적으로 미국사회로부터 더욱더 고립됐다(Min, 1998). 한인 개신교인의 1/3 정도가 매주 2회 이상 교회에 참여해서 어느 민족의 개신교인보다 높은 교회 참여율을 보여서 학계의 큰 관심을 샀다(Kim and Kim, 2001; Min, 1992; 2010).

그 당시 한인 이민자들의 자영업 집중은 그들을 미 주류사회로부터 고립시켰을 뿐만 아니라 타 민족 및 여러 정부 부처와의 많은 갈등을 초래했다. 우선 많은 한인 소매상(식품점, 청과상, 주류상, 잡화상 등)이 저소득층 흑인 지역에 집중되어있었는데, 이 지역의 한인 가게 주인들은 흑인 고객들과 많은 충돌을 했으며 이러한 충돌은 흑인들의 한인 가게 불매 운동으로 이어졌다. 뉴욕의 흑인 지역에서는 1982년부터 1995년까지 여러 번 한인 가게(대부분이 한인 소유 청과상)에 대한 장기 불매운동이 있었다(Joyce, 2003; Kim, 2000; Min, 1996; 2008; Yoon, 1997). LA에서 일어난 많은 한인 상인과 흑인 주민들 간의 갈등이 1992년에 일어난 LA 폭동에 절정을 이루어 2,300여 개의 한인 가게가 방화 및 파괴의 손실을 입었다(Ablemann and Li, 1995; Min, 1996).

또한 한인 상인은 그들이 거래를 하는 도매상과도 많은 갈등을 겪었다. 특히 뉴욕 지역의 한인 청과 소매상은 헌츠 포인트 마켓(Hunts Point Market) 백인 도매상으로부터 차별과 무력 폭력을 당해서 열 번 정도 도매상에 대해 데모를 하거나 불매운동을 벌였다(Min, 2008). 이 외에 한인 소유 가게는 법규 위반과 관련해 미국 연방정부, 주정부 및 시정부와 많은 갈등을 겪었다(Min, 1996; 2008). 뒤에 더 자세히 설명하겠지만 한인 이민자들이 사업상 갖게 되는 타 민족 및 미 정부기관과의 여러 가지 갈등은 한인사회를 단결시키는 중요한 요소가 됐다.

4. 재미동포의 자영업 감소 및 사업상 민족 갈등 중단

재미동포 이민자들은 1990년에 개정된 새 이민법의 채택으로 점점 더 미국사회의 주류 경제에서 직장을 찾을 수 있게 됨에 따라 자영업 비율이 감소했다. 1990년에 개정된 이민법은 과학, 수학, 공학 및 가게 관련 전문직과 경영직·행정직의 직업 이민을 연 140만 명으로 늘리고 직업 이민을 형제 초청 가족 이민보다 우선순위를 낮게 했다(Kraly and Miyare, 2002: 38). 또한 새 이민법은 연 195,000명의 외국인 특수직업 소지자들에게 임시 노동 비자(H1B)로 미국에 3년씩 연장 거주할 수 있게 했다. 임시 노동자들도 3년 후 영주권을 받는 경우가 많았기 때문에 이러한 조치도 학벌이 높은 한국 및 타 아시아계 임시 체류자에게 미국 이민의 기회를 더욱 넓혔다.

1990년 개정 이민법의 효과는 서서히 느낄 수 있었지만 2000년대에 들어와서는 그 영향을 본격적으로 느낄 수 있게 됐다. 형제 초청 이민의 우선순위가 낮아지면서 미국 이민을 오기 위해 여러 해를 기다려야 했고 따라서 그 비율이 점점 감소됐다. 반면에 아시아계 직업 이민자들의 비율이 2000년대에는 본격적으로 늘어났다.

한국 이민자들의 취업 이민자 비율이 늘어나고 가족 초청 이민자 비율이 줄어들면서, 더 많은 동포 이민자가 주류 경제에서 직업을 잡게 되어 그들의 전체적인 자영업이 줄어들게 됐다. 앞에서 제시한 〈표 5-4〉를 다시 살펴보면 1990년 센서스에서 동포 이민자의 자영업 비율이 25.4%였는데 2007~2011년 American Community Survey 자료에 따르면 6% 포인트 떨어진 19.4%로 줄어들었다. 13세나 그 이후에 미국에 온 사람을 이민자로 간주했기 때문에 전체적으로 자영업 비율이 낮게 평가됐다. 25세 이상의 동포 이민자들의 자영업 비율을 두 시기에 비교하면 6% 포인트보다 더 큰 차이가 날 것이라고 생각한다.

앞의 항에서 1980년대와 1990년대 중반까지는 흑인 지역의 한인 상인들이 흑인 고객들과 많은 갈등을 겪었다고 했는데 1990년대 후반부터 한흑갈등이 거의 모두 사라지게 됐다. 그 가장 큰 원인은 우선 흑인 지역에 집중되어있던 한인 소유 상점들이 1992년 LA 폭동 후 급격히 줄어든 것이다. 뉴욕 센트럴 할렘의 경우 1996년 당시 필자가 이곳을 연구차 방문했을 때 55개의 한인 소유 가게가 있었는데 2006년에는 14개로 줄어들었다(Min, 2008: 90).

혹인 지역의 한인 가게가 줄어든 것은 혹인 불매운동이나 LA의 폭동 같은 혹인 지역에서의 한인 상인의 피해에도 원인이 있지만, 뉴욕시의 경우 1990년대 중반부터 소수민족 집중 거주지역의 재개발 계획으로 혹인 지역에 큰 사업체를 유치해 한인 가게 같은 소규모 상점은 큰 사업체와 경쟁할 수 없었다. 혹인 지역이 재개발되어 범죄도 줄어들게 되니 백인이 혹인 지역으로 들어와 전통적 저소득층 혹인 지역은 파괴됐다(Min, 2008: 91). 2006년 당시 아직도 할렘 혹인 지역에는 14개의 한인 소유 가게가 있었지만 그 지역에 이미 백인 및 라틴계 인구가 증가해 혹인 인구는 60%밖에 되지 않았다. 따라서 과거처럼 이 지역은 우리 땅이니 이민자 상인은 물러가라고 이민 상인 배척운동을 벌일 수 없게 됐다.

1980년대와 1990년대 초에 재미동포 이민자들의 높은 자영업 비율과 높은 민족경제 의존도는 그들을 미국사회로부터 고립시켰는데, 1990년대부터 한인 고학력자의 직업 이민을 통한 미국 경제 진입은 한인 커뮤니티를 주류사회에 접근시키는 계기가 됐다. 한인 상인이 과거 혹인, 도매상 및 미국 정부기관과 갈등을 겪었는데 그들의 상업활동과 관련된 갈등은 그들을 주류사회로부터의 고립상태에서 민족단결의 힘으로 싸워서 대항하도록 만들었다.

5. 젊은 세대 한인들의 주류 경제 진출

1960년대와 1970년대 초기에 미국에 이민 온 한인들의 자녀가 1970년대 중반부터 성인으로 미국사회에 점점 더 진출하게 된 것도 한 인사회를 주류사회로 접근시킨 결정적 요소가 된다. 〈표 5-6〉은 재미동 포의 사회경제적 학력을 나타내는 지표를 세대별·성별로, 또 타 아시 아 민족 및 미국 출생 백인과 비교해서 보여주고 있다.

〈표 5-6〉 아시아 이민 민족의 세대별 및 성별 교육 수준

민족	고등학교 졸업 이상(%)			대학교 졸업 이상(%)		
	합계	남성	여성	합계	남성	여성
1세대						
중국인	81.0	80.7	81.2	50.9	53.5	48.9
인도인	93.0	94.7	91.2	74.9	78.8	70.7
필리핀인	94.5	95.0	94.2	52.3	47.1	55.5
일본인	97.8	97.9	97.8	58.1	71.2	51.3
한국인	94.6	96.8	93.1	53.3	60.3	48.5
베트남인	67.7	71.1	65.0	20.1	23.1	17.6
1.5세대						
중국인	95.9	94.9	97.1	67.3	64.5	70.3
인도인	97.0	96.6	97.3	70.0	68.6	71.6
필리핀인	96.9	96.3	97.5	42.7	38.5	46.8
일본인	97.8	98.5	97.1	58.9	62.4	56.2
한국인	98.5	98.6	98.4	65.7	62.9	67.9
베트남인	93.5	92.3	94.7	52.5	48.5	56.7
2세대						
중국인	97.1	96.9	97.4	73.3	71.0	75.8
인도인	96.8	96.5	97.1	77.2	75.8	78.7

민족	고등학교 졸업 이상(%)			대학교 졸업 이상(%)		
	합계	남성	여성	합계	남성	여성
필리핀인	95.8	95.4	96.4	43.8	39.6	48.2
일본인	98.5	98.6	98.4	57.1	53.7	60.6
한국인	98.0	97.7	98.3	67.0	65.2	68.8
베트남인	93.1	92.3	94.0	50.1	44.9	55.8
백인	93.4	92.5	94.4	34.9	33.6	36.2

출처: 2010~2014 American Community Survey (Ruggles et al., 2015)

우선 대학 졸업률에 있어 1.5세와 미국 출생 한인들은 이민 1세보다 상당히 높다. 1세 이민자들은 53.3%가 4년제 대학을 마쳤는데 1.5세들은 65.7%로, 또 미국 출생 한인들은 67.0%로 대학 졸업률이 증가했다. 하지만 젊은 세대가 그 부모 세대보다 교육 수준이 훨씬 높다는 일반적 현상을 고려할 때 젊은 세대 한인들의 교육 수준의 상승은 기대보다 높지 않다고 말할 수 있다. 교육 수준의 세대별 증가를 남녀로 나누어 볼 때 중요한 사실을 알 수 있다. 젊은 세대 한인 남성의 교육 수준은 이민 1세대보다 약간 높지만 여성의 경우 세대차가 아주 크다. 1세 여성의 48.5%가 대학교육을 마친 반면 젊은 세대 여성의 약 68%가 대학을 졸업했다.

우선 젊은 세대 한인들은 언어 장벽이 없고 미국에서 받은 대학교육이 미국 직장과 직접 연결되기 때문에 좋은 직장을 잡는 데 유리하다. 또한 그들은 미 주류 경제에서 직장을 잡고 있는 사람들과 사회 연결망이 있기 때문에 직업 정보에서 유리한 입장에 있게 된다. 한국 이민 세대는 언어 장벽과 미 주류 경제에 관한 정보와 사회 연결망이 부족해서 노동집약적 소상업에 종사했는데 젊은 세대 한인들은 영어에 능숙하고 미국 직장에 관한 정보와 사회 연결망을 가지고 있어서 그들 대부분이 부모들의 사업을 이어받지 않고 주류 경제에 진출하는 것은 당연한 일이다. 〈표 5-7〉의 직업 관련 지표 중 하나인 자영업 비율은 이를 잘 반

〈표 5-7〉 아시아 이민 민족의 세대별 및 성별 직업

민족	자영업(%)			경영직 · 전문직(%)		
	합계	남성	여성	합계	남성	여성
1세대						
중국인	11.0	12.5	9.7	35.3	38.5	32.8
인도인	9.5	10.8	7.6	41.4	48.3	34.0
필리핀인	5.1	5.5	4.8	31.0	26.2	33.9
일본인	12.3	13.1	11.8	41.5	57.8	33.0
한국인	24.6	27.7	21.9	30.3	39.2	24.2
베트남인	14.8	14.3	15.3	14.9	17.4	12.8
1.5세대						
중국인	9.3	10.9	7.5	50.8	49.5	52.1
인도인	9.8	12.6	6.6	52.9	52.7	53.1
필리핀인	4.9	5.3	4.5	38.1	34.1	42.0
일본인	12.6	14.0	11.4	46.6	53.5	41.0
한국인	11.6	14.5	9.2	49.2	47.5	50.5
베트남인	11.6	11.9	11.2	38.8	37.1	40.7
2세대						
중국인	8.9	10.0	7.7	52.3	50.9	53.8
인도인	7.8	9.9	5.5	57.6	56.9	58.4
필리핀인	4.5	4.4	4.6	36.6	33.4	39.8
일본인	9.2	11.1	7.3	44.3	42.4	46.2
한국인	9.0	9.7	8.4	49.5	47.9	51.0
베트남인	7.9	8.6	7.1	35.8	33.9	37.8
백인	10.6	13.4	8.2	31.8	29.6	33.9

출처: 2010~2014 American Community Survey (Ruggles et al., 2015)

영하고 있다.

한인 1세 이민자의 자영업 비율은 24.6%인 데 비해 젊은 세대 한인들의 자영업 비율은 그의 반 미만으로 줄어들었다. 한인 1세는 타 아시아계 이민 민족보다 훨씬 자영업률이 높은 데 비해, 미국 출생 한인들의 자영업 비율은 타 아시아계보다 더 높지 않다. 자영업에 종사하는 젊은 세대 한인들 대부분이 회계사, 변호사, 의사 등 전문직에 종사하고 있으며 실제로 1세 한인 이민자들이 주로 운영했던 식품점, 청과상, 세탁소 등을 운영하는 젊은 세대 한인들을 거의 찾아볼 수 없다.

젊은 세대 한인들은 이민 1세보다 상당히 높은 수입을 벌고 있다. 그들 대부분이 25세에서 45세에 이르는 젊은 층이라는 사실을 감안하면 그들은 부모 세대보다 훨씬 높은 경제 수준을 누리고 있다. 또한 부모 세대는 아직도 상당한 비율이 자영업에 종사해 장시간 일한다는 것을 고려할 때 젊은 세대 한인들의 경제 수준은 높은 편이라고 말할 수 있다.

〈표 5-8〉 아시아 이민 민족의 세대별 및 성별 수입

민족	가구소득($)			개인소득($)		
	합계	남성	여성	합계	남성	여성
1세대						
중국인	72,000	72,000	71,921	37,896	43,434	32,000
인도인	101,637	100,000	103,161	64,212	76,010	43,434
필리핀인	90,090	95,000	86,869	38,622	40,001	37,264
일본인	77,152	80,000	76,227	44,212	67,323	31,262
한국인	61,868	60,982	61,998	35,573	43,434	28,800
베트남인	59,806	61,054	58,311	26,317	32,996	21,344

민족	가구소득($)			개인소득($)		
	합계	남성	여성	합계	남선	여성
1.5세대						
중국인	99,400	96,138	103,113	56,844	60,000	54,293
인도인	112,410	110,000	115,074	55,379	63,000	49,475
필리핀인	97,957	97,727	98,782	45,000	47,370	42,687
일본인	81,656	78,950	82,000	47,432	52,633	41,761
한국인	89,583	89,149	90,000	50,000	56,844	44,339
베트남인	86,318	82,326	90,404	45,736	50,000	42,107
2세대						
중국인	100,000	98,988	100,810	57,550	61,868	52,633
인도인	108,586	107,283	111,200	56,916	65,151	51,000
필리핀인	91,152	92,298	90,000	42,107	43,434	40,001
일본인	100,000	97,957	102,279	52,633	59,722	48,786
한국인	81,356	80,428	82,525	46,401	50,818	43,000
베트남인	74,920	72,179	76,879	37,000	38,005	36,090
백인	70,581	72,179	68,952	40,655	48,864	32,576

출처: 2010~2014 American Community Survey (Ruggles et al., 2015)

젊은 세대 한인들의 미 주류 경제 진출은 그들의 경제 활동의 주류 화뿐 아니라 사회적 주류화 및 다른 면의 주류화를 의미한다. 우선 그들이 주로 미국의 백인들이 일하는 회사에 근무함으로써 백인과의 사회적 유대를 강화시킨다. 〈표 5-9〉에서 볼 수 있는 바와 같이 46.0%의 1.5세 한인과 54.2%의 미국 출생 한인들이 타 민족과 결혼하며 그중 대부분은(약 70%, 전체 1.5세 및 2세 기혼자 한인의 35% 정도) 백인과 결혼한다(Min and Kim, 2009; 2014). 젊은 세대 1/3 이상의 한인들이 백인과 결혼할 수 있는 것은 그들과 친구로 사귈 수 있는 기회가 많기 때문인데, 주로 대학교와 직장이 그들이 백인을 친구로 사귀고 데이트를 할 수 있는 기회를 제공한다.

〈표 5-9〉 1965년 이후에 이민 왔거나 미국 출생 젊은 세대 비혼혈 한인의 세대별 성별 배우자의 인종

배우자의 인종 · 세대 및 성별(단위: %)	히스패닉이 아닌 백인	아시안	타 민족	혼혈인	총계	수
1세대						
남성	1.0	1.3	0.2	0.2	2.7	215,098
여성	17.4	2.5	2.1	0.9	22.9	277,657
계	10.2	2.0	1.3	0.6	14.1	492,755
1.5세대						
남성	16.5	7.9	1.6	1.6	27.6	34,266
여성	45.5	8.3	2.7	2.7	59.2	47,554
계	33.3	8.2	2.3	2.2	46.0	81,820
미국 출생자						
남성	29.1	8.8	4.8	2.7	45.4	16,220
여성	40.6	11.0	6.8	3.0	61.4	19,775
계	35.4	10.0	5.9	2.9	54.2	35,995

출처: Min and Kim, 2014.

젊은 세대 한인들의 결혼식이나 그들 가족의 장례식에 자주 백인이나 다른 소수 민족 친구가 참여하는데 이들은 주로 직장 동료들이며 일부는 학교 친구들이다. 또한 젊은 세대 한인들이 주로 미국 직장에 나가게 되어 한인 커뮤니티가 타 민족의 도움을 필요로 할 때 이들의 비한국인 직장 친구나 직장 상사의 도움을 받을 수 있다. 한 예로 현재 뉴욕-뉴저지 한인 커뮤니티에는 약 120개의 복지기관이 있는데 이 중 20개 정도는 1년 예산이 50만 달러 이상의 큰 기관이다. 그중 반 정도는 젊은

세대 한인들이 운영하고 있다. 이들 큰 복지기관은 모금을 위해서 매년 기금모금 파티(Gala)를 여는데, 젊은 세대가 운영하는 복지기관은 매년 갈라에 미국 회사 직장 친구와 상사들을 동원해 엄청난 금액을 모금하고 있다.

예를 들면 2002년에 1.5세 및 2세 한인들이 세운 KACF(Korean American Community Foundation)은 현재 이 지역 한인 커뮤니티에서 가장 큰 복지 단체인데, 모금을 해서 이 돈을 어려운 한인 가정을 도와주는 다른 한인 복지기구·단체에 돈을 분배해주는 역할을 한다. 다른 방법으로도 모금을 하지만 매년 실시하는 갈라에서도 하루 저녁에 100만 달러 이상을 모금한다. 그 갈라의 입장권이 400불 정도인데, 1000명 정도가 갈라에 참가한다. 갈라에 참석하는 사람들은 거의 다 미국 회사에서 일하는 젊은 세대 한인이거나 그들의 직장 친구나 상사에 해당하는 비한국인이다.

입장권만 계산하면 1,000명의 참석자들로부터 40만 달러를 모금할 수 있는데 100만 달러 이상의 모금액을 올릴 수 있는 것은 많은 갈라 참가자들이 1,000달러나 그 이상을 기부하기 때문이다. 젊은 세대 한인들이 일하는 대기업 직원이나 매니저는 1,000달러 이상의 큰 금액을 기부한다고 한다. 동포 1.5세 및 2세들이 운영하는 복지기관도 주로 대기업에서 일하는 젊은 세대 한인들이나 그들의 미국 친구를 갈라에 동원해 큰 액수의 모금에 성공한다.

젊은 세대 한인들이 뉴욕시의 대규모 은행, 보험회사, 로펌 등에 근무해서 그들과 그들의 동료, 상사들이 한인 복지단체에 많은 돈을 기부할 수 있다는 이점만 있는 것이 아니다. 봉급 액수에 관계없이 미국사회의 여러 분야에서 비교적 높은 직위에 있는 젊은 세대 한인들이 많아서 한인 커뮤니티는 여러 분야에서 필요시 이들의 도움을 받을 수 있다. 예를 들어 미국의 각 뉴스 미디어에서 앵커로 일하는 한국인들이 많은데 이들은 한인 커뮤니티에서 갈라를 할 때 종종 사회자를 맡아 한인 커뮤니티에 도움되는 일을 한다. 또 미 이민국에서 책임자로 일하는 2세 한인 여성은 가끔 한인 커뮤니티에 초청되어 강연을 하고, 대도시의 교육위원회에서 높은 직위를 가진 2세 한인 여성은 미 교육제도의 개혁에 대해서 한인 커뮤니티에 조언할 수 있다. 물론 미국에서 작가로 활동하고 있는 1.5세, 2세의 수도 100명이 훨씬 넘는다.

6. 재미한인 커뮤니티의 정치력 신장

재미동포의 정치력 신장을 위해서 미국 센서스 자료에 나오는 그들의 시민활동 참여나 선거 참여를 관찰할 수 있다. 하지만 이러한 통계자료는 재미동포가 어느 시기에 어떠한 사건을 계기로 정치력 신장을 위해서 노력하게 됐는가, 또 얼마나 많은 한인들이 선거직에 당선됐는가를 이해하는 데 별로 도움이 되지 않는다. 필자는 본 절에서 재미한인 커뮤니티의 정치적 신장을 검토하기 위해서 다음 두 가지 분석을 하고자 한다.

첫째는 뉴욕-뉴저지 지역의 한인 커뮤니티에서 언제부터 어떤 계기로 한인 정치력 신장의 중요성을 깨닫게 됐으며 어떤 단체들이 어떻게 정치 신장을 위한 활동을 하게 됐는가를 검토할 것이다. 둘째로는 이곳 뉴욕-뉴저지 지역의 2개의 한인신문에 나온 기사와 이 지역 한인 정치력 신장 단체의 간부 및 한인 정치인과의 개인면담 결과를 기조로 뉴욕-뉴저지 지역의 한인 정치력 발전과 특히 2018년 11월에 당선된 한인 정치인들을 도표를 통해 보여주고자 한다.

1) 정치력 신장의 필요성 인식과 풀뿌리 정치력 신장 단체의 활동

앞의 3절에서 고찰한 바와 같이 재미동포 이민자들은 그들의 사업 경영과 관련해서 타 민족 및 정부기관과 많은 갈등을 겪었다. 한국 이민 지도자들은 이러한 갈등을 해결하고자 하는 노력을 통해서 민족 단결을 하게 됐으며 한인 커뮤니티 정치력 신장의 필요성을 절실히 깨닫게 됐다. 3절에서 이미 언급한 바와 같이, 뉴욕 지역에서는 특히 1년 6개월간 계속된 1990년의 브루클린 플랫부시 지역의 흑인들의 두 한인 청과상에 대한 불매운동을 계기로 엄청난 민족 단결력을 보여주었으며, 이 불매운동을 끝내기 위한 여러 명의 흑인 및 백인 정치 지도자와 잦은 모임을 통해서 한인 지도자들은 많은 정치 기술을 배우게 됐다(Min, 1996).

또한 뉴욕 지역의 한인 청과상들은 헌츠포인트 청과 도매상에 대항해서 데모나 불매운동 같은 민족 집단행동을 취했다. 한인청과협회의 이러한 경제적 이익을 보호하기 위한 민족 집단 행위도 일종의 정치적 활동이라고 말할 수 있다. 뉴욕 지역뿐 아니라 전 미국에서 한인 상인들뿐 아니라 다른 한인 지도자들을 단결시켜준 가장 중요한 사건은 LA에서 1992년 4월에 일어난 흑인 폭동에서 2,300여 개의 한인 소유 가게가 파괴된 것이다. LA 한인 커뮤니티 지도자들은 이 폭동에서 LA시

경찰이 한인 소유 가게를 흑인 폭도들로부터 보호하려 하지 않았기 때문에 LA시 정부가 한인 상인을 백인사회를 보호하기 위한 방패로 삼았다고 주장했다. 1992년의 4.29 폭동 이후로 한인이 집중해 있는 여러 도시의 한인 정치력 신장 단체가 설립됐다.

뉴욕-뉴저지 지역의 한인유권자센터(Korean American Voters' Council)는 4.29 폭동의 여파로 생겨난 중요한 한인 커뮤니티의 정치력 신장 단체이다. 갓 대학을 졸업한 두 한인 청년 김동석과 김동찬이 4.29 폭동 이후 2~3년 고심 끝에 1996년에 한인들의 미국 정치 참여를 도와주기 위해서 이 단체를 세웠다. 2012년에 이름을 시민참여센터(Korean American Civic Empowerment)로 바꾸었는데, 이 단체는 처음에 미국 시민권을 받은 한인들을 위한 유권자등록 운동(voter registration drives)에 집중했다.

현재의 소장 김동찬 씨의 말에 의하면, 1990년대 후반에 많은 한인 이민자들은 선거 때 선거 참여를 위한 통지서를 자동적으로 정부기관으로부터 받는 것으로 알고 있어서, 유권자 등록의 필요성을 몰랐다고 한다. 선거를 위해서 당을 선택해야 한다는 것도 몰랐으며, 한국에서 독재정부 시대에 야당을 지지하면 의심받았던 것을 기억하고, 등록 당시 미국 대통령이 속한 당의 반대당을 선택하는 것을 꺼려했다고 한다. 한인유권자센터는 교회, 한인 축제 및 다른 공공장소에 나가서 시민권을 받은 한인에게 유권자 등록을 권했으며, TV 프로그램이나 모임을 통해서 투표 시 기계를 어떻게 사용하는지를 자세히 설명해주었다고 한다.

뉴욕 지역에서 한인 정치력 신장에 공헌해온 또 다른 한인 커뮤니티 기구는 민권센터(MinKwon Center for Community Action)이다. 민권센터는 1984년에 창립됐는데 이 단체의 가장 중요한 미션은 한인 커뮤니티의 권익 증진과 정치력 신장이었다. 이 밖에 사회봉사와 청소년 프로젝트를 운영해왔다. 그 후로 이 단체의 가장 큰 업적은 미국 불법 체류자들을 보호하기 위해 이민법 개정을 위한 로비와 데모를 했으며, 불법 체류자의 구명운동을 전개한 것이다. 아울러 뉴욕시 한인들의 정치 신장을 위한 유권자 등록 운동, 유권자 조사, 유권자 교육, 지원 및 권익 보호를 위해서 노력해왔다. 1990년대에는 문유성 씨가 민권센터를 대표해서 활발히 활동했는데 2000년대 중반부터는 차주범 씨가 문유성 씨의 뒤를 이어 이 센터의 가장 중요한 역할을 해왔다.

2) 1990년 후반부터의 한인들의 선거직 출마와 당선

2001년까지 뉴욕시에서는 교육의 지방자치가 발전되어 뉴욕시를 여러 학군으로 나누어 각 학군에 교육감과 6명의 교육위원을 두었다. 1990년대 후반기에 한인들이 가장 많이 밀집되어있던 플러싱 지역과 베이사이드 지역에서 한인 지도자들이 교육위원으로 출마해서 1~2명씩 당선되기 시작했으며, 2000년경에는 뉴욕시 전체에서 6명의 한인이 교육위원으로 당선되고, 뉴저지 버겐 카운티 한인타운에서도 5~6명의 한인이 당선됐다. 뉴욕시의 작은 지역의 교육위원 선거는 시민권을 가지지 않은 학부형도 모두 선거에 참여할 수 있으며, 미국 백인들이 선거에 참여하는 비율이 아주 낮기 때문에 한인 집중지역에서 집중적으로 한인 학부모를 동원하여 한인 후보자를 당선시킬 수 있었다. 각 지역의 학부모협회는 한인 학부모를 대대적으로 동원해서 한인 후보자를 많이 당선시켰다.

뉴욕시 각 지역의 교육위원은 무보수로 봉사하고 지위가 높지 않기 때문에 당선된 교육위원 본인에게는 별 이익이 없지만 각 지역의 6명으로 구성된 교육위원이 교육감과 교장을 뽑고, 커리큘럼 내용을 바꾸는데도 중요한 역할을 했기 때문에 그들이 한인 학생들의 이익을 보호하는 데는 아주 중요한 역할을 했다. 교육위원 선거가 한인 커뮤니티에 더 중요한 이유는 학부모들을 투표장으로 동원하는 그들의 노력으로 미국 선거와 정치에 참여하는 기술을 연마할 수 있었다는 것이다.

　　1990년대 말에 버겐 카운티의 여러 작은 시에도(Fort Lee, Palisades Park, Ridgefield 등) 한인 타운이 형성되어 한인 교육위원이 매년 1~2명씩 나오기 시작했다. 아쉽게도 뉴욕시는 2002년에 각 지역의 교육위원 제도를 폐지하고 교육제도를 중앙집권화해서, 한인들이 교육위원 후보로 출마하거나 학부모들이 교육위원 선거에 참여하는 것이 끝나게 됐다. 하지만 뉴저지 버겐 카운티의 여러 개 작은 도시에서는 교육위원 제도가 계속되어왔기 때문에 그 지역의 한인들은 매년 2~3명씩, 현재는 5~6명씩 한인을 교육위원으로 당선시킨다.

　　미국에서 교육위원 다음으로 높은 선거 직위는 시의원이다. 하지만 두 가지 종류의 시의원이 있기 때문에 이 두 가지를 구별하는 것이 미국에서의 한인 정치 발전을 이해하는 데 큰 도움이 된다. 미국의 50만명 이상이 거주하는 대도시는 행정적으로 하나의 큰 센트럴시티와 센트럴시티를 둘러싸고 있는 수십, 수백 개의 행정적으로 독립된 작은 도시로 구성되어있다. 큰 센트럴시티는 1명의 시장을 뽑지만, 센트럴시티를 여러 선거구역으로 나누어 각 지역을 대표하는 시의원을 여러 명 뽑는다. 센트럴시티는 인구가 아주 많기 때문에 여러 개로 나눈 선거 구역도 인구가 10만 명 내지 30만 명 정도 되기 때문에 이 어느 지역에서도 우리 동포 인구가 10%가 되기 힘들다.

하지만 센트럴시티 밖에 있는 작은 도시(municipalities)는 전체 인구수가 아주 적기 때문에 동포 인구가 20% 이상 되는 곳이 여러 개 있다. 이러한 이유로 한인들이 미국 대도시 센트럴시티에서 시의원으로 당선된 예는 적지만 한인이 집중해 있는 작은 도시에서 한인 시의원을 탄생시킨 곳은 많이 있다. 센트럴시티에서 당선된 시의원은 어느 정도 만족스러운 봉급과 지위를 누리지만 작은 위성도시에서 선출된 시의원은 기본 교통비 정도만 받고 지위도 높지 않다. 그들은 풀타임 직업을 가지고 생계를 유지하며 주로 평일 저녁과 주말에 시 의정 활동을 한다. 하지만 한인이 많이 사는 작은 도시에서 선출된 시의원은 한인의 이익을 보호하는 데 많은 공헌을 할 수 있다.

뉴욕시는 47개의 시의원 선거구로 나뉘어있는데, 한인이 집중해 있는 플러싱 지역만이 한인 시의원을 당선시킬 수 있는 지역이다. 하지만 플러싱 지역의 한인 인구는 전체 인구의 10%밖에 되지 않으며, 중국인이 한국인의 3.5배 정도로 많다. 이런 이유로 2001년부터 플러싱 지역의 뉴욕 시의원 자리와 뉴욕 주 하원의원 자리를 위해서 한인 후보와 중국인 후보가 여러 번 대결했지만, 계속 중국 후보에게 패했다. 다행히도 2012년에 한인 1.5세 론 김(Ron Kim)이 플러싱 지역을 대표한 뉴욕 하원의원 선거에 도전해서 성공했으며 2015년에 재선되어 근무하고 있다. 또한 뉴저지 버겐 카운티는 뉴욕시 퀸즈 카운티보다 한인 인구가 적지만 2004년에 팰리세이즈 파크(Palisades Park)에서 첫 한인 시의원을 탄생시켰으며, 2016년에 10명의 한인이 버겐 카운티의 여러 소도시에서 시의원으로 활동하고 있다.

2018년 중간선거에서는 버겐 카운티의 한인들이 놀라운 정치력 신장을 과시했다. 〈표 5-10〉에서 볼 수 있는 바와 같이 17명의 한인 시의원이 뉴저지에서 당선됐는데, 그중 16명은 버겐 카운티에 있는 작은 시에서 당선됐고 나머지 1명만이 허드슨 카운티에 있는 저지시티에서 당선됐다. 특히 한인이 지역 주민의 50% 이상을 차지하는 팰리세이즈 파크에서는 3명의 한인 시의원과 한인 시장을 처음으로 탄생시켰다. 또한, 버겐 카운티의 엥글우드 클리프(Englewood Cliffs)에서도 3명의 한인 시의원이 나왔으며, 그중 1명은 가장 많은 표를 얻어 시의원 의장이 됐다. 이 작은 시에서도 한인 인구가 30% 정도를 차지한다. 그 외에 포트 리, 레오니아(Leonia), 클로스터(Closter) 지역에서도 한인 인구가 25% 이상을 차지한다.

〈표 5-10〉 뉴저지-뉴욕 지역에서 2018년 11월 선거에 당선된 한인 정치인 수

	뉴저지	뉴욕	합계
시의원	17	0	17
시장	1	0	1
카운티 의원	1	0	1
주 하원의원	0	1	1
주 상원의원	0	0	0
미 연방 하원의원	1	0	1
미 연방 상원의원	0	0	0
합계	20	1	21

출처: 뉴욕 뉴저지 지역 한인신문 기사 정치력신장기구의 간부와 성직인 인터뷰, 개인면담

필자는 앞서 교외에 있는 이민 밀집지역이 대도시 내 밀집지역보다 정치력 신장을 위해서 유리하다고 말했는데 뉴욕 플러싱 지역의 한인타운과 뉴저지 버겐 카운티의 한인타운을 비교해볼 때 이 점이 확인된다. 뉴욕시 플러싱 지역의 한인타운은 매우 오래전에 형성됐으며 한인 인구가 버겐 카운티 그 어느 지역 한인타운보다 훨씬 많지만 아직까지 한인 시의원을 1명도 당선시키지 못했다. 그 이유는 플러싱 지역에는 중국인 인구가 한국인 인구보다 3.5배가 많으며 한인 인구 비율은 전체 인구의 10%밖에 되지 않기 때문에 한인 투표만으로는 한인 정치인을 탄생시킬 수 없기 때문이다.

선거 때마다 한인 정치인 후보가 중국인 후보와 경쟁해서 계속 패했다. 현재 플러싱 지역에서는 중국계 시의원뿐 아니라 뉴욕 주 상원의원, 또한 그레이스 맹 연방 하원의원을 탄생시켰다. 한인 후보는 중국 후보에게 계속 패하다가 2012년에 그레이스 맹이 뉴욕 주 하원의원직을 포기하고 연방 하원의원에 출마하게 되어, 론 김이 그 지역에서 뉴욕 주 하원으로 출마해서 당선됐다.

한인 연방의원은 1992년에 김창준 씨가 LA 다이아몬드바시 지역에서 한인으로는 최초로 연방 하원의원으로 당선된 이후 25년 정도 한인 연방의원이 없었다. 그런데 2018년 11월 선거에서 앤디 김(민주당)이 뉴저지 제3선거구 하원의원으로 출마해 아슬아슬하게 당선됐다. 그가 출마한 지역은 버겐 카운티 한인타운과 멀리 떨어져 있고 백인이 80% 이상을 차지하는데, 민주당 거물급 정치인들(조 바이든, 오바마 전 대통령)과 뉴저지 한인들의 열렬한 선거운동 지지를 얻어서 당선될 수 있었다. 앤디 김은 2018년에 하원의원으로 당선된 12명의 아시아계 의원 중 1명이다.

7. 요약 및 결론

오늘의 재미한인 커뮤니티를 가능하게 만든 1965년 미국의 새 이민법이 발효된 지도 벌써 50년이 지났다. 1970년대와 1980년대에 이민 온 초기 한국 이민자들은 지금 50~70대의 중년과 노년에 접어들었으며, 이제 그들의 자녀들이 성장하여 한인 2세뿐 아니라 3세까지도 상당수가 된다. 이러한 세월의 경과는 재미동포사회를 미 주류사회에 전보다 훨씬 더 가깝게 만들었다.

재미동포사회가 본격적으로 미 주류사회에 진출하기 시작한 시기는 1990년대 후반이다. 이 시기에 한국인의 미국으로의 대량 이민이 크게 줄어들었으며, 초기 한국 이민자의 자녀들이 성장하여 미국 주류사회에 진출하게 됐다. 과거에는 한국 이민자들이 언어 장벽과 다른 여러 불리한 조건 때문에 노동집약적인 자영업에 집중했으며, 한인 상인들은 흑인 고객, 백인 도매상 및 미 정부기관과 많은 갈등을 겪었다.

1990년에 일부 수정된 미국의 이민법이 직업 이민을 크게 늘리고 가족 초청 이민을 줄인 결과, 한국의 많은 고학력자가 전문직·경영직의 직업 이민으로 미국에 와 일하게 됐다. 이로 인해 동포사회의 자영업 비율이 크게 줄어들게 됐으며, 1990년대에 크게 늘어난 젊은 세대 한인 성인들은 부모 세대의 자영업을 버리고 주류 경제에 참여했다. 그들의 주류 경제 참여는 직장동료와 상사들을 한인사회의 여러 행사에 참여하게 함으로써 미국인들에게 한인 커뮤니티를 알리게 됐다. 또한 젊은 세대 한인들의 대학, 직장 및 백인 지역 거주를 통한 백인과의 잦은 접촉은 그들의 1/3 이상이 백인과 결혼하는 결과를 가져와 한인 커뮤니티의 사회적 동화를 가속시켰다.

　재미동포가 1990년대부터 경제적 또는 사회적으로 주류사회에 점점 더 많이 참여하게 됨과 동시에, 다른 한편으로는 국제여행, 통신 및 미디어 기술의 발전으로 재미동포사회는 모국인 한국과도 과거보다 훨씬 더 가까워지게 됐다. 한국에서 태어나 젊은 시절을 그곳에서 보낸 재미동포 이민자들은 물론, 미국에서 태어났거나 어릴 적에 이민 와 자란 젊은 세대 한인들도 이제 한국을 자주 방문하고, 한국 음악, 한국 드라마, 한국 방송 등을 쉽게 접할 수 있게 됐다(Min, 2013). 결국 우리는 미국과 모국의 문화와 관습 중 좋은 것만을 취사선택해서 살며 많은 한인들이 두 나라에서 모두 활동하고 있다. 이러한 두 나라의 문화와 공간을 겸한 우리의 오늘날의 생활은 30년 전에는 전혀 상상도 할 수 없었던 생활방식으로, 우리에게 일어난 아주 다행스러운 변화이다.

　재미동포의 미 주류사회 정치 참여도 1990년대 후반부터 시작됐다. 동포의 주류사회 정치 참여를 위해서는 한인 커뮤니티 지도자들이 커뮤니티의 이익을 보호하기 위한 정치력 신장의 중요성에 관한 뚜렷한 의식이 선행되어야 한다. 이러한 정치력 신장의 필요성에 대한 인식은 1980년대와 1990년대 전반까지 계속된 한국 이민자 상인들의 타 민족 및 미 정부와의 잦은 갈등에서 자라났으며, 1992년의 LA 폭동 후에 구체적으로 한인 풀뿌리 정치기구의 탄생으로 나타났다.

　뉴욕-뉴저지 지역에는 민권센터 및 한인유권자센터와 더불어 다양한 한인 정치력신장기구가 설립되어 시민권을 받은 한국 이민자의 유권자 등록 운동, 한인 정치 후보 발탁 및 한인 커뮤니티 이익 보호를 위해 미 정치인에게 로비 활동 등을 활발히 펼쳐왔다. 다른 한인 커뮤니티에서도 1990년대 후반에 비슷한 한인 풀뿌리 정치단체가 세워져서 같은 정치력 신장을 위해 노력해왔다.

2000년대부터는 시의회나 카운티 의회 및 주의회 의원으로 선출된 한인수가 점점 더 늘어났다. 특히 2018년 11월 선거에서 뉴저지 한인 집중거주 지역을 중심으로 17명의 시의원이 탄생하고 시장과 하원의원이 처음으로 탄생한 것은 한인이 집중되어있는 교외지역이 정치력 신장에 얼마나 유리한가를 잘 보여주고 있다. 또한 이는 뉴욕-뉴저지 지역의 정치력신장기구의 오랜 노력의 결과라고 볼 수 있다. 2018년 뉴저지에서 일어난 놀라운 일들은 앞으로 한인 커뮤니티 정치력 신장에 청신호를 보여주고 있다.

참고문헌

Abelmann, Nancy, and John Lie. 1997. *Blue Dreams: Korean Americans and the Los Angeles Riots*. Harvard University Press.

Ablemann, Nancy. 2009. *The Intimate University: Korean American Students and the Problems of Segregation*. Durham, NC: Duke University Press.

Chung, Thomas. 2016. "Korean-American Elected and Appointed Politicians, Administrative Officials, and Judges." The Research Center for Korean Community.

Hurh, Won Moo, and Kwang Chung Kim. 1990. "Religious Participation of Korean Immigrants in the United States." *Journal of the Scientific Study of Religion* 29: 19-34.

Iredale, R. 2000. "Migration Policies for the Highly Skilled in the Asian Pacific Region." *International Migration Review* 34: 882-906.

Joyce, Patrick D. 2003. *No Fire Nest Time: Black-Korean Conflicts and the Future of America's Cities*. Ithaca, NT: Cornell University Press.

Kim, Claire Jean. 2000. *Bitter Fruit: The Politics of Black-Korean Immigrants in New York City*. New Haven, CT: Yale University Press.

Kim, Kwang Chung, and Shin Kim. 2001. "Ethnic Roles of Korean Immigrant Churches in the United States." In Ho-Youn Kwon, Kwang Chung Kim, and R. Stephen Warner (eds.), *Korean Americans and Their Religions*. University Park, PA: Pennsylvania State University Press, pp. 71-94.

Kraly, E. P., & Miyares, I. 2001. "Immigration to New York: Policy, Population, and Patters." In Nancy Foner (ed.), *New immigrants in New York*. New York: Columbia University Press, pp. 33-80.

Min, Pyong Gap. 1984. "From White-Collar Occupation to Small Business: Korean Immigrants' Occupational Adjustment." *Sociological Quarterly* 25: 333-352.

_____. 1988. *Ethnic Business Enterprises: Korean Small Business in Atlanta*. New York: Center for Migration Studies.

_____. 1991. "Cultural and Economic Boundaries of Korean Ethnicity: A Comparative Analysis." *Ethnic and Racial Studies* 14: 225-241.

_____. 1992. "Cultural and Economic Boundaries of Korean Ethnicity: A Comparative Analysis." *Ethnic and Racial Studies* 14: 225-241.

_____. 1996. *Caught in the Middle: Korean Communities in New York and Los*

Angeles. Berkeley, CA: University of California Press.

_____. 1998. *Changes and Conflicts: Korean Immigrant Families in New York.* Boston: Allyn & Bacon.

_____. 2008. *Ethnic Solidarity for Economic Survival: Korean Greengrocers in New York City.* New York: Russell Sage Foundation.

_____. 2010. *Preserving Ethnicity through Religion in America: Korean Protestants and Indian Hindus across Generations.* New York: New York University Press.

_____. 2011. "The Immigration of Koreans to the United States: A Review of 45 Year (1965-2009) Trends." *Development and Society* 40: 195-224.

_____. 2013. "Koreans: Changes in New York in the Twenty-First Century." In Nancy Foner (ed.), *One out of Three: Immigrant New York in the Twenty-First Century.* New York: Columbia University Press, pp. 148-175.

_____. 2014. "The Intergenerational Differences in Marital Patterns Among Korean Americans." In Pyong Gap Min and Samuel Noh (eds.), *Younger-Generation Korean Experiences in North America.* Lanham, MD: Lexington Books, pp. 105-135.

Ruggles, S. et al. 2008. *Integrated Public Use Micro data Series: Version 4.0* (Machine-Readable data base). Minneapolis, MN: Minneapolis Population Center.

Yoon, In-Jin. 1997. *On My Own: Korean Businesses and Race Relations in America.* Chicago: University of Chicago Press.

제6장

재미동포의 이민자 세대별 정치적 성향과 참여현황

오숙희(미주리주립대)

1. 서론

아시아계 미국인들은 정치에 무관심하다는 것이 일반적인 통념이다. 최근 10년간 아시아계 미국인은 미국에서 교육과 소득수준이 가장 높은 집단으로 주목받아왔지만 아시아계 미국인들은 다른 인종집단에 비해서 정치 참여율이 낮다고 알려져 있다(Leighley and Vedlitz, 1999; Lien, 2004; Logan et al., 2012). 일반적으로 교육과 소득 수준이 높은 개인일수록 선거에 참여하는 비율이 높다는 지속적인 연구결과가 있지만 아시아계 미국인들은 높은 교육 및 소득수준에 상응하는 정치 참여율을 보이지 않는 것이다. 그 이유는 무엇일까?

기존 연구는 아시아계 미국인들 대다수가 이민자로 구성되어있기 때문에 미국 정치체계에 익숙하지 않고, 문화적·언어적 장벽이 높아서 정치 참여율이 저조하다고 설명한다(Bueker, 2005; Lien, 2004). 따라서 이민자들은 거주기간이 늘고, 언어 및 문화적 동화가 일어날수록 미국 정치에 참여할 가능성이 높아질 것이라고 예측한다. 한편 이민자 1세의 경우 미국인이라는 정체성보다는 모국의 민족 정체성이 더 커서 모국의 정치에는 관심이 있으나 미국 정치에는 무관심하다고 설명하기도 한다(Lee, 2012). 그뿐만 아니라 이민자 1세는 출신국 정치 환경과 정치사회화 (political socialization)에 영향을 받는다(Bueker, 2005; Logan et al., 2012).

예를 들어 민주주의가 발달하지 않은 중국계 미국인들은 미국에 이민 오기 전에 선거제도와 투표참여 경험이 거의 없어서 미국사회에서 선거권을 갖게 되어도 투표정치에 잘 참여하지 않는다. 따라서 아시아계 미국인들의 투표정치 참여를 연구하기 위해서는 개인적 수준의 사회경제적 요인 외에도 이민자 집단의 특성과 출신국의 맥락적 특성 (context of country of origin)을 이해할 필요가 있다(Bueker, 2005; Lien, 2004; Logan et al., 2012; Wong et al., 2012).

2010년 미국 인구통계 기준에 의하면 아시아계 미국인들이 미국 전체 인구에서 차지하는 비율은 약 5%이며(14,314,103명) 이 중 선거권이 있는 18세 이상의 시민권자의 비율만 보면 약 3%를 차지한다(Wong et al., 2011). 아시아계 미국인 집단 중 가장 큰 5개 집단은 중국인(3,137,061명), 인도인(2,843,391명), 필리핀인(2,555,923명), 베트남인(1,548,449명), 한국인(1,423,784명) 순이다(The 2010 U.S. Decennial Census).

아시아계 미국인들은 하위집단별로 언어와 문화가 다양하고, 같은 국가 출신이라 하더라도 언어나 문화가 동질적이지 않은 경우가 많다. 예를 들어, 20개가 넘는 다양한 언어가 사용되고 있는 인도 이민자들은 같은 인도출신이라도 언어적·문화적·지역적 배경이 다양하다(Wong et al., 2011). 이에 비해 아시아계 미국인 중 약 10%의 비중을 차지하는 한국계 미국인은 다른 아시안계 이민자 집단에 비해 경제, 문화, 언어 측면에서 내적 동질성이 가장 큰 집단이며 자유민주주의 정치체계를 비교적 많이 경험한 이민자 집단이라는 특징이 있다.

본 장은 이러한 특성을 가진 한국계 미국인들의 정치 참여 현황에 초점을 맞추어 전반적인 정치 참여 패턴과 현황을 소개하는 것을 목적으로 한다. 보다 구체적으로 한국계 미국인 유권자들이 세대별[1]로 혹은

---

1 이민 2세대는 정확히 미국에서 이민자의 부모 밑에서 출생한 사람을 의미한다. 2016년 아시안 아메리칸 사전 선거조사 자료에는 부모의 출생지에 대한 정보는 없고, 응답자의 출생지에 대한 정보만 있다. 따라서 본 연구에서는 이민 1세대를 외국에서 태어난 응답자로, 이민

아시아계 미국인 유권자들과 비교하여 어떤 정치적 성향을 나타내고 있는지, 선거정치 참여 패턴이 이민세대별로 유의미한 차이를 나타내고 있는지를 알아보고자 한다.

이러한 연구목적을 달성하기 위해 첫째, 투표참여에 영향을 미치는 한국계 미국인의 기본적인 인구학적·사회경제적 특성을 기술하고, 둘째, 투표참여 외에도 정치적 성향과 비선거적 정치 참여 현황을 살펴보고, 셋째, 선거인 등록과 투표참여 현황을 분석한다. 특히 재미동포의 정치적 성향과 민주주의의 핵심인 투표참여의 세대별(generational) 패턴을 분석하는 것을 목적으로 한다. 나아가 투표참여에 미치는 인구학적·사회경제적 변수를 통제한 후 세대라는 멤버십(generational membership)이 투표참여에 여전히 유의미한 영향을 미치는지를 살펴보고자 한다. 본 연구결과는 한국계 미국인 이민자 차세대의 정치적 동화 및 주류화가 어느 정도 진전되고 있는지를 이해하는 데 도움을 줄 것이다.

이 분석을 위해 2016년에 수집된 아시안 아메리칸 사전 선거조사 (National Asian American Survey 2016 Pre-Election) 자료를 활용했다.[2] 이 조사는 기본적으로 아시아계 미국인들의 다양한 정치활동 참여 여부를 파악하는

2세대는 미국에서 태어난 응답자로 단순 구분했다.

2   아시아계 미국인 중 주요 9개 집단의 성인을 대상으로 전화 설문조사를 실시했으며 응답률은 21.8%로 총 응답자는 4,787명이며 316개의 변수를 포함하고 있다. 일반적으로 전화 설문조사는 시민권자나 영주권자가 더 많이 조사에 응답하는 편향과 투표정치에 참여한 사람이 과도하게 표집되는 편향을 피하기 힘들다. 또한 투표정치 응답률이 높은 편향을 보인다. 실제로 2008년도 Current Population Survey 11월 보충조사 자료(November Supplementary Survey)에 의하면 한국계 미국인 유권자 중 65%가 투표에 참여했다고 응답한 반면, 2008년 아시안 아메리칸 조사에서는 69%가 투표에 참여했다고 응답했다. 또한 2008년도 아시안 아메리칸 조사자료와 2016년도 사전 선거조사 자료에도 차이가 존재한다. 2008년도 아시안 아메리칸 조사자료에 의하면 한국인 응답자 중 61%가 미국 시민이었으나 2016년 아시안 아메리칸 사전 선거자료에 의하면 96%로 상당히 차이를 보이고 있다.

조사이며, 정치 참여에 영향을 미치는 인구·경제·사회·종교·이민자적 특성에 대한 정보를 포함하고 있다. 한 가시 유의할 사항은 아시안 아메리칸 사전 선거조사는 2016년 11월 대통령 선거가 있기 바로 전 8월부터 10월에 이루어진 조사로 실제 투표참여에 대한 응답이 아니라 11월에 있을 선거에 참여할 것인지, 어떤 후보자를 선택할 의향인지를 조사했다는 점이다. 이러한 한계에도 불구하고 한국에 미국인을 포함한 아시아계 미국인의 정치성향과 참여에 대해 세부적인 내용을 알 수 있는 가장 최근 자료라는 장점이 있다.

2. 한국계 유권자의 인구 및 사회경제적 자원

2010년 인구조사 기준으로 공식적으로 집계되는 단일인종으로서 한국계 미국인은 약 150만 명 정도이지만 혼혈 인구를 다 포함하면 200만 명이 훨씬 넘는 것으로 추정된다. 1965년 미국의 이민법 개혁으로 재미한인 인구는 1970년 이후로 현재까지 약 20배가 증가했다 (U.S. Decennial Censuses 1970~2010). 이들 대부분은 보다 나은 삶을 추구하기 위해 미국이민을 선택한 경제적인 이민자들이며 자영업에 종사하는 비율이 이민자 집단 중 가장 높다.[3] 1970년에서 1980년 사이에 한인 이민자의 유입은 폭발적으로 증가했으나 1990년대에 들어서면서 감소추세에 접어들게 됐다. 그럼에도 불구하고 한국계 미국인의 자연적 인구 증가는

---

3 25~64세 한인계 이민 1세대의 28%가 자영업자이다(U.S. Census Bureau, "The 2007~2011 American Community Surveys").

꾸준히 진행되고 있으며, 한인 이민이 주춤하면서 미국에서 태어나는 차세대 한인들의 비율이 점점 증가하고 있다.

역사적으로 한국계 미국인은 거의 대부분이 대도시에 거주하며 로스앤젤레스 및 캘리포니아 주요 대도시와 뉴욕, 시카고, 워싱턴 D.C. 등 몇 개 주에 한국계 미국인 인구의 50% 이상이 집중적으로 분포하는 경향을 보인다. 미국 내 한인이 가장 많이 밀집한 로스앤젤레스와 뉴욕 대도시권 지역은 지난 20~30년간 꾸준히 한국계 미국인의 최대 밀집지역으로서의 지위를 유지하고 있다. 조지아주의 애틀랜타, 텍사스주의 댈러스, 캘리포니아 실리콘밸리 지역인 산호세 대도시 권역은 최근 한인 인구 유입이 크게 증가하여 신흥 한인 밀집지역으로 부상했다(〈표 6-1〉 참조).

대도시 권역에 거주하는 한국계 미국인 가정의 상당수는 중심도시 (central city)보다는 학군이 좋고 생활환경이 우수한 교외지역(suburban areas)에 거주하는 지리적 패턴을 보인다. 실제로 한국계 미국인이 가장 많이 밀집했다고 알려져 있는 로스앤젤레스 도심 부근에 위치한 코리아타운에는 한인보다 히스패닉이 더 많이 거주하고 있으며 실제로 한국계 미국인은 도심에서 반경 65킬로미터에 이르는 방대한 로스앤젤레스 및 오렌지카운티 교외지역으로 분산되어 거주하고 있다(Oh, 2017).

아시안 아메리칸 사전 선거조사 자료에 의하면 한국계 미국인들은 전체 아시아계 미국인 중에서 약 13%를 차지한다.[4] 이 조사에 응답한

---

4 한국계 미국인 응답자 수는 367명이며 가중치를 적용했을 때는 424,510명이다. 본 연구는 가중치를 적용하여 통계분석을 했으며 퍼센트 중심의 기술통계를 이용하여 패턴분석에 초점을 맞추고자 한다.

〈표 6-1〉 한국계 미국인이 밀집한 10대 대도시 지역 인구현황(1990~2010)

CMSA**	1990	CMSA	2000	CMSA	2010
Los Angeles	194,437	Los Angeles	257,975	Los Angeles	304,198
New York	118,096	New York	170,509	New York	208,190
San Francisco	42,277	Washington	74,454	Washington	80,150
Washington***	52,817	San Francisco	57,386	Chicago	54,135
Chicago	36,952	Chicago	46,256	Seattle	52,113
Philadelphia	24,568	Seattle	41,169	Atlanta	43,870
Seattle	23,901	Philadelphia	29,279	San Francisco****	42,158
Honolulu	22,646	Atlanta	22,317	Philadelphia	35,720
Dallas	11,041	Honolulu	21,681	Dallas	28,907
Atlanta	10,120	Dallas	18,123	San Jose****	28,028
All CMSAs	755,219	All CMSAs	1,035,064	All CMSAs	1,415,520

주: * 인구조사국이 정의한 통합 대도시 지역
 ** 2000년에 인구조사국이 볼티모어 지역을 워싱턴-북버지니아 CMSA에 편입하면서 1990년
  조사의 볼티모어와 워싱턴 지역의 한인 인구를 합쳤다.
 *** 인구조사국은 2010년 CA CMSA에서 샌프란시스코-오클랜드-새너제이로부터 새너제이를
  분리했다.
출처: U.S. Deceninal Census 1990~2010. Korean alone with a single race category.

한국인의 대부분이(96%) 유권자인 것으로 나타났다.[5] 이 자료에 근거하
여 한국계 미국인 유권자의 지역적 분포를 살펴보면(〈그림 6-1〉 참조), 42%
가 캘리포니아주에, 14%가 뉴욕-뉴저지주에, 11%가 텍사스주에 거주
하고 있어 캘리포니아주를 비롯한 몇 개 주에 편중되어있음을 확인할
수 있다. 이민 1세의 경우는 33%가 캘리포니아주에 거주하며, 17%가
뉴욕-뉴저지주에, 약 4%가 텍사스주에 거주한다. 이민 2세의 경우는

---

[5] 아시안 아메리칸 사전 선거조사 자료에서 시민권자가 유독 많이 표집이 됐으나 본 연구가 유
 권자의 정치 참여 패턴과 현황에 초점을 맞추고 있으므로 큰 문제가 되지는 않는다.

61%가 캘리포니아주에, 6%가 뉴욕-뉴저지주에, 26%가 텍사스주에 거주한다. 한인 이민 2세의 경우 광범위한 지역적 분산과 동화가 일어나기보다는 캘리포니아주에 집중이 더욱 강화되고 텍사스주도 빠른 속도로 한인 인구 증가가 일어나고 있음을 알 수 있다.

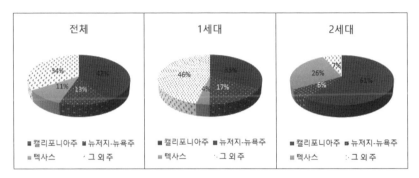

〈그림 6-1〉 한국계 미국인 유권자의 지역적 분포

출처: The 2016 National Asian American Pre-Election Survey.

다른 아시아계 미국인들처럼 한국계 미국인 유권자도 대다수가 외국 출생자로 구성되어있다. 한국계 미국인 유권자의 69%가 외국 출생(대부분은 한국에서 출생)으로 미국 시민권을 획득하여 선거권을 얻게 된 경우이다(〈표 6-2〉 참조). 다시 말해 한국계 미국인 유권자 중 2/3 이상이 이민자 1세대임을 알 수 있다. 한국계를 포함하여 아시아계 이민자 1세대 유권자의 경우 미국에 거주한 기간이 평균 30년이다. 이 통계는 상당히 긴 세월을 미국에 거주한 후에야 미국 시민으로 귀화하는 장기적 과정을 함축적으로 보여주고 있다. 세대별 구성을 보면 한국계 미국인 중 31%는 미국에서 출생한 이민자 2세로 구성되어있다. 아시아계 미국인의 경우 미국에서 출생한 이민자 2세는 약 23%로 나타나 한국인의 경우 이민자 2세대의 비중이 상대적으로 다소 큰 편으로 나타났다.

연령을 보면, 한국계 미국인들은 다른 아시아계 미국인들에 비하여 35세 이상의 비율이 다소 낮은 편이다. 주목할 것은 한인 이민자 2세 중 35세 이상은 6%밖에 되지 않아 다른 아시안 차세대와 비교해도 평균 연령이 매우 젊은 편이다. 평균연령이 젊다는 것은 중국계나 일본계, 필리핀계 미국인에 비해 이민의 역사가 짧은 한국인의 특성을 반영한다. 일반적으로 나이가 많을수록 선거에 참여하는 확률이 높아지는 연구결과를 고려할 때 평균연령이 높은 이민 1세대가 선거에 참여할 확률이 높다고 예측할 수도 있다. 그러나 이민자의 정치사회화 및 문화적 · 언어적 장벽이 투표참여에 큰 영향을 미치는 요인이라면 이민자 1세보다는 2세가 평균연령이 매우 낮음에도 불구하고 선거에 참여할 확률이 더 높다고 예측해볼 수도 있다.

서론에서도 밝혔듯이, 기존 연구에서 확증된 선거참여에 영향을 미치는 가장 중요한 개인 수준의 변수는 교육 수준과 소득수준이다. 아래 〈표 6-2〉에서 보듯이, 아시아계 미국인의 경우 약 74%가 대학교육 이상의 교육을 받은 반면 한국계 미국인의 경우 78%가 대학교육 이상의 교육을 받은 것으로 나타나 한인의 교육 수준이 다른 아시아계 미국인의 평균 교육 수준에 비해 다소 높은 것을 알 수 있다. 소득수준도 한국계 미국인이 아시아계 미국인 보다 다소 높은 것으로 나타난다.

그러나 자세히 보면 한국계 미국인 유권자 2세의 높은 소득수준이 한국계 이민 1세대의 낮은 소득 수준을 상쇄하여 전체 평균 소득을 높인 결과임을 알 수 있다. 따라서 교육과 소득 수준을 통제한 후에도 이민자 2세의 투표율이 1세보다 높으면 개인적 · 사회경제적 자원이 아닌

2세대만이 가지는 고유한 특성, 예를 들어 미국에서 받은 교육 및 정치 사회화가 투표참여에 더 큰 영향을 미친다고 간주할 수 있을 것이다.

〈표 6-2〉 한국계 미국인과 아시아계 미국인의 인구 및 사회경제적 특성

	한국계 미국인			아시아계 미국인		
	1세	2세	전체	1세	2세	전체
유권자(%)	69	31	407,971명	77	23	3,032,923명
35세 이상(%)	81	6	57	79	31	68
교육수준(대학교육 이상, %)	73	87	78	71	84	74
소득수준($50,000 이상, %)	51	84	62	56	68	59

출처: The 2016 National Asian American Pre-Election Survey.

3. 한인 유권자의 정치적 성향과 비선거 참여

다음은 한국계 미국인의 일련의 정치적 성향을 알아보기 위해 정치에 관심이 있는 정도, 정치에 대한 정보를 동족 대중매체로부터 얻는지 혹은 주류 대중매체로부터 얻는지, 정당 우호도와 비선거 정치 참여 활동에 대하여 알아보았다.

첫째, 정치에 대한 관심 정도이다. 투표에 참여하려면 우선 정치 현안에 관심이 있어야 하고 정치에 대한 정보가 있어야 한다. 정치에 대한 관심은 정치적 효능(political efficacy)과 정치 참여로 이어진다. 아래 〈표 6-3〉에서 보듯이 한국계 미국인들은 다른 아시아계 미국인에 비해 정치에 관심이 많은 것으로 나타났다. 한국계 미국인 중 정치에 무관심하다고 응답한 사람들은 8%에 지나지 않으나 아시아계 미국인의 14%가 무

관심하다고 응답했다. 한국계 미국인 2세는 1세에 비해 정치 현안에 무관심한 비율이 약간 더 높은데 아시아계 미국인의 경우에도 세대별 차이에 있어서 일관된 패턴을 보이고 있다.

이민자 1세들의 정치에 대한 관심이 미국 정치에 대한 것인지 모국 정치에 대한 것인지를 구분하기는 어렵다. 왜냐하면 아시안 아메리칸 조사에서는 일반적으로 정치에 관심이 있는지를 묻는 질문이라서 출신국 정치에 대한 관심인지, 미국 정치에 대한 관심인지를 구분할 수는 없기 때문이다. 이민 1세들이 2세보다 정치에 더 관심을 가지는 이유가 모국의 정치에 대한 관심에서 비롯됐다면 이민자 1세들이 미국 정치에 적극적으로 참여할 동기는 부족할 것이다.

둘째, 정치에 대한 정보를 신문, 텔레비전, 인터넷 등 각종 대중매체를 통해 얻을 때 동족 대중매체(ethnic media)에 대한 의존도를 알아보았다. 동족 대중매체에 대한 의존도는 다층적 의미를 내포한다. 주류 대중매체보다 동족 대중매체에 대한 의존도가 높다는 것은 민족 정체성(ethnic identity)과 민족문화 보유(ethnic retention) 수준이 높으며, 모국의 정치에 대한 정보를 쉽게 접하여 모국 정치와 그 현안에 대한 관심을 지속한다는 것을 의미한다. 실제로 미국에서 한글로 출판되는 한인계 신문들은 한국의 주요 뉴스를 게재한다. 나아가 인터넷이나 스마트폰으로 읽을 수 있는 디지털 신문이 그 어느 때보다 초국적(transnational) 연계를 유지하고 고국의 정치 현안을 쉽게 접할 수 있도록 돕는다. 따라서 동족 대중매체의 정보에 더 많이 의존하는 이민자 1세대는 미국의 정치보다는 여전히 고국의 정치에 더 많이 관심을 가질 가능성이 크다(Sui and Paul, 2017).

한편 동족 대중매체가 미국 내 정치사회화를 돕는다는 주장도 존재한다. 영어 실력이 부족한 이민자 1세의 경우, 동족 대중매체는 미국 정치 현안에 대한 정보를 모국어로 쉽게 접할 수 있도록 돕는 역할을 한다. 영어의 제약으로 주류 대중매체로부터 정보를 얻는 것이 힘든 이민자들에게 동족어로 발간되는 대중매체는 고국에 대한 정보뿐만 아니라 미국사회에서 이민자로 살아가는 데 필요한 정보와 미국의 정치 현안에 대해 알려주기 때문이다. 따라서 이민자들의 정치 참여를 방해하는 것이 아니라 오히려 촉진하는 장치가 될 가능성도 존재한다(Sui and Paul, 2017).

⟨표 6-3⟩에서 보듯이, 46%의 한국계 미국인 이민자 1세가 동족 대중매체를 통해 정치에 대한 정보를 얻는다고 응답한 반면, 아시아계 미국인 이민자 1세는 30%가 그렇다고 응답했다. 42%의 한국계 미국인 이민자 1세는 주류 대중매체에만 의존하여 정치적 정보를 획득하며, 동족 대중매체와 주류 대중매체에 동등하게 의존하는 경우도 12%였다. 한편 한국계 미국인 2세 중 동족 대중매체로부터 정치에 대한 정보를 얻는 사람은 거의 없다고 볼 수 있다(2%). 이 통계는 아시아계 미국인 2세(6%)에 비해서도 상대적으로 적은 편이다. 한국계 미국인 2세의 거의 대부분(98%)은 정치에 대한 정보를 주류 대중매체로부터 얻고 동족 대중매체에는 거의 의존하지 않는다. 이 결과는 한국계 미국인 2세의 경우 다른 아시아계 미국인에 비해서도 동족 언어 보유율이 낮다고 해석할 수 있다.

요약하면, 한국계 미국인 1세의 경우 동족 대중매체를 통해 정치에 대한 정보를 얻는 비율이 아시아계 미국인들에 비해 월등히 높다. 동족 대중매체 의존도가 미국사회에서의 투표참여에 긍정적인 효과를 미칠지, 부정적인 효과를 미칠지는 회귀분석에서 다시 확인할 것이다.

〈표 6-3〉 한국계 미국인 유권자의 정치적 성향

(단위: %)

	한국계 미국인			아시아계 미국인		
	1세	2세	전체	1세	2세	전체
정치에 무관심	6	11	8	12	20	14
동족 대중매체 의존	46	2	40	30	6	25
주류 대중매체 의존	42	98	50	53	88	60
동족·주류 대중매체 의존	12	–	10	15	4	13
공화당 우호	31	7	23	30	23	28
민주당 우호	64	84	70	60	64	61

출처: The 2016 National Asian American Pre-Election Survey.

셋째, 한국계 미국인의 정당 우호도는 다른 아시아계 미국인과 비교해서, 또 동족 내 세대별로도 큰 격차를 보인다(〈표 6-3〉 참조). 한국계 미국인의 23%와 70%가 각각 공화당과 민주당에 호감을 가지고 있는 것으로 나타났다. 아시아계 미국인에 비해 한국계 미국인은 좀 더 진보적인 성향을 보인다. 그러나 이를 세대별로 세분화해보면 더 큰 격차가 존재한다. 한국계 이민 2세의 경우 7%가 공화당에, 84%가 민주당에 우호적인 데 비해, 이민 1세의 경우는 조금 더 온건한 정치적 성향을 보이고 있다. 한국계 미국인 2세의 경우 진보적 정치성향이 1세보다 강하고 아시아계 미국인 2세와 비교해도 진보적 성향이 훨씬 강한 것으로 나타났다.

투표참여는 민주주의의 핵심적 정치 활동이기에 정치 참여를 연구하는 연구자들이 가장 많이 주목한 활동이지만 투표참여를 넘어서 다양한 비선거 정치 참여의 실태를 파악하는 것은 정치 참여를 포괄적으로 이해하는 데 도움을 준다. 또한 비선거 정치 참여는 미국에서 일어나는 문화적 동화와 정치사회화의 중요한 양상이기도 하다. 이번 장에서는 주요 비선거 정치 참여 활동으로 정치적 기부금, 정치적 이슈로 정치인이나 정부에 연락한 적이 있는지, 항의시위 참여 여부, 탄원 및 진정서를 제출한 경험이 있는지에 대해 알아보았다(〈표 6-4〉). 비선거 정치에 참여하기 위해 시민권을 보유할 필요는 없지만 본 연구는 유권자의 비선거 정치 참여에 초점을 맞추었다.[6]

〈표 6-4〉 한국계 미국인 유권자의 비선거 정치 참여 현황

(단위 : %)

	한국계 미국인			아시아계 미국인		
	1세	2세	전체	1세	2세	전체
정치적 기부금	5	35	14	15	25	18
정치인·정부에 연락	5	51	20	10	22	13
항의시위 참여	4	31	12	7	15	9
탄원·진정서 제출	23	66	36	22	38	26

출처: The 2016 National Asian American Pre-Election Survey.

요약하면 다른 아시아계 미국인과 비교하면 한국계 미국인의 비선거 정치 참여도는 더 높은 편이지만 이 결과는 순전히 2세 유권자들이 1세에 비해 현격히 높은 비선거 정치 참여율을 보여주고 있기 때문이

---

6   시민권을 보유하지 않은 18세 이상의 한국계 미국인 전부를 대상으로 비선거 정치 참여율을 분석해보면 참여율은 전반적으로 다소 낮은 경향을 보였지만 유권자의 비선거 정치 참여 패턴과 동일하다. 비선거 정치 참여에 있어서 유권자와 비유권자 간에 유의미한 차이가 없으므로 본 연구는 유권자에 초점을 맞추어 분석했다.

다. 탄원 및 진정서 제출을 제외하면 한인 이민 1세는 다른 아시아계 이민 1세에 비해서도 그 참여도가 상당히 저조한 편이다. 한국계 미국인 2세 유권자들은 다른 아시아계 2세 유권자에 비해서도 비선거 정치 활동에 더욱 적극적으로 참여하고 있다. 즉, 한인 차세대들의 다양한 정치사회화와 참여는 빠른 속도로 진보하고 있음을 알 수 있다.

4. 한국계 미국인의 선거인 등록 및 투표참여 현황

선거인 등록이 반드시 투표참여로 이어지지 않을 수도 있지만 선거인 등록은 투표참여의 중요한 입문과정이자 필수조건으로 주목할 필요가 있다. 〈표 6-5〉는 한국계 미국인의 선거인 등록이 다른 아시아계 미국인에 비해 더 활발하다는 사실을 보여준다. 2008년도 아시안 아메리칸 조사자료를 참조해본 결과, 한국계 미국인의 선거등록은 지난 10년간 크게 향상하여 오늘날과 같은 결과를 보여주고 있다. 2008년도에는 80%의 한국계 미국인 유권자가 선거등록에 참여했다. 반면 2016년에는 10% 포인트 이상 향상한 91%가 선거인 등록을 했다.

한국계 미국인들의 선거 등록률이 향상한 이유는 한국계 미국인 2세의 증가와 한인 1세의 미국 시민으로의 귀화율이 증가한 데 기인한다. 또 다른 중요한 이유는 한인 시민단체와 지역단체의 성장과 활약이다. 특히 한국계 미국인 1.5세나 2세들이 시민단체나 지역단체에서 활동가로 활약하는 경우도 증가했다. 한인 인구가 밀집한 로스앤젤레스나 뉴욕에서 활약하는 시민단체들은 한국계 미국인의 선거등록 캠페인,

정치력 신장 및 차세대 활동가 육성을 위해 활발한 프로그램들을 운영해왔다. 예를 들어 뉴욕·뉴저지에 기반을 둔 시민참여센터(Korean American Civic Empowerment, KACE)는 한인 시민권자의 선거인 등록운동 및 유권자 핫라인 및 가이드를 제공하고 풀뿌리 시민학교 인턴십 프로그램을 운영하는 등 한국계 미국인들의 정치 참여를 촉진하고, 주류사회와의 정치적 연계를 확장하기 위해 활발한 활동을 전개해왔다 (https://us.kace.org/).

선거등록뿐만 아니라 투표참여에 있어서도 한국계 미국인은 다른 아시아계 미국인에 비해 투표 의지가 더 강한 편이다(〈표 6-5〉). 한국계 미국인 유권자 중에서 2016년 11월에 있을 선거에서 반드시 투표하겠다고 응답한 사람은 85%이며 이러한 경향은 1세나 2세를 비교해도 큰 차이는 없는 것으로 나타났다.

보다 구체적으로 투표 성향을 살펴보면, 2016년 미국 대통령 선거 당시 공화당 후보였던 트럼프와 민주당 후보였던 클린턴 중 어떤 후보를 선택할 것인지를 묻는 질문에서 68%의 한국계 미국인은 클린턴을 지지할 것이라고 응답했다. 클린턴 지지 경향은 한국계 미국인 1세보다 2세에게서 훨씬 강하게 나타났으며, 다른 아시아계 미국인에 비해서 월등히 강하다. 아시아계 미국인의 55%가 클린턴을 지지하며 세대별 격차는 크지 않은 반면, 클린턴 지지율에 있어서 한인 1세와 2세의 격차는 10%나 벌어졌다.

트럼프에게 투표할 계획이라는 한국계 미국인 응답자는 전체적으로 9% 정도로, 다른 아시아계 미국인(12%)에 비해 다소 낮은 편이지만 한국계 미국인 중 1세와 2세 사이의 간극은 아시아계 미국인의 세대별

간극보다 더 크다. 제3의 후보자를 지지하겠다는 비율은 한국계 미국인
과 아시아계 미국인이 비슷하며 2세는 제3의 후보자를 지지하는 경향
이 다소 높다. 기존 정치와 정당으로부터 회의를 느낀 젊은 유권자들은
클린턴이나 트럼프 중 양자택일이 아니라 제3의 후보를 지지하는 경향
이 높으며 아울러 〈표 6-5〉에는 나타나지 않았지만 어떤 후보를 선택할
지 잘 모르겠다고 응답한 한국계 미국인도 10% 이상이다.

〈표 6-5〉 한국계 미국인의 선거인 등록 및 투표참여

(단위: %)

	한국계 미국인			아시아계 미국인		
	1세	2세	전체	1세	2세	전체
선거인 등록	91	92	91	87	90	87
투표의향	85	86	85	77	84	79
클린턴 투표 의향	64	76	68	54	57	55
트럼프 투표 의향	12	5	9	12	9	12
다른 후보자 투표 의향	6	11	8	7	17	9

출처: The 2016 National Asian American Pre-Election Survey.

2008년도 아시안 아메리칸 조사자료에 따르면 2004년 대통령 선
거 당시, 한국계 미국인의 48%가 공화당 대통령 후보였던 부시(Bush)에
게 투표했고, 2008년 대통령 선거에서 공화당 후보였던 맥케인(McCain)
에게 투표할 의향이 있던 한국계 미국인은 24%, 2016년도 선거에서 공
화당 후보였던 트럼프를 투표할 계획이라고 응답한 한국계 미국인은
9%로 감소했다. 다시 말해 한국계 미국인의 투표 성향은 공화당 지지가
약화되며 민주당 후보를 압도적으로 지지하는 진보적 방향으로 변화했
다(〈그림 6-2〉). 아시아계 미국인 유권자들도 민주당 지지가 점점 더 증가

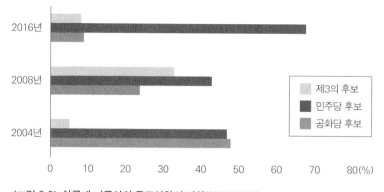

〈그림 6-2〉 한국계 미국인의 투표성향의 변화(2004~2016)

출처: The 2016 National Asian American Pre-Election Survey, The 2008 National Asian
American Survey.

하는 추세이지만 한국계 미국인의 경우 그 변화의 폭이 더 큰 것이 특징
이다.

마지막으로 한국계 미국인의 투표참여에 미치는 주요 요인인 교
육, 소득, 연령 및 기타 주요 변수를 통제한 후 세대별 투표참여를 회귀
분석했다. 한국계 미국인들의 투표참여에 긍정적 영향을 미치는 변수
는 교육과 연령, 그리고 세대 멤버십으로 나타났다. 교육 수준이 높을
수록, 특히 대학교육 이상의 학력을 가진 한국계 미국인은 고등학교 이
하의 학력을 가진 사람에 비해 투표에 참여할 가능성이 거의 4배나 높
다는 것을 알 수 있다. 연령 효과를 보면 35세 이상인 경우 투표에 참여
할 가능성이 35세 미만보다 2배 정도 높은 것으로 나타났다.[7] 그러나 소
득 수준은 예상과 달리 투표참여에 긍정적 영향을 미치지 않는 것으로

---

7 2016년 아시안 아메리칸 사전 선거조사 자료에는 연령에 대한 연속변수가 없어서 응답자가
35세 이상인지 이하인지를 구분하는 불연속 변수를 이용했다.

나타났다.

〈표 6-6〉 한국계 미국인 선거등록 유권자의 투표참여에 대한 로지스틱 회귀분석 결과

변수	항목	B 계수	S.E. 표준오차	Sig. 유의확률	Exp(B) 승산비
교육	고등학교 이하(기준)				
	고등학교 졸업	0.331	0.020	0.000	1.392
	대학 이상	1.399	0.021	0.000	4.051
연령	35세 이하(기준)				
	35세 이상	.854	0.017	0.000	2.350
소득		-.2375	0.003	0.000	0.789
이민자 세대	2세(기준)				
	1세	-.527	0.022	0.000	0.591
정치에 대한 정보	동족 대중매체에 의존(기준)			0.000	
	주류 대중매체에 의존	.117	0.015	0.000	1.125
	둘 다 비슷하게 의존	.210	0.021	0.000	1.233
상수(constant)		1.146	0.024	0.000	3.145

자료 출처: The 2016 National Asian American Pre-Election Survey. 등록 유권자 대상.

교육과 연령이 투표참여에 미치는 긍정적 결과는 이미 알려진 사실이라 이번 연구에서 가장 주목할 결과는 투표에 영향을 미치는 주요 변수를 통제한 상태에서 세대 멤버십이 투표참여에 어떤 영향을 미치는가 하는 것이다. 〈표 6-5〉에서 회귀분석 결과가 말해주는 것은 세대 멤버십은 투표참여에 유의미한 영향을 미치며 2세가 1세보다 투표에 참여할 가능성이 높다는 실이다. 구체적으로 한국계 미국인 2세 유권자들은 1세에 비해 투표에 참여할 가능성이 약 1.7배 높은 것으로 드러났다. 즉, 1세가 2세에 비해 투표에 참여할 가능성이 40% 낮은 것이다.

이 결과는 비슷한 수준의 교육과 소득을 가진 한인계 1세와 2세의 투표참여를 비교할 때, 2세가 1세에 비해 투표에 참여할 가능성이 높다는 사실을 통계적으로 뒷받침한다. 그 이유는 미국에서 태어나고 성장하며 교육을 받으며 자라난 2세는 미국에서 정치사회화를 경험하고 이민자들과 같은 언어나 문화 장벽 등을 직면하지 않기 때문일 것이다. 그러나 2세라고 해서 투표할 가능성이 1세에 비해 2배 이상은 차이가 나지는 않는다는 것을 확인했다.

　다음은 동족 대중매체 의존도가 투표정치와 어떤 상관관계가 있는지를 살펴보자. 정치에 대한 정보를 주류 대중매체에 의존하는 한국계 미국인들은 동족 대중매체에 의존하는 한인들에 비해 투표에 참여할 가능성이 약간 높은 것으로 드러났다. 또한 동족 대중매체에 의존하는 한인보다 동족 및 주류 대중매체를 둘 다 동등하게 의존하는 한국계 미국인들이 투표에 참여할 가능성이 약간 더 높은 수준으로 나타났다.

　동족 대중매체와 주류 대중매체에 둘 다 의존하는 한국계 미국인들은 한국어와 영어가 둘 다 유창하면서도 동시에 민족 정체성과 문화를 보유한 한인들일 것이다. 다만 이런 경우는 이민자 1세의 경우에 한정된다고 보아야 한다. 앞에서도 살펴본 것처럼 한국계 미국인 2세의 경우 거의 대부분이 주류 대중매체에만 의존하기 때문이다. 따라서 한인 1세의 경우, 민족 정체성과 문화를 어느 정도 보유하며 영어 실력이 유창한 사람들과 주류 대중매체에만 의존하는 사람들이 투표에 참여할 가능성은 거의 비슷한 수준이다. 이 결과는 민족문화 보유가 정치적 동화에 큰 걸림돌이 된다기보다는 동화로 나아가는 자연스러운 과도기적 과정으로 바라보는 것이 더 타당할 것이다.

5. 정치의식 · 정치력 · 정치적 대표성(Political Representation)

재미동포들의 정치의식과 정치력은 2,000여 개 이상의 한인 상점이 방화와 폭력의 대상이 된 1992년 로스앤젤레스 폭동(4.29 폭동이라 불림) 이전과 이후로 나누어볼 수 있다. 이 시기는 모국인 한국의 경제적 지위가 향상되는 시기와 맞물려 있으며, 한국계 미국인들이 모국 지향적인 삶에서 벗어나 미국 주류사회에서 다민족 사회의 일원으로 살아가야 한다는 의식과 정치력의 중요성을 자각하게 되는 중요한 계기가 됐다(장태한, 2002).

대부분의 한인 이민자들은 한인교회를 통해 동족 공동체 생활은 활발히 영위하지만 생활 반경이 동족 공동체의 범위 안에만 머무는 경향이 있다. 그 결과 미국 주류 정치 혹은 지역정치에는 무관심한 편이었다. 자기가 살고 있는 지역의 지역구 국회의원이 누구인지, 시의회 의원이 누구인지는 모르면서 한국의 정치 현안과 정치 인사들에게는 많은 관심을 가지고 있었던 것이다. 물론 자영업 비율이 높은 한인 이민자들은 지방정부의 비즈니스 규제에 민감하다. 주요 대도시에서 델리 가게나 주유소, 주류 가게 등을 운영해온 한국계 이민자들은 흑인 소비자나 히스패닉 노동자들이 벌이는 보이콧 등에 맞서 집합적 행동을 조직하며 대응하기도 했다. 그러나 경제적 이해관계를 떠나 미국 주류사회의 정치에 대한 보편적인 관심은 매우 저조한 편이었다.

이런 한국계 미국인들은 로스앤젤레스 폭동을 경험하면서 그들의 안전과 권익, 재산을 보호하기 위해 정치력이 필요하다는 사실을 깨닫게 되었으며, 한인 사회가 가진 경제력에 비해 정치력이 부족하다는 사실과 차세대 정치력 신장의 필요성을 절감하게 됐다. 특히 한국계 미국인 2세들도 그들의 부모가 직면한 인종갈등 및 정치적 무기력을 깨닫게 되면서 민족적 뿌리와 정체성을 의식하는 계기가 됐다. 주류 정치체계에 접근하기 어려운 이민 1세들도 문화적·언어적 장벽을 극복하기 위해 한인 1.5세와 2세와의 연대가 그 어느 때보다 필요하다는 자각이 일어났던 것이다(장태한, 2002; Chung, 2007).

이러한 역사적 경험을 토대로 최근 로스앤젤레스에서 한인 1.5세와 2세 시민 및 정치단체 활동가들의 활약이 두드러지고 있다. 로스앤젤레스 코리아타운의 인구학적 기반은 의외로 취약하여 정치적 힘의 결집이 여러모로 쉽지 않은 상황이다. 코리아타운은 한인이 민족적 다수가 아니라 히스패닉이 거주자의 50% 이상을 차지할 뿐만 아니라 최근 방글라데시를 비롯한 남아시아 소수민족들의 인구가 증가하면서 코리아타운의 경계를 두고 갈등을 빚고 있다. 나아가 시의회 선거구 측면에서 코리아타운은 단일 선거구로 이루어져 있지 않고 4개의 선거구로 분할되어있어 그동안 명실상부 최고의 한인 밀집지역에서 정치적 대표성을 성취하는 데 구조적 제약이 따랐다.

이런 제약 속에서도 한인 2세 정치 활동가들은 선거구의 통합을 이슈화하고 다양한 지역서비스 단체와 전문가 단체, 정치적 압력단체 등을 형성하여 코리아타운의 한국계 미국인의 이해를 대변하고 나아가 다민족 사회의 일원으로서 조화롭게 성장할 수 있는 다양한 정치적 활동을 전개하고 있다(Chung, 2007; Oh, 2014).

주류 징치 사회에 참여하며 정치력 신상을 위해 가시적·상징적·정치적 힘을 느낄 수 있는 정치적 대표성의 문제도 간과할 수 없다

(Pantoja and Segura, 2003). 2012년 기준으로 31명의 한국계 미국인들이 선출직 정치인으로 활약하고 있다. 절대석으로 보면 적은 숫자이지만 인구 100,000명당 비율을 계산해보면 한국계 미국인들의 정치적 대표성은 필리핀계 미국인이나 중국계 미국인에 비해서 더 높은 편이다(Oh, 2013). 약 20여 년 전 한국계 미국인으로 1993~1999년 동안 국회의원을 지낸 제이 김(Jay Kim) 이후로 2018년에 앤디 김(Andy Kim)이 한국계 국회의원으로서는 두 번째로 선출됐다(The Research Center for Korean Community, 2018).

특히 최근 한국계 미국인들, 특히 유아기나 유년기에 부모를 따라 미국에 이민 와서 미국에서 교육을 받고 자란, 소위 말해 1.5세 한국계 미국인들과 미국에서 출생한 2세들이 선출직 시장이나 시의회 의원, 혹은 교육위원회 등 지방정치에서 두각을 나타내고 있다. 2006년 뉴저지 에디슨(Edison)시의 시장으로 선출된 준 초이(Jun Choi)를 비롯하여, 2012년 뉴욕시 퀸즈에서 뉴욕주의회 의원으로 선출된 론 김(Ron Kim), 그리고 2015년 로스앤젤레스 제4선거구에서 시의원으로 당선된 데이비드 류(David Ryu) 등 한국계 미국인들의 정치적 대표성은 크게 신장하고 있는 추세이다.

선출직 정치인뿐만 아니라 임명직 정치인들도 점차로 증가하고 있는 추세이다. 예를 들어 대중매체에 잘 알려진 해럴드 홍주 고(Harold Hongju Koh)와 하워드 경주 고(Howard Kyongju Koh) 등 오바마 행정부에 발탁되어 고위관료로 활약한 한국계 미국인들을 비롯하여 대중매체에는 잘 알려져 있지 않은 다수의 한국계 미국인들이 연방정부의 고위관료로 임명되어 점점 더 두각을 나타내고 있다(Lee, 2012).

6. 논의 및 결론

　　최근 미국 주류사회는 아시아계 미국인들을 비록 유권자는 적지만 빠른 인구성장률, 차세대의 주류사회의 정계 진출, 그리고 다른 소수민족 집단보다 높은 교육 수준과 경제력에 주목하며 의미 있는 유권자 층으로 인식하기 시작했다(Lee, 2012). 이러한 시대적 변화에 힘입어 아시아계 미국인의 투표참여에 대한 연구는 지난 10년간 매우 활발해졌다(Lien, 2004; Wong et al., 2011; Oh, 2013). 기존 연구는 집단의 시민권자 구성원 비율, 언어 장벽, 거주기간, 본국에서의 정치 참여 학습 및 사회화, 미국에서의 제도교육 경험 유무 등과 같은 이민자 집단만이 가지는 특성과 역사가 정치 참여에 영향을 미친다고 설명한다(Bueker, 2005; Logan et al., 2012).

　　이렇듯, 정치 참여에 집단 간 변이가 두드러지는 이유는 인종 및 민족집단 멤버십이라는 집합적 의식 및 정체성으로 정의될 수 있는 범주가 존재하며 이러한 멤버십은 집단별로 구별되는 경험과 역사가 있기 때문이라고 볼 수 있을 것이다(Pantoja and Segura, 2003; Junn, 2006). 이와 비슷하게 동족집단 내에서도 세대 멤버십(generational membership)은 미국에서 교육과 정치사회화를 경험했는지를 구분하는 유의미한 범주가 될 것이다. 본 연구는 아시아계 미국인의 다양한 하위집단 중 한국계 미국인 유권자들의 투표참여에 초점을 맞추었고, 아시아계 미국인의 평균과 비교하여 세대 멤버십에 따라 투표참여에 유의미한 차이가 있는지를 확인했다. 투표참여 외에도 한국계 미국인들의 다양한 차원의 정치적 성향과 참여현황을 기술했다.

　　이번 연구에서 주목할 만한 연구결과를 몇 가지로 요약하면 다음과 같다. 첫째, 아시아계 미국인들이 차지하는 미국 내 유권자 비율은 낮지만 지역적으로 보면 큰 차이가 있어서 아시아계 미국인 유권자의 크기를 국가 단위로만 본다면 중요한 지역정보를 놓치기 쉽다는 것이다. 예를 들어 아시아계 미국인들의 이민의 역사가 가장 오래된 하와이 주에서 아시아계 미국인 인구는 39%를 차지하며 캘리포니아는 13%가 넘는다. 이런 지역에서 아시아계 미국인 유권자들의 비중은 더 크다. 한국계 미국인의 경우도 1세에서 2세로 갈수록 캘리포니아주에 지역적 집중이 더 커지고 있는 것으로 보아 캘리포니아에 정치적 역량이 집중되는 추세가 지속될 전망이다.

앞서 살펴본 바와 같이, 한국계 미국인이 최고로 밀집한 로스앤젤레스 코리아타운의 정치는 LA 폭동 이후로 그 전과는 질적으로 다른 정치적 지형을 형성했다. 특히 한인 1.5세 및 2세의 주류사회에서의 정치적 진출과 활약은 눈에 띄게 성장하여 앞으로 한국계 미국인들이 밀집한 지역에서 한인 2세들은 지역정치의 적극적 플레이어가 될 것으로 기대된다.

소수민족의 지역적 집중은 시민 정치단체의 성장을 가져오고 정치적 동원을 용이하게 하는 등 정치적 하부구조(political infrastructure)를 발달시키는 긍정적 효과가 있다. 반면 이러한 정치적 하부구조가 특정 지역에 국한된다는 사실은 지역정치를 벗어나 광범위한 국가적·정치적 이슈를 다룰 때는 어려움과 도전으로 작용할 가능성도 있다.

정치적 이슈는 아니지만 한인들의 광범위한 연대의식에 관한 예로, 2015년에 있었던 저자의 인터뷰 연구에 의하면 로스앤젤레스에 건립될 예정인 코리안아메리칸 박물관을 둘러싸고 한 실무진이 미국 각

곳에 퍼져 있는 한인회들의 지지와 협조를 끌어내기 힘들었던 경험을 토로한 적이 있다. 이 실무진은 코리안아메리칸 박물관은 한인이 가장 많이 밀집된 로스앤젤레스에 건립될 뿐 미국 전체에 있는 한국계 미국 인들의 역사를 보존하는 박물관임에도 불구하고 특정 지역에서 추진하는 지역적 프로젝트로 인식되어 타 지역 한인회들이 크게 관심을 보이지 않았고 광범위한 협동을 끌어내기는 역량이 부족했다고 평가했다. 그러므로 앞으로 정치적 역량의 지역적 집중을 광범위한 정치적 연대에 필요한 경험과 자원으로 활용하는 접근과 전략이 필요할 것이다.

둘째, 본 연구는 최근 한국계 미국인들의 투표참여는 1세와 2세 모두 아시아계 미국인들의 평균보다 더 높은 편임을 확인했다. 한 가지 주목할 것은 한인 이민 1세는 다른 아시아계 미국인에 비해 시민권자의 비율이 높지는 않다는 점이다. 일본계 미국인처럼 미국 이민의 역사가 오래되어서 주류화가 크게 진전된 것도 아니다. 또한 공식어로 영어를 쓰는 국가를 모국으로 둔 필리핀계와 인도계 미국인들처럼 선거참여 시 언어 장벽이 낮아서 정치 참여에 유리한 점도 크게 없다. 한국계 미국인들은 상대적으로 언어 장벽이 높고 자영업 종사자 비율이 높아서 정치 참여에 제약이 상대적으로 크다고도 볼 수 있다.

그럼에도 불구하고 한국계 미국인들의 투표참여가 다소 높은 이유는 다른 아시아계 집단에 비해서 한국에서부터 민주주의 정치제도를 더 많이 경험했으며 언어적·문화적 동질성이 강한 특성이 작용한 결과라고 해석된다. 특히 앞서 강조했듯이 1992년 로스앤젤레스 폭동이라는 역사적 사건을 통해 공동 운명체로서의 동족 연대의식이 확산된 이래로 한국계 미국인들이 차세대 정치 참여와 정치력 신장을 위해 꾸준히 노력한 사실을 간과해서는 안 될 것이다.

셋째, 세대 멤버십은 한국계 미국인의 정치 참여에 영향을 미치는 유의미한 변수로 작용하고 있다. 투표참여에 미치는 중요한 요인인 사회경제적 자원을 통제한 후에도 한국계 미국인 2세는 1세에 비해 투표에 참여할 가능성이 약 2배가량 높다. 비선거 정치 참여의 경우 한국계 미국인 2세는 매우 적극적인 편으로 한인 전체의 평균을 높이는 역할을 하고 있다. 따라서 비선거 정치 참여도 세대가 진보할수록 큰 폭의 향상이 있음을 알 수 있다. 탄원서 및 진정서 제출 활동은 한국계 미국인 1세도 활발히 참여하는 비선거 정치 활동으로 나타났다. 탄원 및 진정서 제출은 인터넷의 보급으로 가장 적은 비용으로 쉽게 참여할 수 있는 정치 활동이기 때문일 것이며 한국계 시민 및 지역단체들의 조직적인 탄원 활동도 효과를 미쳤을 것으로 짐작한다.

넷째, 한국계 미국인들의 정치적 성향이 급격히 진보적 성향으로 변화하고 있다는 점이다. 2004년 대통령 선거까지만 해도 아시아계 미국인 유권자들은 평균적으로 공화당 후보와 민주당 후보를 균등하게 지지하는 편이었지만, 2008년 선거에서는 민주당 후보인 오바마 후보를 대폭 지지하는 쪽으로 정치적 성향이 전환됐다는 것이다. 일반적으로 베트남계 미국인과 필리핀계 미국인들을 제외하면 아시아계 미국인들은 민주당의 이념과 민주당 후보를 선호하는 경향을 보여왔다. 하지만 전통적으로 공화당 지지자들인 베트남계 미국인들과 필리핀계 미국인들도 2008년 선거에서는 예전만큼 공화당 후보를 지지하지 않고 오바마 민주당 후보를 지지하는 쪽으로 돌아섰다(Wong et al., 2011).

역사적으로 한국계 미국인들은 비교적 양당을 골고루 지지하는 성향이었으나 최근 들어 민주당 성향이 아시아계 미국인 중에서도 더 두드러지고 있다. 무엇보다 한국계 미국인 2세들의 진보적인 성향이 눈에 띈다. 일반적으로 젊은 세대일수록 정치적 성향이 진보적인 경향이 있다. 한국계 미국인 2세들의 평균연령이 매우 낮은 사실을 고려해볼 때, 이러한 연령 효과도 작용했을 것이다.

또한 한국에서는 정치적 성향이 보수적인 사람도 미국에서는 그 정치적 성향이 진보적인 경우를 흔히 볼 수 있다. 한국에서와는 달리, 다민족 사회인 미국 내에서 소수민족으로 살아가는 한국계 미국인들은 차별을 경험한다고 느끼는 경우도 종종 있고, 종교 및 도덕적 신념이나 이슈보다는 소수민족 집단으로서의 정체성과 이해관계가 정치적 성향을 결정하는 더 중요한 요인으로 작용하는 것 같다(Junn, 2006). 더불어 승패가 아슬아슬했던 지난 세 번의 미국 대통령 선거에서 주류 정당들의 소수민족 유권자 동원 전략에도 큰 변화가 있었다. 특히 민주당은 공화당의 기독교 우파 동원 전략에 맞서 소수민족 유권자를 동원하는데 더 많은 노력을 기울이면서 아시아계 유권자들의 중요성을 부각시키고 그들의 지지를 얻어내는 데 성공적이었다(Oh, 2013). 미국 정치에서 주변적 위치에 머물러 있던 한국계 및 아시아계 미국인들은 내부로부터의 자각과 주류 정당의 전략적 변화가 맞물리면서 진보 성향이 강화되는 소수민족 집단으로 자리매김하고 있다.

실제로 한국계 미국인들의 정치적 대표성과 정치력도 꾸준히 향상하고 있다. 최근 한인 1.5세와 2세는 그 어느 때보다도 선출직 공무원, 시의회 의원, 시장직 및 임명직 정치인사로 활발하게 활약하고 있다. 특히 한인 밀집지역에서 차세대 한인들은 지역 시민단체의 활동가로서 커리어를 확립하는 경우도 늘고 있다. 따라서 한국계 미국인이 밀집하여 정치적 하부구조가 확립된 지역에서는 풀뿌리 지역 정치 참여와 주류 정당 정치 등 다각도로 한국계 미국인의 정치력 신장이 일어날 것으로 기대해본다.

마지막으로 다문화 사회의 초국주의가 소수민족의 정치적 의식에 미치는 함의를 언급하며 이번 장을 마무리 짓고자 한다. 인터넷, 스마트폰 등 의사소통 기술의 획기적인 발전과 보급으로 오늘날 이민자들의 삶은 그 어느 때보다 모국과의 연계가 지속적으로 유지되는 삶을 영위하고 있다. 이와 관련해서 본 연구는 한국계 미국인 1세의 경우 다른 아시아계 미국인 1세에 비교해서 동족 대중매체에 대한 의존도가 현격히 높다는 것을 발견했다. 또한 동족 대중매체에 의존하는 한국계 미국인 유권자들은 주류 대중매체에 의존하는 유권자들보다 투표에 참여할 가능성이 더 낮고, 동족 대중매체와 주류 대중매체에 동등하게 의존하는 유권자들의 경우는 동족 대중매체에 의존하는 유권자보다 투표참여에 우위가 있는 것으로 확인했다. 따라서 동족 대중매체에 의존하는 것이 한국계 미국인들의 주류 정치 참여에 반드시 부정적 영향을 미친다고 단정 지을 수만은 없을 것이다.

또한 초국주의의 영향이 재미한인들의 정치적 동화에 미치는 영향을 간과할 수 없다. 초국주의의 진전과 더불어 대한민국의 경제적 지위와 위상도 크게 향상하여 재미동포 중 한국으로 귀국이민(return migration)을 하는 경우도 증가하고 있다. 그뿐만 아니라 한국 내 원어민 영어강사에 대한 수요와, 유창한 영어 실력과 국제적 경험이 있는 미국인 1.5세와 2세의 고용 기회가 확대되면서 젊은 재미동포도 한국행을 선택하는 등 한국에서 미국으로, 또 미국에서 한국으로 양방향의 초국적 이민자들의 흐름이 확대되고 있다.

이러한 흐름의 저변에는 초국적 이민을 촉진하는 정책적 변화가 있었다. 즉, 1999년에 제정된 '재외동포 출입국과 법적 지위에 관한 법률'은 재외동포가 한국 내에서 합법적으로 일하고 거주할 수 있는 법적 근거와 권한을 부여했다. 개정된 법률에서는 제한적으로나마 복수국적도 허용하게 됐다. 나아가 2012년에는 한국 국적을 보유한 재미동포들이 한국의 선거에 투표권을 행사할 수 있는 권리와 장치가 마련됐다. 그 결과 재미한인들은 한국의 정치에 직접적으로 참여할 수 있는 혜택을 누리게 됐고 모국에서의 정치적 지위도 향상됐다. 그러나 미국사회 속의 한국계 미국인의 상당수가 모국의 민족 정체성을 유지하며 모국의 정치에만 참여하게 되면 미국 주류사회에는 동화가 안 되는 '영구적인 외국인'이라는 이미지도 피할 수 없을 것이다.

이렇듯 초국주의를 촉진하는 기술적·제도적 변화는 정치적 변화에 직간접적으로 영향을 미친다. 무엇보다 다문화 사회의 인종적·민족적 갈등이 그 어느 때보다 점점 더 불거져가는 미국사회에서 초국주의는 한국계 미국인의 민족적 정체성과 소속감, 그리고 정치의식에 복잡 미묘한 영향을 미치는 요인이 됐다. 즉, 한국계 미국인의 민족적 정체성과 소속감은 상황에 따라 유동적이고 협상 가능한 의식과 감정이 되어가고 있다. 비록 미국시민권을 보유한 한국계 미국인 유권자라 할지라도 그 형식적 멤버십보다는 모국에 대한 민족 정체성과 소속감을 더 강하게 표출하는 상황에 직면할 수도 있다. 또 때에 따라서는 미국시민으로서의 정체성이 더 강하게 작용할 상황도 있을 것이다.

따라서 앞으로 한국계 미국인을 포함한 소수민족의 정치 참여는 세대가 진보함에 따라 정지석 동화 및 주류화가 진행되는 일반적인 추세를 보이는 반면, 그 추세의 정도와 속도에 영향을 미치는 다음의 몇 가지 요인을 염두에 두어야 할 것이다. 즉, 외국 태생 이민자들의 지속적인 유입과 동족 집단 내 1세대의 지위, 초국주의의 확대, 유동적인 민족적 정체성과 정치의식, 그리고 다양한 소수민족을 동화시키고 편입시키는 미국 주류사회의 용량이다.

참고문헌

장태한. 2002. "4.19 LA 폭동과 한인사회". 『미주 한인이민 100년사』(*100 Year History of Korean Immigration to America*). 한미동포재단 미주 한인이민 100주년 남가주 기념사업회, pp. 257-274.

Bobo, L., and F. D. Gilliam. 1990. "Race, Sociopolitical Participation, and Black Empowerment." *American Political Science Review* 84(2): 377-393.

Bueker, Catherine Simpson. 2005. "Political Incorporation among Immigrants from Ten Areas of Origin: The Persistence of Source Country Effects." *International Migration Review* 39(1): 103-140.

Chung, Angie. Y. 2007. *Legacies of Struggle: Conflict and Cooperation in Korean American Politics*. Stanford, CA: Stanford University Press.

Junn, Jane. 2006. "Mobilizing Group Consciousness: When Does Ethnicity Have Political Consequences." In Taeku Lee, S. Karthick Ramakrishnan, and Ricardo Ramirez (eds.), *Transforming Politics, Transforming America: The Political and Civic Incorporation of Immigrants in the United States*. University of Virginia Press, pp. 32-50.

Lee, Taeku. 2012. "Koreans in America: A Demographic and Political Portrait of Pattern and Paradox." *Asian Policy* 13 (January): 39-60.

Leighley, J. E., and A. Vedlitz. 1999. "Race, Ethnicity and Political Participation: Competing Models and Contrasting Explanations." *Journal of Politics* 61(4): 1092-1114.

Lien, P. 2004. "Asian Americans and Voting Participation: Comparing Racial and Ethnic Differences in Recent US Elections." *International Migration Review* 38(2): 493-517.

Logan, John, Jennifer Darrah, and Sookhee Oh. 2012. "The Impact of Race and Ethnicity, Immigration and Political Context on Participation in American Electoral Politics." *Social Forces* 90(3): 993-1022.

Oh, Sookhee. 2013. "Group Membership and Context of Participation in Electoral Politics among Korean, Chinese, and Filipino Americans." *Development and Society* 42(1): 137-160.

_____. 2014. "Koreatown." In Xiaojuan Zhao and Edward Park (eds.), *Asian Americans: An Encyclopedia of Social, Cultural, Economic, and Political History*. Santa Barbara, CA: Greenwood, pp. 719-724.

_____. 2017. "Koreatown in Los Angeles." In Reed Ueda (ed.), *America's Changing*

Neighborhoods: An Exploration of Diversity through Places. Santa Barbara, CA: Greenwood, pp. 653-664.

Oh, Sookhee, and Chung, Angie. 2014. "A Study on the Sociospatial Context of Ethnic Politics and Entrepreneurial Growth." *GeoJournal* 79(1): 59-71.

Pantoja, A.D., and G. M. Segura. 2003. "Does Ethnicity Matter? Descriptive Representation in Legislatures and Political Alienation Among Latinos." *Social Science Quarterly* 84(2): 441-459.

Ramakrishnan, Karthick, Jennifer Lee, Taeku Lee, and Janelle Wong. "National Asian American Survey (NAAS) 2016 Pre-Election Survey." Riverside, CA: National Asian American Survey. 2017.12.05.

Sui, Mingxiao, and Newly Paul. 2017. "Transnational Political Engagement: Asian American's Participation in US Politics and in the Politics of Their Nation of Origin." *Asian Journal of Comparative Politics* 2(3): 273-292.

The Research Center for Korean Community. 2018. "Asian-American Elected Officials in Congress in 2016 and 2018." New York: Queens College. http://www.koreanamericandatabank.org/data-bank/itemlist/category/3-statistical-reports.html.

Tran, Van C. 2016. "Beyond the Ballot Box: Age-at-Arrival, Civic Institutions, and Political Participation among Latinos." *Journal of Ethnic and Migration studies* 43(5): 766-790.

Wong, Janelle, Ramarkrishnan, S. Karthick, Lee, Taeku, and Junn Jane. 2011. *Asian American Political Participation: Emerging Constituents and Their Political Identities*. New York: Russell Sage Foundation.

제7장

일본정부의 재외방인 차세대 청소년 정책 고찰

임영언(한남대학교)

1. 서론

전 세계적으로 세계화·지구촌화가 가속화되고 있는 가운데 1990년대 이후 일본 정부도 세계화 및 국가 경쟁력 고취를 위한 실질적인 방안으로 해외 일계인의 글로벌 네트워크 구축의 중요성을 강조해오고 있다. 이 연구의 목적은 일본 정부의 재외방인 청소년 정책 및 해외 일계인 청소년의 정책, 해외 일계인 청소년의 실태와 현황, 활동 내용, 활동 범위 등에 대한 문헌조사와 자료검색을 통해 한국의 재외동포 청소년 정책에 대한 시사점과 구체적인 대안을 제시하는 데 있다.

이러한 일본 국내의 청소년 정책과 해외 일계인 청소년 정책의 연구성과를 한국 정부의 재외동포 청소년 정책과 접목시킨다면 정책적인 파급효과는 대단히 클 것으로 생각된다. 이를 위해 먼저 일본 정부의 기본적인 청소년 정책을 파악하고 해외 일계인 청소년 정책에 대한 실태와 현황을 분석할 것이다.

이 연구에서 목표로 삼고 있는 연구 과제를 좀 더 상세히 살펴보면 다음과 같다. 첫째, 일본 정부의 국내 청소년 교육정책, 둘째, 재외방인 청소년 교육정책, 셋째, 귀국자녀 청소년 교육정책 등 크게 세 가지 측면에서 일본정부의 차세대 교육정책을 고찰하고 한국적 적용모델을 제시하고자 한다.

이 연구는 이상과 같은 연구 과제를 중심으로 일본 정부의 국내 청소년 정책 및 재외방인 청소년 정책의 실태와 현황분석 차원에서 접근하고 있다. 이러한 일본 정부의 재외방인 청소년 정책의 실태와 현황분석은 한국 정부의 재외한인 청소년 정책이 어떠한 방식으로 시스템의 보완이 이루어져야 하는지 740만 명의 재외동포와 175만 명의 외국인이 거주하는 다문화 사회 한국에 구체적인 시사점과 정책적 대안을 제공해줄 것으로 생각된다. 또한 이 연구는 일본 내에서는 물론이고 한국사회에 잘 알려지지 않은 일본 정부의 청소년 교육정책을 분석하여 한국사회에 적용할 수 있는 차세대 교육정책의 대안적 시사점을 제공하는 데 기여할 것이다.

2. 선행연구 검토 및 이론적 배경

해외 일계인에 대한 국내 연구는 최근 몇 년간에 걸쳐서 임성모(2008)의 식민지 시대 일본인의 해외이민, 임영언(2010; 2011a; 2014)의 일본인 브라질 이민사와 귀환 일계인의 일계인타운 형성과정, 송석원(2009)의 해외 일계인 지원사업에 관한 연구들이 있다. 이들 연구는 해외 일계인에 대해 역사학적 측면에서 이민정책, 해외 일계인 연구나 JICA(국제협력사업단)의 활동, 사회학적 측면에서 일계인타운의 형성과정에 접근한 선구적인 연구들이라 할 수 있다. 그러나 본 연구에서 다루고자 하는 일본 정부의 국내외 청소년 및 해외 일계인 청소년 정책 연구는 한일 양국에서 아직 뚜렷한 연구성과가 거의 없는 실정이다.

일본 정부의 청소년 정책의 특징은 내각부와 문부성이 주관하여 크게 두 가지 차원에서 추진되고 있다. 먼저 일본 내각부 공생사회정책과에서는 일본 국내 청소년 문제를 정확히 파악할 필요가 있다는 국가 정책적 차원에서 직접 청소년 정책에 관한 연구조사를 수행한 적이 있다. 일본 내각부는 청소년에 관한 각종 조사연구를 실시해오고 있으며 청소년 문제에 대한 정보수집 · 분석 및 연구성과를 제공하고 있다. 또한 내각부에서는 어린이, 청소년의 육성, 지원에 관한 기획 입안이나 종합조성을 수행하는 관청으로서 정책 선제의 기본적 혹은 종합적 방침을 정하고 이러한 방침에 따라 관계성청의 지방공공단체 등과 연계하여 다양한 정책을 시행하고 있다.

일본 내각부 청소년 정책의 기본방침은 일상생활 능력의 습득과 학력 향상 등 청소년들의 건전한 성장지원을 목표로 청년실업(니트족), 이지메(따돌림, 왕따), 등교 거부(히키고모리: 은둔형 외톨이) 청소년 등의 문제를 안고 있는 청소년이나 가정 등을 지원하는 데 있다. 내각부 공생사회정책과에서는 이러한 목표를 세우고 정책의 실태나 점검 및 평가를 시행해 오고 있다.

일본 내각부의 취지는 학교수업이나 취업 등 사회생활이 곤란한 청소년에 대해 교육, 복지, 보건, 의료, 교정, 고용 등 다양한 기관과 네트워크를 구축하고 지원할 수 있도록 지방 공공단체와 연계하여 정책 정비나 확산에 힘쓰고 있다. 이와 더불어 청소년 지원을 통한 인재육성을 도모하기 위한 연수도 실시하고 있다. 또한 청년백서를 발행하여 청소년의 실태 및 주변 사회환경의 실태를 분석하여 정보를 제공하고 있다.

일본 문부성의 재외방인 청소년 지원정책은 기본적으로 일본헌법에 따라 일본의 미래를 여는 교육의 기본을 확립하고 교육진흥을 도모하기 위하여 학교교육기본법(1947년 3월 31일 제정 법률 제26호),[1] 교육기본법(2007

---

1 일본학교교육법, http://law.e-gov.go.jp/htmldata/S22/S22HO026.html(검색일: 2015. 09.08.).

년 12월 22일 제정 법률 제120호),² 학습지도요령³을 기본방침으로 정하고 있다.

재외방인 청소년 문제는 '해외 일계인 사회와의 협력에 관한 향후 대책'을 감안하여, 1993년 의견서에 근거를 두고 청소년 정책 방향을 결정하는 기준으로 삼고 있다. 여기에서 논의된 구체적인 내용들은 해외 이주자 중 일계인 3세에 한정한 일계인 지원이나 해외거주국에서 일본 정부의 민간대사로서의 양성 및 일본과 거주국과의 양국 간 교류관계의 촉진 역할, 일계인의 지위 및 능력 향상 도모와 거주국의 발전 공헌, 일계인 청소년의 일본과 거주국과의 외교 기반의 강화 구축에 대한 공헌 등이다.

이를 실현하기 위해 일본 정부는 자국민의 해외이주 지원정책을 지속적으로 강화하고 있다. 가령 국제협력사업단(JICA)에 의한 이주지 시설 정비, 일계인 농업인 지원, 농업협동조합과 연계한 신기술 개발 등을 통해 일계인 농업사회의 발전을 도모하고, 해외이주 일계인사회에 대한 국민 대상 계발 홍보, 학술연구 협력에 주력하고 있다. 또한 세계 각지 일계인 단체의 조직화, 글로벌 네트워크 구축 지원, 팬 아메리칸 일계인 대회 지원, 청소년 수준의 '동남아시아 청년의 배'와 같은 대규모

---

2 1947년 3월 31일 제정된 학교교육기본법 제25호를 2007년에 전부 개정한 법률로 교육의 목적 제2조 제5항에는 "전통과 문화를 존중하고, 이것들을 배양해온 일본국과 향토를 사랑함과 동시에 타국을 존중하고 국제사회의 평화와 발전에 기여하는 태도를 함양하는 것"으로 되어있다. 교육기본법, http://law.e-gov.go.jp/htmldata/H18/H18HO120.html(검색일: 2015.09.08.).

3 학습지도요령은 일본 정부가 제2차 세계대전 이후 1947년 학습지도 안내를 위해 각 학교의 재량으로 잠정적으로 활용하다가 1953년에 학습지도요령(시안)이라는 명칭이었던 초등학교, 중학교, 중등교육학교, 고등학교, 특별지원학교의 각 학교가 각 교과에서 가르치는 내용, 학교교육법시행규칙의 규정을 근거로 정한 것이다. 학습지도요령, http://sja.wikipedia.org/wiki/(검색일: 2015. 09.08).

청년사업 지원, 해외일계인대회 지원 등을 강화하고 있다.

이 연구는 일본 정부의 국내 청소년 정책과 재외방인 청소년 정책에 초점을 두고 있다. 따라서 연구방법은 주로 문헌조사와 자료검색을 통해 진행되었다. 먼저 문헌조사를 통하여 일본 정부의 재외동포 청소년에 대한 기존 문헌 및 국내외 통계자료를 정리하였다. 그리고 이 연구의 이론적 근거와 독창성을 확보하기 위하여 기존에 실시된 조사연구들에 대한 검토와 일본 국내외 재외동포정책 및 청소년 관련 자료를 수집하여 청소년의 분포 현황 및 생활실태, 그리고 청소년 정책 등을 분석할 것이다.

3. 일본 정부의 차세대 청소년 교육정책의 국내외 비교 분석

1) 국내 차세대 청소년 교육정책

일본 정부의 청소년 정책은 다수의 관계성청이 교육, 복지, 보호 등 각 분야를 분담하여 추진하고 있다. 또한 직접 청소년을 대상으로 하지 않은 행정 분야에 대해서도 향후 사회 정세의 변화에 따라 청소년 육성과의 관계를 긴밀히 해나갈 것을 권고하고 있다. 그렇기 때문에 이러한 차세대 교육정책이 종합적으로 추진되도록 각종 연락회의 개최 등을 통해 전체적인 정책 추진을 조정하고 있다.

한편 일본 관계성청에 의한 청소년 정책의 종류가 너무 다양하기 때문에 일반인들이 이해하기 어렵고 각 분야 간의 조정이나 정책 등의 종합적 추진력이 불충분하다는 지적도 있어 청소년 정책의 종합적 추진방안이 모색되어왔다. 이에 따라 일본은 2000년 1월부터 중앙성청 개혁에 의해 시스템의 변경을 도모하고 새로운 추진방안을 검토한 적이 있다. 일본 중앙성청의 개혁에 의해 내각의 중요 정책에 관한 업무에 협력하고 정부 전체의 관점에서 관리할 수 있도록 정책 업무의 원활한 수행을 도모하는 것을 목표로 하는 내각부가 설치됐다.

다음 〈그림 7-1〉에 제시하고 있는 바와 같이 일본 정부의 청소년 정책은 새로 편성된 관계성청이 청소년에 관한 각 분야의 정책을 분담하고 내각부가 청소년의 건전한 육성을 위한 사안의 기획 및 입안, 종합 조정 등을 담당하고 있다.

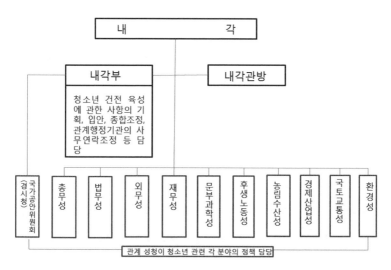

〈그림 7-1〉 일본 중앙성청 청소년 정책 분담[4]

---

4 "청소년행정의 종합적 추진", http://www8.cao.go.jp/youth/suisin/houkoku/c_1.htm (검색일: 2015. 9. 1).

위와 같이 일본 정부는 시스템 개혁에 의해 지금까지 '청소년 육성 (대책) 추진요강', '청소년 대책 추진회의'에서 논의된 사안들이 청소년 정책 전반에 걸쳐 담당해온 역할을 충분히 이해하고 행정기관이 청소년을 건전하게 육성하기 위한 환경 정비를 착실히 수행할 수 있도록 청소년 육성의 기본이념 및 청소년 정책의 기본방침을 정했다. 그리고 이들 각 정책들을 체계적으로 정리하여 청소년 행정의 종합적 추진 및 일본 국민들이 이해하기 쉬운 정책을 제안하여 추진하고 있다.

일본 정부는 2014년 4월 '청소년 해외유학 촉진 실행계획에 관한 관계 부성청(府省庁)의 대처'라는 방안을 발표한 바 있다. 일본 정부의 정책계획의 주요 내용을 보면 현재 유학 중인 대학생을 6만 명에서 12만 명으로, 고등학생을 3만 명에서 6만 명으로 2020년까지 재외방인의 해외 유학을 배가시킨다는 것이다. 주요 목적은 일본의 경제성장 동력을 견인하는 글로벌 인재를 육성하기 위해 일본 각 부성청의 강점을 살려 문제에 유기적으로 대응하고 구체적인 과제에 대하여 상호 연계하여

〈표 7-1〉 청소년 해외유학 촉진을 위한 일본 정부 부성청의 대응 방안[5]

주요 목표	구체적인 내용
유학 내용의 명확화와 질적 향상, 취업 영향 고려	• 관민 협력의 '글로벌 인재육성 커뮤니티 창설'(문부과학성) • 다양한 체험활동(외국과의 청소년 교류사업, 해외유학과 해외기업에서 인턴십 기회 제공, 해외 자원봉사 활동 등)의 충실과 대학 커리큘럼과의 연계(내각부, 외무성, 문부과학성, 후생노동성, 경제산업성) • 기업 활동 등 이해 촉진 기회의 충실(외무성, 문부과학성, 후생노동성, 경제산업성) • 취업 및 채용 활동 개시기의 변경에 관한 통지 및 홍보 철저(내각관방, 문부과학성, 후생노동성, 경제산업성) • 유학 후 취업지원 충실(문부과학성, 후생노동성, 경제산업성)

5　"청소년 해외유학 촉진 실행에 관한 관계 부성청의 시도", http://www.cas.go.jp/jp/ seisaku/ryuugaku/dai2/siryou2_3.pdf#search(검색일: 2015. 9. 1).

주요 목표	구체적인 내용
유학경비 경제적 부담 완화	• 관민 협력의 '글로벌 인재육성 커뮤니티 창실'(문부과학성) • 급부형 장학금의 충실(문부과학성) • 공익법인 및 지방공공단체, 외국정부가 지급하는 장학금의 활용 촉진을 위한 일원적인 정보 제공(문부과학성)
학교 체제 정비	• 해외유학 촉진을 위한 대학 환경 정비 등(문부과학성) • 슈퍼 글로벌 대학의 창성(문부과학성) • 슈퍼 글로벌 고등학교 지정(문부과학성) • 대학교육 글로벌 전개력 강화를 위한 대학 간 국제교육 연계 지원의 전략적 추진(문부과학성) • 조인트 학위(Joint Degree) 이수제도 도입(문부과학성) • 중앙교육심의회 논의를 거쳐 대학 등에 적극 요청
안전관리	• 보험 가입을 포함한 대학 등에 위기관리체제의 정비와 학생 보험 가입 촉진(문부과학성) • 외무성 및 재외공관에 의한 안전정보의 제공과 필요한 지원(외무성)
어학력 향상	• 영어교육 개혁의 충실한 실시(초등 3학년부터 영어 수업 실시, 문부과학성) • (JET) 활용 촉진에 의한 조기 외국어교육 추진(외무성, 문부과학성) • 영어 교원 미국 파견에 의해 미국 교육 사정에도 정통한 영어교원 육성(외무성, 문부과학성) • 해외유학 촉진을 위한 대학 환경 정비 등(문부과학성)
유학 분위기 조성	• 유학 캠페인 실시(문부과학성) • 해외유학 촉진을 위한 대학 환경 정비(문부과학성) • 학생 강연, 학생단체 등의 요청을 통한 학생 의식 개혁(외무성, 문부과학성, 대학 등) • 조기 이문화 체험 및 청소년 교류·지적 교류 촉진(내각부, 외무성, 문부과학성) • 고등학생 해외유학 촉진(문부과학성) • 국제 바칼로레아 추진(문부과학성) • 외국인 유학생 활용(문부과학성)
유학국가에 따른 대응	• 관민 협력의 '글로벌 인재육성 커뮤니티 창설'(문부과학성) • 급부형 장학금의 충실(문부과학성) • 대학교육 글로벌 전개력 강화를 위한 대학 간 국제교육 연계 지원의 전략적 추진(문부과학성) • 양국 간 다국 간 대응을 통한 미국, 영국 등에 정부 수준의 요청(외무성, 문부과학성) • 공익법인 및 지방공공단체, 외국정부가 지급하는 장학금의 활용 촉진을 위한 일원적인 정보 제공(문부과학성) • NAFSA(국제교육자협회) 등의 국제회의를 활용한 대학교원 교류의 촉진 수용(문부과학성) • 미국 등으로의 유학에 대한 관심 촉진(문부과학성 등) • 유학 페어 실시(문부과학성) • 청소년 교류사업, 해외봉사활동 등에 참가 촉진(내각부, 외무성) • 해외기업 등에 인턴십 기회 충실(외무성, 문부과학성, 경제산업성)

협력한다는 취지이다. 이러한 구체적인 실행계획을 통해 일본 정부 관계 부성청이 협력하여 해외 유학을 촉진하며 동시에 대학과 산업계에도 인재양성에 대한 의식을 제고한다는 계획이다.

일본 청소년의 해외유학 촉진 실천에 관한 관계성청의 정책적 지원을 구체적으로 살펴보면 다음과 같다.

(1) 일본 내각부 청소년 국제교류 사업

일본 내각부의 청소년 국제교류 사업은 일본의 청소년 차세대 정책의 중핵을 담당하는 '청소년 리더' 육성을 목적으로 실시하고 있다. 일본에서 선발된 청소년 대표들이 각국의 청소년 대표와 토론 및 홈스테이, 이문화 교류 등을 통한 연수 및 교류로 국제적 시야를 넓히고 각계각층에서 활약하는 리더를 육성하는 것이 주요 목적이다. 또한 일본 청소년과 외국 청소년이 상호 이해와 우호를 다짐으로써 평생에 걸쳐 연대와 국제적 네트워크를 구축하는데 있다. 이 사업은 일본 황실과 관련된 정책사업으로 실시됐으며 우호의 상징으로서 외국으로부터 높은 평가를 받았다.

내각부 교류사업의 방법은 다음과 같은 세 가지가 있다. 먼저 양국 간 교류는 국제 청소년 육성교류, 일본 및 중국 청소년 친선교류, 일본 및 한국 청소년 친선교류 등 동아시아 주변국과의 교류사업에 중점을 두고 있다. 다국 간 교류사업은 '동남아시아 청소년의 배', '글로벌 청소년 리더 육성사업' 등으로 향후 일본 공생사회를 담당하는 청소년 육성사업으로는 청소년 사회활동 핵심리더 양성 프로그램이 있다.

교류사업의 사후관리 활동으로서는 사업에 참가한 청소년들이 일본청소년국제교류기구(전국 도도부현에 지부 설치)를 설립하여 지역 활동 등의 사회공헌 활동에 참여해야 한다. 또한 국제교류사업은 세계 57개국에 사후활동 조직이 설립되어 이들 사업으로 구축된 네트워크를 활용하여 대규모 재해 시의 지원, 개발도상국 교육지원, 국제교류 활동 등 사회공헌 활동을 적극적으로 실시하고 한다.

(2) 일본 외무성 유학 촉진 정책

일본 외무성은 청소년 유학 진흥을 위해 유학 전후 지원을 중점적으로 시행하고 있다. 먼저 일본 청소년 유학 전의 지원사업으로는 해외유학의 매력 소개, 이문화 체험 기회 제공, 국제사회의 관심 제고 등이 있다. 이를 위해 외무성은 직원을 국내 고등학교나 대학 등 교육기관에 파견하여 국제협력의 필요성이나 ODA 정책 등에 대한 강의를 실시하고 있다.

일본 외무성의 주요 사업이나 강의 내용을 살펴보면 다음과 같다. 먼저 국제협력사업은 중학생이나 고등학생을 대상으로 에세이 콘테스트, 글로벌 교육 콩쿠르, 대학생 필드 스터디 프로그램 등을 외무성 산하기관인 일본국제협력기구(JICA)에서 수행하고 있다. 또한 일본국제협력기구 직원, 봉사활동이나 전문가, 경험자, 연수원 등이 학교 교육현장에서 국제협력이나 개발도상국 및 일본과의 관계를 전달하는 현장교육을 실시하고 있다.

일본 외무성의 국제교류사업은 'JENESYS2.0(아시아 교류)' 및 '가케하시 프로젝트: The Bridge for Tomorrow(북미지역 미국, 캐나다와의 청소년 교류)', 일본과 러시아 청소년 교류사업, 일본 청소년 국제연합방문단 파견, 일본과 미국 문화교류회의(CULCON, 컬콘), 청소년 영어교원 미국 파견 교류 사업 등이 있다.

　일본 외무성의 일본 청소년 유학생 시원은 재외방인 유학생 인턴십 경험, 재외공관 홍보 문화교류센터 인턴십 경험 제도를 통해 유학 중 현지 일본기관에서 다양한 경험을 쌓도록 지원하고 있다.

　일본 외무성의 청소년에 대한 유학 후 지원으로는 국제기관 취업 가이던스 안내, 국제기관 대상 인재 발굴 및 육성연수, 국제기관 직원 파견 신탁기금 활용, 고도개발 인재육성사업, 평화구축 인재육성사업 등 유학 후에도 다양한 분야에 진출할 수 있도록 지원하고 있다.

(3) 문부성의 유학 협력 지원정책

　문부성은 미래로 도약하는 글로벌 인재육성을 목표로 일본대학의 국제화와 학생 쌍방향 교류를 도모하고 있다. 특히 대학교육의 글로벌 전개력 강화를 위해 대학 시스템의 국제화, 교육 프로그램의 국제화를 추진하고 있다. 먼저 대학의 활발한 유학생 교류를 위해 대학 등의 해외 유학 지원제도 창설, 우수한 외국인 유학생의 전략적 인재수용 등을 적극 추진하고 있다.

　문부성의 슈퍼 글로벌 대학사업은 일본의 고등교육 국제 경쟁력의 강화 및 글로벌 인재육성을 도모하는 세계 정상급 대학과의 교류 및 연계를 시행하고 가속화하기 위한 시도이다. 인사 및 교무 시스템의 개혁, 학생의 글로벌 대응력 육성을 위한 시스템 강화 등 국제화를 보다 적극적으로 시행하기 위해 지원하고 있다. 이들 사업으로는 슈퍼 글로벌 대학 창성 지원, 경제사회 발전을 견인하는 글로벌 인재육성 지원사업 등이 있다.

　문부성은 일본 대학의 글로벌 전개력을 강화하기 위해 아시아, 미국, 유럽 등 일본에게 전략적으로 중요한 국가 간 및 지역 간 질적으로 보장된 일본 학생의 해외유학과 외국인학생의 수용을 촉진하는 국제교육 연계를 적극적으로 지원하고 있다. 구체적으로 러시아, 인도 등과의 대학 간 교류협력 지원, 캠퍼스 아시아 중핵 거점 형성 지원, 미국대학과의 협동교육 창성지원, 아세안 국가와의 대학 간 교류협력 지원, 해외 대학과 전략적 고등교육 연계사업 등이 있다.

　문부성의 글로벌 인재육성 공동체 형성사업은 일본(학생지원기구), 기업, 대학이 일체가 되어 일본의 글로벌 인재를 육성한다는 계획이다. 이를 위해서 일본(학생지원기구), 기업, 대학 등이 공동으로 인재를 선발하여 연수를 실시하고 이들에게 경제적 지원뿐만이 아니라 학생들의 실질적 성장을 유도하고 있다. 또한 문부성은 SNS를 활용한 유학사업 참가학생들의 공동체를 설립하여 일본(학생지원기구), 기업, 대학 등이 활용할 수 있도록 배려하고 있다.

　일본 문부성의 청소년 유학촉진사업은 '토비타테(トビタテ) 유학 JAPAN' 캠페인으로, 일본 청소년 모두가 해외유학을 계기로 새로운 도전의 기운을 양성하여 2020년까지 대학생 12만 명(현재 6만 명), 고교생 6만 명(현재 3만 명)을 해외로 파견한다는 계획이다.

　그 밖에 일본사회의 총체적인 고등학생 유학촉진사업으로 지방 공공단체나 고등학생의 유학 및 교류를 지원하는 민간단체 등이 주최하는 해외파견 프로그램에 참가시키고 개인 유학자(장기 유학자)의 유학 경험을 청취하는 강연 프로그램을 지원하고 있다. 글로벌 인재육성 기반 형성사업으로는 글로벌 유학 경험자를 체험 강연에 파견하여 이문화 이해를 제고하는 사업을 전개하고 있으며 유학 페어 등을 개최하고 있다.

고등학교 대상의 '슈퍼 글로벌 하이스쿨' 사업은 글로벌화가 가속화되는 현상을 직시하고 사회문제에 대한 관심과 교양 함양, 커뮤니케이션 능력 제고, 문제해결 능력 향상 등의 국제적 소양을 기르고 미래에 국제적으로 활약할 수 있는 글로벌 리더를 고등학교 단계에서부터 육성한다는 계획이다. 국제화를 진행 중인 일본 내 대학을 중심으로 기업과 국제기관 등과의 연계를 도모하고, 글로벌 사회 문제를 발견하고 해결할 수 있는 인재, 글로벌 비즈니스에서 활약할 수 있는 인재육성에 노력하는 고등학교를 '슈퍼 글로벌 하이스쿨'로 지정하여 질적 수준이 높은 커리큘럼 개발 및 실천을 위한 시스템 정비를 강화하고 있다.

또한 초·중·고등학교에서 영어교육 강화사업으로 영어교육 강화 지역 거점 사업, 외국어 활동 및 외국어 교육 교재 정비, 외국어 시험 단체와 연계한 영어력 조사사업, 외부전문기관과 연계한 영어 지도력 향상사업 등을 시행하고 있다.

일본 청소년의 해외유학과 해외대학 진학을 촉진하기 위한 사업으로서는 국제 바칼로레아를 추진하고 있다. 국제 바칼로레아는 국제바칼로레아기구(IBO, 본부 제네바)가 실시하는 국제적인 교육 프로그램으로 글로벌 인재육성의 유용한 수단이다. 16~19세에 해당되는 청소년을 대상으로 한 디플로마 프로그램(DP)은 소정의 커리큘럼을 이수하고 최종 시험에 합격하면 국제적으로 통용되는 대학 입학 자격(IB 자격)을 취득할 수 있는 프로그램으로 현재 세계 주요 대학에서 대학입학 선발 등에 활용되고 있다.

청소년 교육시설을 활용한 국제교류사업으로는 일본 청소년과 해외 청소년과의 체험활동 및 교류 프로그램을 제공하여 해외 정소년의 일본에 대한 이해 증진을 도모하고, 동아시아를 중심으로 한 해외 청소년과의 국제교류 경험을 통해 일본 청소년의 국제적 시야 확대 및 동아시아 중핵을 담당하는 차세대 리더 양성에 힘을 쏟고 있다.

(4) 일본후생노동성 및 경제산업성의 유학지원 정책

일본후생성은 신졸업자 및 구졸업자의 취업을 적극 지원하고 있다. 후생성은 '헬로우 워크' 및 '신졸업자 응원 헬로우 워크'가 학교와 연계하여 '잡 서포터'에 의한 지원을 추진하고 있다. 또한 문부성은 경제산업성과의 연계를 통해 '졸업 전 취업의 집중지원'을 추진하고 있는데, 졸업자의 보호자에게 적극적인 취업 활동을 독려하고 '지역 청소년 서포터 스테이션'과의 연계하여 니트족 청소년 등의 취업을 적극 지원하고 있다.

구체적으로는 일본 전국 도도부현에 설치된 '신졸업자 응원 헬로우 워크'에 대한 취업지원을 통해 3년 이내 구졸업자는 신졸업자로 취급하도록 청소년 고용기회 확보지침을 개정했으며 신졸업자와 중소기업과의 매칭을 적극 지원하고 있다.

경제산업성의 취업지원정책은 일본 경제의 글로벌화에 대응하여 기업과 인재의 국제 경쟁력 강화를 목표로 청소년 해외송출을 촉진하고 해외 경험을 가진 인재를 육성하는 데 있다. 일본 청소년들이 해외 경험을 충실히 하고 경험의 성과를 제고하여 일본사회에서의 활약으로 연결되도록 청소년의 해외유학 촉진과 병행하여 산업계와 연계한 교육 효과가 높은 해외인턴십을 추진하고 있다. 구체적인 사업으로는 해외인턴십 파견사업 및 교육 효과가 높은 해외인턴십 제공, 국제 적응력을 제고하기 위한 해외인턴십 실시 등이 있다.

일본관광청의 유학촉진정책은 '일본인'을 기반으로 한 방일 프로모션 시행이 중점을 이루고 있다. 해외 6개국 8명의 외국인을 포함한 11명의 심사위원에 의한 검토회에서 정리된 외국인 '방일관광의 3대 가치인 일본인의 기질(Character), 일본인의 작품(Creation), 일본인의 생활(Common life)'을 포함한 방일 프로모션을 영상, 웹사이트, 가이드북에 제공하여 '일본인'을 중심으로 추진하고 있다. 또한 일본관광청은 신설된 웹사이트에 총 181개의 일본인 관련 동영상을 게시하여 향후 증가가 예상되는 개인 여행자들에게 다른 국가에는 볼 수 없는 '일본만의 매력'을 소개하고 있다. 일본관광청은 해외 일본 유학생들이 웹사이트를 활용하여 정보 전달을 활발히 진행함으로써 방일 촉진으로 연결될 것을 기대하고 있다.

2) 재외방인 차세대 청소년 교육정책

(1) 해외 청소년 교육정책

일본의 국제적인 활동의 진전과 더불어 많은 일본인들이 자녀들과 동행하여 해외로 나가고 있다. 2014년 4월 15일 기준으로 약 77,000명의 의무교육 단계에 있는 일본인 청소년들이 해외에서 활동하고 있다. 또한 해외에서 장기간 체류한 후 귀국하는 학생 수도 2013년까지 약 11,000명에 달했다. 일본 정부는 주권이 미치지 않는 외국에서 일본인

〈표 7-2〉 해외에서 교육받는 일본 학생 수: 일본 해외 자녀교육 현황(2014년 4월 15일 기준)[6]

지역구분	지역별 · 취업형태별(의무교육 단계) 학교	학생 수	합계
총계	일본인학교 88개교	21,027	76,536
	학교법인 등이 설립한 현지교 및 기타 8개교	18,983	
	보습수업교+현지교 등 203개교	36,526	
구주	일본인학교 21개교	2,621	14,234
	학교법인 등이 설립한 현지교 및 기타 3개교	3,887	
	보습수업교+현지교 등 64개교	7,726	
중동	일본인학교 8개교	328	1,064
	학교법인 등이 설립한 현지교 및 기타	96	
	보습수업교+현지교 등 5개교	640	
아프리카	일본인학교 3개교	110	677
	학교법인 등이 설립한 현지교 및 기타	88	
	보습수업교+현지교 등 6개교	479	
아시아	일본인학교 35개교	16,733	32,236
	학교법인 등이 설립한 현지교 및 기타 2개교	1,487	
	보습수업교+현지교 등 21개교	14,016	
북미	일본인학교 4개교	435	24,126
	학교법인 등이 설립한 현지교 및 기타 3개교	12,890	
	보습수업교+현지교 등 87개교	10,801	
대양주	일본인학교 3개교	157	2,567
	학교법인 등이 설립한 현지교 및 기타	433	
	보습수업교+현지교 등 12개교	1,977	
중남미	일본인학교 14개교	643	1,632
	학교법인 등이 설립한 현지교 및 기타	102	
	보습수업교+현지교 등 8개교	887	

---

6   보습수업교는 일본 정부 원조를 받고 있는 학교만 포함, 보습수업교+현지교 등은 보습수업
교와 현지교 혹은 인터내셔널 스쿨 등에서 병행 취학하고 있는 경우, 현지교 및 기타는 체류
당국 학생을 위한 학교나 인터내셔널 스쿨만 취학하는 경우를 말한다.

학생들이 일본 국민에 적합한 교육을 받기 쉽도록 문부과학성과 외무성을 중심으로 헌법이 정하는 교육의 기회균등 및 의무교육 무상 정신에 따라 해외자녀 교육의 진흥을 위한 다양한 정책을 강구하고 있다.

구체적으로 문부과학성은 재외교육시설에 교원 파견, 교재 정비보조 및 귀국학생의 유입과 관련된 지원사업 등을 수행하고 있다. 외무성은 재외교육시설의 건물 임대료 및 현지채용 교원의 급료 등을 지원하고 있다.

(2) 재외방인 교육시설

재외방인 교육시설은 해외에 체류하는 일본인 자녀를 위하여 국내학교 교육에 준하는 교육을 실시하는 것을 주요 목적으로 해외에 설치된 교육기관이며, 구체적으로 일본인학교, 보습수업교, 사립학교 현지법인 등이 해당된다.

일본 문부성 장관의 인정을 받고 있는 재외교육시설은 일본 국내 초등학교, 중학교 혹은 고등학교 교육과 동등한 교육을 수행하는 것을 목적으로 하는 전일제 교육시설이다. 이들 학교는 문부성 장관으로부터 국내 초등학교, 중학교 혹은 고등학교와 동등한 과정을 거친다는 취지의 인정을 받고 있으며 해당시설의 중학부 졸업자는 일본 국내 고등학교 입학자격, 고등학교 졸업자는 국내 대학 입학자격을 각각 취득할 수 있다. 교육과정은 원칙적으로 일본 국내 학습지도요령에 의해 실시되고 있으며 교과서도 국내에서 사용되고 있는 것을 활용하고 있다.

현재 많은 재외교육시설에서는 현시문화와 역사, 지리 등 현지 사정과 관련된 학습이나 현지학교 등과의 교류를 적극적으로 추진하고 있으며, 원어민 강사에 의한 영어회화 혹은 현지어 학습을 병행하고 있다.

일본인학교는 일반적으로 해외체류 재외방인이 조식한 난제의 주체로 설립되어 운영은 일본인회나 진출기업의 대표자, 보호자의 대표 등으로 구성된 학교운영위원회에서 운영하고 있다. 1956년 태국 방콕에 설립된 이래 2014년 4월 15일까지 전 세계 약 50개국 지역에 88개 학교가 설립되어있으며 의무교육 단계의 학생 수만 약 21,000명에 달한다. 또한 국내 학교법인 등이 모체가 되어 설립된 학교도 있다. 2014년 4월 현재 세계 8개 학교가 설립되어있으며 초·중·고등학교를 합쳐 총 1,200여 명이 재학하고 있다.

〈표 7-3〉 세계 각지 재외교육시설 재학생 수 추이[7]

연도	학교	재학생 수	합계
1981	초등학교	24,494	30,200
	중학교	5,706	
1986	초등학교	30,082	39,393
	중학교	9,311	
1991	초등학교	37,658	50,773
	중학교	13,115	
1996	초등학교	37,580	49,740
	중학교	12,160	
2002	초등학교	39,584	52,051
	중학교	12,467	

---

7 일본 외무성 해외체류 방인 자녀 수 조사자료를 바탕으로 필자 작성(1991년 이전도, 이후도 5월 1일 기준으로 작성).

연도	학교	재학생 수	합계
2003	초등학교	40,019	52,452
	중학교	12,443	
2004	초등학교	41,369	54,148
	중학교	12,779	
2005	초등학교	42,138	55,566
	중학교	13,428	
2006	초등학교	44,099	58,304
	중학교	14,205	
2007	초등학교	44,480	59,109
	중학교	14,629	
2008	초등학교	46,163	61,252
	중학교	15,089	
2009	초등학교	46,042	61,488
	중학교	15,446	
2010	초등학교	49,538	67,322
	중학교	17,784	
2011	초등학교	47,950	64,950
	중학교	17,000	
2012	초등학교	49,436	66,960
	중학교	17,524	
2013	초등학교	51,890	71,628
	중학교	19,738	
2014	초등학교	55,390	76,536
	중학교	21,146	

　　보습수업교는 현지학교나 국제학교(인터내셔널) 등에 통학하고 있는 일본인 자녀에 대하여 토요일이나 방과 후 등을 활용하여 국내 초등학

교 혹은 중학교의 일부 교과 수업을 일본어로 수업을 진행하는 교육시
설이다. 일본인학교와 같이 현지 일본인회 등이 설립운영의 주체가 되
고 있다.

보습수업교는 1958년 미국 워싱턴에 설립된 이래 2014년 4월까지
전 세계 약 54개국에 203개 학교가 설립되어 운영되고 있으며 약
19,000명의 학생들이 재학하고 있다. 이들 가운데 일부는 수업시수나
수업과목이 일본인학교에 준하는 학교(준전일제보습학교)도 있다. 교육의 특
징은 일본어를 중심으로 시설에 따라 산수(수학), 이과 과목, 사회 등을
추가한 수업이 일본 국내에서 사용되고 있는 교과서를 활용하여 진행

〈표 7-4〉 지역별 재적학생 수의 비율(의무교육 단계)

지역		재적자 수(%)	합계
일본인학교	아시아	16,733(79.6)	21,027
	구주	2,621(12.5)	
	중남미	643(3.1)	
	북미	435(2.1)	
	중동	328(1.6)	
	대양주	157(0.7)	
	아프리카	110(0.5)	
보습수업교	북미	12,890(67.9)	18,983
	구주	3,887(20.5)	
	아시아	1,487(7.8)	
	대양주	433(2.3)	
	아프리카	88(0.5)	
	중동	96(0.5)	
	중남미	102(0.5)	

되고 있다.

(3) 재외방인 청소년의 문부성 교육정책

일본인학교와 보습수업교에의 교원파견은 현직교원 파견, 시니어 교원 파견, 교재 정비 추진, 안전대책, 지도안 작성 등으로 구성되어 있다.

문부성의 현직교원 파견은 해외 자녀교육의 중요성을 고려하여 일본인학교와 보습수업교의 교육의 기회를 충실히 진행하기 위해 현직교원을 모집하고 있다. 해외에 체류하는 재외방인 조직이나 단체가 설립한 일본인학교와 보습수업교에는 국내 의무교육학교의 교원(주로 공립학교 교원)을 원칙적으로 2년간(평가에 따라 최대 2년간 연장 가능) 파견하고 있다. 다만 보습수업교에 대해서는 대규모 시설에 합당한 기간적인 역할을 담당하는 교원을 파견하고 있다. 2014년도 파견교원 정수는 1,070명 정도였다. 매년 4월경에 도도부현 교육위원회 등에 파견교원의 추천을 의뢰하고 있다.

문부성의 시니어 교원 파견은 2007년도부터 재외교육시설의 파견교원 경험을 가진 퇴직교원을 선발하여 파견하고 있다. 2010년도부터 관리직 퇴직자에 제한된 모집대상 직종을 교원까지 확대했으며 2012년도 모집부터는 교원에 한정하여 파견교원 경험이 없는 경우에도 응모가 가능해 졌다. 2014년도 시니어 파견교원 정수는 87명 정도였으며 매년 4월경에 공개 모집하고 있다. 국내 학교법인 등이 설립한 학교에 대한 교원 파견은 국내 학교법인 등이 모체가 되고 있는 학교 교원의 확보를 위한 경비를 지원하고 있다.

교재 정비의 시행은 공익재단법인 해외자녀교육진흥재단이 문부과학성의 보조를 받아 재외교육시설에 대해 수행하고 있다. 또한 파견교원의 자질 향상을 위한 정책으로는 파견교원을 위한 각종 협의회, 연수회, 순회지도 등을 실시하고 있다.

재외방인 학교시설의 안전대책은 위기관리, 건강안전대책 등 분야별로 안전대책 매뉴얼을 작성하여 일본인학교 등에 배포하고 있다. 보습수업교를 위한 지도자료 작성은 재외방인 청소년(해외자녀) 교육 전문가 및 보습수업교의 지도 경험자의 협력으로 지도계획이나 지도안 등을 작성하여 배포하고 있다.

재외교육시설 고등부에 대한 정책으로는 고등부의 수업료를 지원하고 있다. 문부성 장관의 인정을 받은 재외교육시설 고등부에 2014년도 이후 입학한 학생에 대하여 국내 고등학교 취학 지원금에 해당하는 금액으로 수업료의 일부를 지급하고 있다.

(4) 해외 거주 아동정책

해외에 거주하는 일본인 어린이를 위한 정책으로는 의무교육 교과서 제공, 통신교육 실시 등이 있다. 의무교육 교과서 제공은 해외에 체류하거나 향후 출국하는 의무교육 단계에 해당하는 연령의 어린이를 대상으로 국내에서 가장 많이 채택되고 있는 의무교육 교과서를 제공하고 있다. 어린이 대상 통신교육의 실시는 문부성의 보조사업으로 공익재단법인 해외자녀교육진흥재단에서 실시하고 있다.

기타 정책으로는 재외방인 학생들을 위한 정보 제공이 있다. 먼저 일본 국내 홈페이지(文部科学省, "Clarinet")[8]에서의 정보 제공은 해외 자녀교육 및 귀국학생 교육 등에 관한 정보를 제공하고 있다. 또한 정보 제공 국립대학법인인 동경학예대학에서는 전국 공동 이용시설로 국제교육센터를 설립하여 해외 자녀교육과 귀국학생 교육에 대한 전문 연구를 실시하고 있다.

외무성 재외교육시설 지원은 다음과 같은 세 가지 측면에서 이루어지고 있다. 먼저 학교건물 임대료 지원은 대상 학교의 학교건물 임대료 경비의 일부를 지원하고 있다. 또한 현지채용 교원 및 강사 급여 지원은 대상학교의 현지채용 교원 및 강사의 기본급여 일부를 지원하고 있다. 일본인학교 안전대책비 지원은 대상 일본인학교의 경비지원 및 경보기기 유지관리비의 일부를 지원하고 있다.

(5) 재외교육시설의 인정제도

문부성 인정제도는 문부성 장관이 재외교육시설 설립자의 신청에 의해 재외교육시설이 국내 초등학교, 중학교 혹은 고등학교 과정과 동등한 과정을 유지한다는 취지에 대해 인정하는 것을 말한다.

재외교육시설은 해외에 체류하는 일본인들이 일본인의 복리증진을 주요 목적으로 조직한 단체, 재외교육시설의 설립을 목적으로 신청시설 소재국의 법령 등에 의해 설립된 법인 및 기타 단체이다. 사립학교법(1949년 법령 제270호) 제3조에서 규정하는 학교법인이 해당 신청시설의 설립운영에 관여하고 있는 자들이 될 수 있다. 기타 위의 1항, 2항에 준하는 단체도 가능하다.

---

8 http://www.mext.go.jp/a_menu/shotou/clarinet/003.htm

문부성에 재외교육시설 인정을 받으려는 자는 신청시설의 설립자의 명칭, 주소, 대표자의 성명 및 신청시설의 명칭을 기재한 신청서에 재외교육시설의 인정 등에 관한 규정 제17조 제1항 등 각호에 제시한 서류를 준비하여 문부성 장관에게 신청하면 된다.

재외교육시설의 변경의 승인 등에 대해서는 인정시설의 설립자가 명칭, 위치, 설립자 혹은 학칙을 변경하려는 경우 변경내용, 이유 및 시기 등을 기재한 서류를 문부성 장관에게 제출하여 승인을 받아야 한다. 이 경우에는 부과 및 과정의 조직에 관한 사항, 교육과정에 관한 사항 및 수용정원, 직원조직에 관한 사항 등에 관련된 부분의 변경으로 제안된다.

승인시설의 설립자는 학교대지, 학교건물, 운동장, 기타 직접 교육용으로 사용되는 토지건물에 관한 권리를 취득, 혹은 처분하려는 경우 혹은 용도의 변경, 개축 등 중요한 변경을 시도하려는 경우에는 사전에 문부성 장관에게 신고서를 제출해야 한다. 학교인정시설의 설립자는 임원, 교감, 혹은 교장의 변경이 있는 경우, 수업료 혹은 입학료의 개정이 있는 경우 지체 없이 문부성 장관에게 신고서를 제출해야 한다.

재외교육시설 인정의 취소는 문부성 장관이 인정시설의 인정기준 혹은 운영의 기준에 적합하지 않은 경우 인정을 취소할 수 있다. 인정시설의 설립자는 해당 인정시설의 취소를 신청하여 문부성 장관이 승인할 경우 인정을 취소할 수 있다.

인정제도에서는 재외교육시설의 설립자의 신청에 의해 해당 재외교육시설이 초등학교, 중학교 혹은 고등학교의 과정과 동등한 과정을 유지한다는 취지를 인정을 함으로써 효력을 가진다.

문부성의 재외교육시설 인정을 받게 되면 재외학교시설 졸업자에게 고등학교 혹은 대학 입학자격이 인정된다(학교교육법 시행규칙 제95조 제2호, 제150조 제2호 등). 고등학교 졸업과정 인정시험의 시험과목에 해당하는 과목을 습득한 자에게는 해당 시험과목에 대한 시험이 면제된다(고등학교 졸업과정 인정시험 규칙 제5조 제3항). 인정 재외교육시설에서 근속연수는 교장, 부교장 및 교감의 기초자격인 재직연수로 인정된다(학교교육법 시행규칙 제20조 및 제23조). 교육과정에 대해서는 학습지도요령 등이 정하는 방침에 의거하지만 지역사회, 신청시설 혹은 학생의 실태 등으로부터 필요한 경우에는 탄력적으로 운영(일부에 대해 특별 교육과정에 의할 것)될 수 있다(재외교육시설의 인정 등에 관한 규정 제9조).

3) 해외귀국 자녀 차세대 청소년 교육정책

해외에 1년 이상 체류 후 일본에 귀국한 학생 수는 2013년도까지 국공립·사립의 초등학교, 중학교 및 고등학교 등을 포함해 총 11,146명이었다. 문부성은 해외귀국 학생들에 대한 학교생활의 원활한 적응을 위한 지도 및 지원과 함께 다른 학생들을 포함하여 해외에서 학습 및 생활 경험을 존중한 교육을 시행하는 것이 중요하다는 관점에서 이 사업을 실시하고 있다.

문부성의 해외귀국 자녀에 대한 교육정책은 두 가지 측면에서 실시하고 있다. 첫째는 일본어 지도의 충실이다. 일본어 지도가 필요한 귀국자녀학생을 대상으로 재적학급 이외의 교실에서 진행하는 지도로 '특별 교육과정'을 편성하여 실시하고 있다.[9]

〈표 7-5〉 귀국학생 수의 동향

연도	초등학교	중학교	고등학교	중등교육학교	합계(명)
2002	6,389	2,460	1,918	11	10,778
2003	6,231	2,192	1,855	17	10,295
2004	5,992	2,235	1,841	32	10,100
2005	6,042	2,383	1,910	33	10,368
2006	6,015	2,515	1,721	56	10,307
2007	6,401	2,841	1,766	69	11,077
2008	6,597	3,065	2,016	71	11,749
2009	7,010	2,995	2,049	64	12,118
2010	5,910	2,644	1,963	72	10,589
2011	5,824	2,301	1,772	93	9,990
2012	6,182	2,343	1,951	115	10,591
2013	6,604	2,406	2,053	83	11,146

둘째는 해외귀국 자녀의 수용과 지원체제의 구축이다. 공립학교에
서 귀국 및 외국학생에 대한 철저한 지원사업(보조사업)을 실시하고 있다.
2014년도 실시지역은 6개 부현(19현시), 11개 지정도시, 12개 중핵시 등
이었다. 귀국 혹은 외국인 학생 및 국제이해교육 담당 지도교사 등이 연
락협의회를 개최하고 있다. 또한 귀국 혹은 외국인 학생 교육을 위한 웹
사이트를 운영하고 있다.[10] 2014년 5월부터는 국립대학 및 학부 부속학
교에 귀국학생도 교육학급 등을 설치하여 운영하고 있다. 설치학교 수

---

9 文部科學省, "CLARINET", http://www.mext.go.jp/a_menu/shotou/clarinet/003.htm
(검색일: 2015.08. 09).

10 かすたねっと, "귀국자녀 혹은 외국인 학생", http://www.casta-net.jp/(검색일: 2015.
08. 09).

는 13개 대학, 24개교(초등학교 9개교, 중학교 8개교, 고등학교 5개교, 고등교육학교 2개교)였다.

고등학교 입학자 선발(공립)의 경우, 일부 학교에서 귀국학생을 위한 특별정원 수를 지정하고 있는 도도부현은 15곳이다. 귀국학생 입학자 선발에서 일정한 배려를 시행하고 있는 도도부현은 32곳이다. 대학 입학자 선발(국립·공립·사립)시험에서 귀국자녀 입시를 실시하고 있는 대학학부 수는 390개 학교, 1,109개 학부였다. 해외 귀국학생 수용학교에 관한 정보는 공익재단 '해외자녀교육진흥재단' 사이트에서 확인할 수 있다.[11]

4) 한국일본인학교 운영사례

(1) 서울일본인학교(ソウル日本人学校)[12]

서울일본인학교는 서울특별시 마포구 상암동 디지털미디어시티(DMC) 지역에 위치하고 있다. 설립자는 SJC(Seoul Japan Club: 구서울일본인회)이며 서울시와 근접지역에 거주하는 일본인 자녀들을 위해 설립하였다. 1972년 5월 8일 유치원 과정(12명), 초등학교 과정(21명) 등 총 33명으로 개교했으며, 1979년 강남구 개포동에 학교건립 허가를 받았고, 2010년 마포구 상암동 디지털미디어시티로 이전하여 현재에 이르고 있다.

일본인학교는 원칙적으로 일본에 귀국 예정인 일본 국적자나 일본

---

[11] 공익재단법인 해외자녀교육진흥재단, http://www.joes.or.jp/g-kokunai/indes.html(검색일: 2015. 08. 09).

[12] 서울일본인학교, http://www.sjs.or.kr/(검색일: 2015. 09. 07).

영주권 소유자만 입학할 수 있다. 한국 정부는 서울일본인학교를 사립 각종학교로 분류하여 일본인학교 초등부 및 중학부를 졸업해도 한국 국내에서는 졸업 자격을 인정하지 않고 있다.

서울일본인학교의 교육기반은 "일본 헌법, 교육기본법을 기반으로 한 법규에 준거하여 학습지도요령의 지도방침에 의해 초·중등교육을 추진하고 있다. 또한 일본 사회의 요청이나 보호자의 희망과 기대에 따라 인간성이 풍부한 심신이 조화된 어린이 육성에 노력함으로써 교육 목표인 '건강하고 마음이 풍성한 세계에 사는 어린이 육성'을 지향한다" 라고 명시되어있다.[13] 교육과정은 문부성 학습지도요령을 기준으로 편성되었으며 일본 국내와 동등한 교육 활동을 시행하고 있다.

이 학교는 '일본 국내 초등학교, 중학교 과정과 동등한 과정으로 교육하는 재외교육시설'로서 문부성으로부터 인정되고 있다. 학생들 대부분은 한국주재 일본상사, 은행, 보도기관, 대사관 등 관련 근무자의 자녀들로 구성되어있다.

2015년도 4월에 재외교육시설 파견교원으로서 다나카(田中栄一) 씨가 서울일본인학교 교장으로 부임했다. 2015년 교장을 포함 7명의 교원이 일본에서 부임했다. 서울일본인학교는 정부 파견 교원과 학교운영위원회가 채용한 현지채용 교직원, 강사 등을 포함하여 총 52명의 교직원들이 근무하고 있다. 서울일본인학교는 2015년도 4월 14일에 제44회 입학식이 개최되었는데 유치부 21명, 초등부 51명, 중학부 43명 등

---

13 서울일본인학교경영방침. http://search.daum.net/search?nil_suggest=btn&w=tot&DA (검색일: 2015. 09. 07).

총 115명이 입학했다. 2015년도 서울일본인학교 총 재적학생 수는 유치부 61명, 초등부 300명, 중학부 82명 등 총 443명이었다.

(2) 부산일본인학교[14]

1975년 10월 1일에 가토 다이스케(加藤泰介) 씨를 중심으로 한 부산일본인회에 의해 부산일본인학교가 수영구 민락동에 개교되어 2001년 8월 1일 각종학교로 인가되었다. 부산에 거주하는 일본인 자녀들에게 일본 헌법, 교육기본법, 학교교육법의 취지에 의거하여 초등부 및 중학부 보통교육의 실시를 목표로 하고 있다. 수업 연한은 초등부 및 중학부로 편성하여 각각 6년과 3년으로 구성되어있다. 입학자격은 '일본인, 일본 영주권이나 정주권을 소유한 한국인, 부모의 어느 한쪽이 일본인인 한국인, 부모의 어느 한쪽이 일본 영주권이나 정주권을 소유한 한국인' 등으로 학교운영위원회의 승인을 받아 입학할 수 있다. 일본 문부성이 정하는 학습지도요령에 의거하여 각 교과와 도덕, 특별 활동, 한국어, 영어 등의 교육이 시행되고 있다.

2012년 12월 기준 초등부에 38명(남학생 22명, 여학생 16명), 중학부에 13명(남학생 2명, 여학생 11명)으로 총 51명의 학생이 재학하고 있었다. 교직원은 마사키 에미코(政木惠美子) 교장, 교감 1명, 교사 19명이 근무하고 있다. 학교운영위원회는 부산일본인회의 위촉을 받아 임명되며, 위원장 1명, 위원 5명, 감사 1명으로 구성되어있다. 학교 부지 총면적은 1,606.92㎡으로, 강당(음악·체육 겸용), 학습실, 이과실, 가정과실, 도서실, 컴퓨터실, 보

---

14 한국향토문화전자대사전, "부산일본인학교", http://terms.naver.com/entry.nhn?docId= 2820514&cid=55784&categoryId=56488(검색일: 2015. 09. 07).

건실 등을 갖추고 있다.

2014년 4월 기준 학교입학자격은 원칙적으로 일본국적의 자녀, 보호자가 부산일본인회 회원으로 일본어는 일본의 같은 학년에 해당하는 교육 수준을 가지고, 친권을 가진 보호자와 동거하여 장래 일본에 귀국하는 것이 명확하고 입학 시 일시금 및 매월 학비 등을 지불할 능력을 가지고 있는 자 등으로 이상의 조건을 충족하는 학생들에 대하여 면담 후 학교운영위원회가 입학을 허가하고 있다.[15] 국적 규정에 대해서는 일본인, 일본 영주권 혹은 정주권을 가진 한국인, 부모 중 한 사람이 일본인인 한국인, 부모 중 한 사람이 일본 영주권 혹은 정주권을 가진 한국인(부산일본인학교규칙) 등이 입학할 수 있다.[16]

4. 결론

이 연구의 목적은 일본 정부의 청소년 정책을 고찰하고 해외 일계인 청소년에 대한 실태와 현황을 분석하는 데 있다. 구체적으로 이 연구는 첫째, 일본 국내 청소년과 해외 일계인 청소년 정책의 방향, 일본 내 각부와 해외일계인협회의 청소년 정책 프로그램, 일본 정부 국내외 청소년 정책 등 크게 세 가지 측면에서 분석하여 대안을 제시하고자 했다.

아직까지 한국에서 일본 국내외 청소년 정책에 대한 뚜렷한 연구

---

15 "부산 일본인학교", http://egloos.zum.com/sangmok72/v/4807597(검색일: 2015년 9월 7일).

16 "日本人學校への入學審査で見えたもの", http://crie.u-gakugei.ac.jp/report/pdf31/31_51nohara.pdf(검색일: 2015년 9월 7일).

성과가 전무한 가운데, 연구방법은 문헌조사를 통해 일본 정부의 재외동포청소년에 대한 기존 자료 및 국내외 통계자료를 분석했으며, 일본 국내외 재외동포정책 자료 및 청소년 관련 자료를 수집하여 청소년 정책의 현황 및 실태를 분석했다.

연구결과를 정리하면 다음과 같다.

첫째, 일본 정부의 청소년 정책은 2001년 1월 이후 새로 편성된 정부 관계성청이 청소년에 관한 각 분야의 정책을 분담하고 내각부가 청소년의 건전 육성에 관한 사안의 기획 및 입안, 종합조정 등을 담당하고 있는 것으로 나타났다. 즉, 일본 국내 청소년 정책은 청소년 행정의 종합적 추진 및 일본 국민이 이해하기 쉽게 체계적으로 정리하여 정책을 제시하고 있는 것으로 나타났다.

둘째, 일본 정부는 차세대 청소년 육성 지원정책으로 2020년까지 약 18만 명의 유학생 파견을 지원한다는 계획을 세우고 있다. 일본의 성장동력을 견인하는 글로벌 인재양성을 달성하기 위해 일본 정부는 각 부성청의 강점을 살리고 유기적인 대응을 통해 협력하고 있는 것으로 나타났다.

셋째, 일본 정부의 재외방인 교육시설은 해외에 체류하는 일본인 자녀를 위한 학교교육법(1947년 법률 제26호) 규정을 준수하고 일본 국내 초등학교, 중학교, 혹은 고등학교와의 동등한 교육과정을 유지한다는 조건으로 지정 혹은 인정을 허가하고 있는 것으로 나타났다.

넷째, 일본 정부는 해외귀국 자녀들에 대해 학교생활의 원활한 적응을 위한 지도 및 지원과 함께 다른 학생들을 포함하여 해외에서의 학습 및 생활 경험을 살리는 교육을 추진하는 것을 주요 목표로 삼고 있다.

다섯째, 일본 정부의 재외교육시설과 한국일본인학교는 넓은 의미에서 국제화를 지향하고 있지만 일본 국내 초등학교, 중학교 과정과 동등한 과정을 유지하는 것을 중시하고 있다. 재외교육시설은 일본 헌법, 교육기본법을 기반으로 한 법규에 근거하여 설립하고 교육과정은 정부 학습지도요령의 지도방침에 의해 일본 국내와 동등한 초·중등교육을 추진하고 있는 것으로 나타났다.

결론적으로 일본 정부의 내각부와 문부성에서 실시하고 있는 일본인 청소년 교육 및 재외방인 청소년 교육정책은 일본 국내의 국제화와 해외거주 일계인 청소년의 일본화(내부화)라는 두 가지 측면에서 진행되고 있는 것으로 나타났다. 일본은 일찍이 19세기 말부터 미국 하와이, 중남미 브라질 및 멕시코 등으로 해외이민을 떠났던 일본인들은 현지적응과 정착에 성공했지만 1945년 패전 이후 현지 정주화에 천착하게 되었다. 일본 정부는 경제성장과 더불어 1980년대 이후 일본 국내의 폐쇄적인 이민정책과 마찬가지로 일계인 차세대 청소년들에게도 일본화에 초점을 둔 차세대 정책을 전개하고 있다.

이러한 일본 정부의 차세대 교육정책은 일본 국내 청소년의 경우 국제화(글로벌) 교육, 해외거주 재외방인 청소년의 경우 일본교육 시스템에 의한 일본화에 초점을 두고 있어 상호 모순을 내포하고 있다. 결과적으로 이러한 일본 정부의 차세대 교육정책은 일본인 아니면 현지인으로서의 정체성의 선택을 강요함으로써 다양한 언어, 문화, 가치를 가진 글로벌 인재로서의 성장을 저해하고 현재 일본 국내 청소년들에게까지 해외유학 및 이주를 꺼려하는 요인으로 작용하고 있는 것으로 생각된다. 이는 일본 정부의 차세대 교육정책을 반면교사로 삼아 한국 정부의 차세대 청소년 정책이 향후 어떤 방향으로 전개되어야 할 것인가를 시사하고 있다.

참고문헌

임성모. 2008. "근대 일본의 국내식민과 해외이민".『동학사학연구』103: 181-214.

임영언. 2010. "일계인(日系人)디아스포라: 초민족공동체 형성과정 연구".『日本文化學報』46: 449-469.

_____. 2011a. "일계인(日系人)디아스포라의 귀환과 브라질타운형성에 관한 연구: 군마 현 오이즈미마치 일계브라질타운을 중심으로".『한국동북아논총』16(4): 267-291.

_____. 2011b. "일계인(日系人)디아스포라 브라질 이주사와 전시문화콘텐츠 고찰".『日本文化學報』50: 345-369.

_____. 2014. "일본의 이민정책과 일계인의 모국귀환정책 연구".『日語日文學』63: 281-302.

_____. 2015. "재일코리안 한국계 민족학교의 학교문화 특성에 관한 연구".『일본문화학보』64: 529-546.

임영언 외. 2013.『일계인 디아스포라: 초국적 이주루트와 글로벌 네트워크』. 서울: 북코리아, 제2장.

송석원. 2009. "일본정부의 일계인(日系人)정책-JICA의 해외일계인 지원사업을 중심으로".『민족연구』37: 103-120.

井口泰. 2001.『外國人勞働者新時代』. ちくま親書.

今津孝次郎・松本一子編. 2002.『東海地域の新來外國人學校』. 新曜社.

岡本雅享監修編著. 2005.『日本の民族差別』. 明石書店.

岡部恭宜. 2014. "青年海外協力隊（JOCV）の學際的研究". *JICA-RI Working Paper* 72.

月刊『イオ』編集部編. 2006.『日本の中の外國人學校』. 明石書店.

公益財団法人海外日系人協會. http://www.jadesas.or.jp/aboutnikkei/index.html(검색일: 2017.07.02).

佐藤郡衛. 2009. "日本における外國人敎育政策の現狀と課題─學校敎育を中心にして─".『移民政策研究』. 創刊号.

仲尾宏. 2003.『在日韓國・朝鮮人問題の基礎知識』. 明石書店.

"가케하시 프로젝트(架け橋プロジェクト)". https://www.jpf.go.jp/j/project/intel/youth/kakehashi/(검색일: 2015.06.17).

"교육시설 활용 청소년 교류사업". http://www.mext.go.jp/a_menu/sports/ikusei/kouryujigyou/index.htm(검색일:2015.06.27).

"日本法務省出入國管理局統計". http://www.immi-moj.go.jp/toukei/index.html (검색일: 2015.07.02).

"地域課題對応人材育成事業「地域コアリーダープログラム」". http://www8.cao.go.jp/youth/kouryu/data/core.html(검색일: 2015.06.17).

일본국제협력기구(JICA). http://www.jica.go.jp/activities/schemes/tr_youngleader/ summary.html(검색일: 2015.06.10).

"일본인학교". http://www.mext.go.jp/a_menu/shotou/clarinet/002/1338806.htm(검색일: 2015.09.02).

"일본정부인정 재외교육시설". http://www.mext.go.jp/a_menu/shotou/clarinet/002/002. html(검색일: 2015.09.02).

"청소년행정의 종합적 추진". http://www8.cao.go.jp/youth/suisin/houkoku/c_1.htm(검색일: 2015.09.01).

"청소년연령구분".http://www8.cao.go.jp/youth/whitepaper/h20honpenhtml/ html/sanko_02.html(검색일: 2015.07.02.)

"청소년 해외유학 촉진 실행에 관한 관계 부성청의 시도". http://www.cas.go.jp/jp/ seisaku/ryuugaku/dai2/siryou2_3.pdf#search(검색일: 2015.09.01).

"청소년 체험활동 지도자 양성 커리큘럼". http://www.niye.go.jp/services/plan/natural_ experience.html(검색일: 2015.06.26.).

"학교교육법". http://www.mext.go.jp/a_menu/shougai/senshuu/06033002.htm(검색일: 2015년 9월 2일).

"한국의 개발원조". http://kov.koica.go.kr/hom/(검색일: 2015.07.02.).

제8장

조선족의 주류사회 진출 및 그 한계성

허명철(연변대)

1. 서론

　역사적으로 놓고 보면 중국의 사회구도는 '화-이'로 양분되는 이원론적 구도를 근간으로 이루어졌고 이 같은 이원구도의 이면에는 지리적(중원)·민족적(한족)·문화적(중화) 중심이라는 가치의식이 내재되어있다. '화이'론은 결국 중화중심주의적인 천하관을 배출했으며 이 또한 고대 중국의 내정과 외교의 기본적인 가치원칙으로 됐다.

　그러나 이 같은 중화중심주의적인 천하관은 1840년대에 이르러 외부세력 특히 서구문명의 충격 속에서 서서히 흔들리기 시작했고 새롭게 근대적인 세계관을 수립하기에 이르렀다. 당시 서구문명을 징표로 하는 근대성 탐구에 나섰던 지식인들은 조심스럽게 중화민족이라는 슬로건을 내걸었고 청왕조를 뒤엎은 중국은 손중산의 초기 '5족공화(五族共和)'에서 헌정(憲政)을 표방하는 '중화민국'이라는 단일민족 국가체제로 지향해 나섰다.

　그러나 1949년 중공 정권이 출범한 이후 근대 중국이 추구해왔던 중화민족을 기본 국가 구성단위로 했던 '민족국가'라는 기존의 건국 형태를 넘어서서 중국의 구체 실정을 감안하여 각개 소수민족의 경계를 선명히 하고 소수민족을 포함한 민족구성의 다원성을 보다 부각하는 민족지역자치제도를 실시함으로써 점차적으로 '한족-소수민족'이라는 탈바꿈화한 이원론적 구도를 형성했다.

　당시 헌법 성격을 지니는 '공동강령'에 따라 소수민족 지역에서 민족자치를 실시하게 되면서 중국의 정치 판도는 내부적으로 다양한 지역공간을 형성하게 됐고, 결과적으로 중화민족을 주축으로 형성되어왔던 민족국가는 다민족 국가체제로 전환됐다. 민족지역자치제도가 헌법에 명시된 중국의 3대 정치제도의 하나로 부상되면서 자지구, 자지주, 자치현의 행정구도에 따라 중국 내 상당수의 소수민족은 거주지역에서 자치권리를 행사할 수 있었으며, 정책적·제도적 장치의 보장으로 주류민족인 한족과 동등한 정치권리를 향수할 수 있었다.

모두가 아시다시피 이주민으로서의 조선족이 중화민족 대가정의 일원으로 될 수 있었던 것은 일정한 역사와 배경이 있었기 때문이다. 다시 말하면 여러 가지 동인의 작용하에 중국으로 이주한 조선족은 처음부터 중국의 한 소수민족으로 인정받은 것은 아니다. 여기에서 우리가 우선 명확히 해야 할 것은 중국에서 조선족이라는 호칭은 전통적인 종족이나 혈통적 차원에서의 개념이 아니라 특정된 역사 시기에 생성됐고 일정한 정치적 함의를 띤 명칭이라는 점이다. 즉, 중국 조선족사회는 비교적 성숙된 민족 특색과 역사 전통을 갖고 있으며, 이미 중국 국적에 가입했고, 중국 헌법의 승인과 법률의 보호를 받는 개체 성원들로 구성된 중국의 한 소수민족 공동체인 것이다.

이민으로부터 중국의 한 소수민족으로 인정받는 전반 과정의 완성은 1949년 새 중국이 탄생된 후 진행됐던 민족식별사업을 통해 이루어졌다.[1] 새 중국이 탄생된 후 민족식별사업을 통해 집정당인 중국 공산당은 법률상 조선족은 중화민족의 한 성원이며 중국의 한 소수민족이라

---

1 새 중국 건국 후 중공은 민족성분의 혼란한 국면을 바로잡고 소수민족의 평등권리를 보장하고자 1950년부터 당시 국내에서 제출됐던 400여 개 민족명칭과 족성에 대해 식별사업을 진행했다. 1983년까지 3단계를 거쳐 최종 55개 소수민족을 식별했다. 조선족은 1950~1954년에 진행된 1단계에서 한 소수민족으로 인정받았고 동시에 조선족이라는 공식명칭을 사용하게 됐다.

고 명확히 규정했다. 이때부터 조선족은 중국의 한 소수민족으로서 중화민족의 행렬에 들어서게 됐고, 새 중국의 주인으로 중국의 기타 민족과 함께 떳떳하게 국가 사무에 참여할 수 있게 됐으며, 정치적·법률적 의의에서 중국 조선족사회 공동체 형성을 실현했다.

그러나 한 국가의 합법적인 국민자격을 취득했다고 해서 그 사회의 주류로 됐음을 의미하는 것은 아니다. 일반적으로 한 주권국가 내에서 주류사회는 객관적인 존재이며 사회구도 형성의 중심으로 부상되고 있을 뿐만 아니라 주변화되어있는 개개 성원들의 사회 진출의 목표로 되기도 한다. 따라서 주류사회는 대체적으로 특정 국가 내에서 제반사회의 정치·경제·문화영역에서 주도적 위치를 차지하고 리더 또는 삶의 패러다임을 제시하는 집단으로 구성되는바 주류사회 성원들은 가치 지향성, 제도적 재건, 정치적 이념, 문화심리 등의 면에서 상당한 동질성을 지니고 있다.[2]

그만큼 주류사회 진출은 주변화되어있는 소수자의 주체적인 자각과 선택을 전제로 하고 있으며 주류사회 또는 주류 문화에 대한 자각과 인지 및 이에 따른 주체적 선택의 결과라고 볼 수 있겠다. 주류사회로의 지향은 개체 성원의 사회신분의 전환을 동반하며, 이러한 신분 전환은 또한 주류사회가 선도하는 이른바 주류 문화, 특히 이데올로기를 비롯한 정치문화에 대한 개체의 자각을 밑거름으로 하기도 한다.

주류사회 진출은 자국 국민에게 있어서 비주류사회에 처해 있던

---

2 吳祖鯤·馬偉. 2013. "中國主流文化之构建与民族凝聚力的歸宿." 『湖南社會科學』 第4期, 第184頁.

개체 성원들이 주류사회로 이전하는 과정으로 해석될 수 있겠지만, 이주민 신분으로 중국에 건너가 성착생활을 하면서 중국 국민의 신분을 획득하게 된 조선족의 경우에 있어서는 이와 달리 비주류에서 주류사회로 진출하기에 앞서 '이동-정착'이라는 이주과정이 선행되어야 했다. 다시 말하면 주류사회 진출에 앞서 조선족은 중국사회에서 안정된 정착생활 기반을 마련하고 주류화가 가능한 합법적인 신분을 획득해야 했다.

오늘날 조선족이 중국의 한 소수민족으로 성장하고 중국 국민이라는 합법적 신분을 획득할 수 있었던 것은 전반의 '이동-정착'이라는 역사과정에서 조선족의 엘리트 집단과 대중들의 정치적인 삶의 선택과 무관하지 않으며, 중공이 제정하고 실시했던 민족정책과도 밀접한 관련이 있다고 본다. 그리고 중국이라는 다민족국가에서 다문화가 공존하고 다민족이 공생하는 사회문화적 분위기도 조선족의 천입과 정착에 비교적 관용적인 생활환경을 마련해주었다고 할 수 있다.

이주민족이라는 특수한 신분을 지니고 있었던 만큼 조선족에게 있어서 합법적인 국민 자격 획득 등 정치적 생명이 더없이 소중했는바 조선족 구성원들이 주류사회로 진출하는 것은 자연히 기타 중국인, 특히 한족이라는 민족신분 소유자와는 달리 두 가지 함의를 갖게 됐다고 판단할 수 있다. 하나는 소수민족 신분을 띠고 있는 조선족사회에 대응하여 역사적으로 구축되어온 중국의 주체민족인 한족을 중심으로 한 민족공동체 사회를 지칭하는 것이며,[3] 다른 하나는 이미 중국 국적을 취득

---

3   조선족들이 자주 사용하는 '한족동네'라는 표현이 이를 형상적으로 보여주고 있다. – 필자 주.

한 조선족의 국민신분에 걸맞은 집권당과 권력층으로 구성된 사회집단으로서 대중사회와 대조를 이루는 정부 중심의 상층사회를 의미한다.

이에 따라 조선족의 주류사회 진출은 상이한 계층에 따라서 주류화 의미가 달리 해석될 수 있고 시대적 흐름에 따라서 그 평가기준도 달리 될 수 있겠지만, 대다수 조선족 구성원들에게 있어서 주류사회 진출은 정계 진출로 대등시되어왔다. 따라서 조선족 구성원들에게 요구되는 것은 정계로 진출하여 성공하는 것이며 이는 흔히 정부기관 간부나 당중앙위원, 전국인민대표대회(이하 인대), 전국정치협상회의(이하 정협) 위원 당선 여부로 평가받기도 한다. 물론 과학기술 분야와 문화예술 분야에서 명성을 날려 중국사회의 인정을 받을 경우 상응한 전문영역에서 성공한 사람으로 공인받으면서 주류사회로 진출했다는 평판을 받는다.[4]

그러나 정계에 진출하거나 전문영역에서 자체의 능력으로 주류사회로 진출할 수 있는 사람은 필경 소수인바 대다수 조선족 구성원들의 바램은 거주지역에서의 정착 및 안정된 삶을 누릴 수 있고, 나름대로의 경제적으로 윤택하고 문화적으로 풍부한 생활을 하면서, 자체민족의 경계를 유지하면서, 동시에 한족을 비롯한 타 민족과 공존하는 것이었다.

이에 따라 본문에서 필자는 우선 제반 이주시기 조선족 구성원들

---

4 현재 중국정부나 관련 영역에서 인정받고 있는 인물들. 이를테면 정률성, 한락연, 주덕해, 조남기 등에 대한 인물평전들이 붐을 이루고 있는 것은 이를 통한 민족적 자긍심을 표출하려는 의도도 있겠지만 중국 주류사회 진출에 성공할 수 있다는 의지를 심어주고자 하는 의도도 단적으로 보여주고 있다.

의 경제적·문화적 정착이 가능했던 원인을 정리하면서 항일전쟁, 국
공내전 시기에 있었던 정치적 선택과, 중공을 리더로 하는 주류사회 진
출을 목표로 한 실천행위에 대해 고찰하고 이를 통해 건국 후 조선족이
중국 내 합법적 신분을 획득하고 중국 주류사회 각 분야로 진출할 수 있
는 토대가 이 시기에 마련됐음을 지적한다. 다음으로 세계화 및 중국 내
개혁개방과 시장경제체제 도입을 배경으로 조선족 구성원들의 급격한
인구이동, 가치의식 전환 및 주류사회 진출에 대한 인식변화를 통해 전
통식 정계 진출을 우선시하는 주류사회 진출의 한계성을 분석한다. 또
한 현재 중국사회의 다원화적 흐름에 의해 각개 영역에서 비정부적인
힘에 의해 구축되고 있는 주류사회로의 진출 가능성에 대해 언급하면
서 주류사회 진출 못지않게 자기의 주체적 신분을 지켜가는 것도 매우
중요함을 강조하고자 한다.

2. 조선족의 생존과 문화적 정착

　　조선족의 중국 경내로의 이동 및 정착에 대한 담론은 자연히 조선
족 역사의 시원에 대한 고증으로 이어지게 된다.[5] 하지만 시원에 대한
논의를 떠나서 19세기 말엽 20세기 초엽에 있었던 조선 이주민들의 이
주는 주로 두만강, 압록강과 러시아 연해주를 경유해서 중국으로 건너

5　현재 학계에서 주장하고 있는 조선족의 역사의 시원은 요령성과 허베이성에 있는 '박씨촌'에
　　대한 고증과 함께 19세기 중엽으로부터 명말청초로 거슬러 올라가고 있다. 조선족이 중국에
　　서 정착하기 시작한 역사가 300년 전인 만큼 오늘날 중국에서의 조선족의 주류화 담론도 따
　　라서 복잡해질 수밖에 없다. 따라서 필자는 19세기 중후반부터 시작되었던 이주를 조선족의
　　이주 시초로 보고자 한다.

왔던 만큼, 이들의 중국 내에서의 초기 정착지역도 주요하게 두만강, 압록강 및 연해주와 인접해 있어 조선반도와 교통이 상대적으로 편리했던 동북3성이었다.

당시 동북지역은 비록 청정부가 봉금책을 실시해왔던 '용흥지지(龍興之地)'였지만 전체적으로 놓고 볼 때 중국사회와 완전히 동떨어진 외딴 지역은 아니었다. 조선 이주민들은 정치·경제·문화적으로 중국에서 주변화되어있던 동북지역에서 정착생활을 하면서, 중국 내 기타 민족과 공존·공생하면서 나름대로의 민족공동체 사회를 형성해왔으며 민족문화의 현지화 또는 토착화를 실천해왔다.

조선 이주민들이 중국 땅에서 정착생활을 시작하면서 당면하게 되는 일차적인 문제는 바로 현지사회에 적응하면서 생존을 도모해나가는 한편 현지사회의 일원으로 되는 것이다. 실제적으로 20세기 초반에 이르러 조선족 선민들은 동북지역에 이미 삶의 터전을 마련했고 이국 타향에서 민족공동체 기반을 형성했다. 1932년도 통계에 따르면 길림성에 이미 485,000여 명에 달하는 조선인이 살고 있었으며 요령성에는 148,000여 명, 흑룡강성에는 8,900여 명, 내몽골에는 617명, 산해관 이남의 관내지역에도 3,582명이 거주하고 있었다고 한다.[6] 특히 동만으로 불리던 연변 지역에서 조선족은 전체 인구의 약 76%를 점하고 있어 명실공히 다수민족으로 됐으며 상대적으로 독자적인 민족문화생활권을 형성하면서 비교적 안정적인 경제 및 문화생활권을 형성했다.

이 시기 조선족은 전통적인 생활풍속 습관은 물론 비교적 성숙된

6 조선총독부 편. 1966. 『최근 조선의 치안상황』, p. 290 참조.

근대학교 교육을 실시해왔으며 새로 개척한 생활터전에서 나름대로 자기의 민족문화생활권을 지켜왔었다. 하지만 전반 이동과 정착단계에서 조선족 선민들은 조선반도를 자신의 조국으로 간주했고, 문화적으로도 조선민족 정체성을 지니고 있었으며, 언젠가는 조국으로 돌아가야 한다는 강한 귀향의식을 지니고 있었다.

당시 이들이 중국으로 이주해오게 된 동기가 대체적으로 경제적 요인이 우선이었고 또한 가족이나 친지들이 조선반도에 있는 경우가 많았기에 중국에서 정착은 적극적으로 시도했으나 중국의 주류사회로 진출하려는 욕망과 동기는 부족했을 뿐만 아니라 언어 교류 등 주류사회 진출에 필요했던 여러 가지 여건들도 주어지지 않았다. 따라서 자신들만의 공동체 사회를 구축하고 자기 민족 구성원들끼리 사회단체를 결성하고 학교를 세우기도 했다.

즉, 동북지역은 이들의 경제적 삶의 터전이었을 뿐이었고 개인의 국적 가입 청원서 제출 역시 생존의 방편이었을 뿐이다. 마음속 깊이 자리 잡고 있었던 고향은 여전히 조선반도였고 문화적인 기탁 역시 민족적인 것이었다. 다시 말하면 제반 이주시기 조선족의 주요한 과제는 당지에 정착하면서 이주사회를 형성하는 것이었고 다양한 성격을 지닌 조선인단체들도 이주민의 권익을 대변하고 자치권리를 쟁취함으로써 안정된 삶을 누리는 것을 목표로 했다.

따라서 당시 대다수 조선족 성원들에게 있어서 이른바 중국 주류사회 진출은 차선으로 될 수밖에 없었다. 소수 조선 이주민들이 귀화입적 한 것도 "그 무슨 민족성과 정체성을 잃은 것이 아니라 나라를 되찾고 민족을 상생시키는 행위"[7]로서 결코 주류사회 진출을 목표한 것은 아니었다. 요약해본다면 중국에 이주한 조선족이 자체의 고유문화를 간직하고 전통적인 가치체계를 보존할 수 있었던 것은 다음과 같은 원인에 의한 것이라고 볼 수 있다.

첫째, 조선족의 이민은 19세기 후반부터 시작됐고 이들의 주요한 정착지는 중국의 동북지구였다. 동북지구는 지리적으로 조선반도와 인접해 있어 교통이 편리했을 뿐만 아니라 청정부의 봉금지대였으며, 중국문화의 주체였던 한족의 관동 진출도 비슷한 시기에 비슷한 동기로 조선족의 천입과 거의 동시에 진행됐기에[8] 이 지역의 경제적인 토양이나 문화적인 토양이 모두 비교적 척박했다고 볼 수 있다. 또한 동북지구의 풍부한 자연자원과 거주공간은 부동한 민족 사이의 생존을 위한 마찰을 최소한으로 감소시킬 수 있었고 끊임없는 인구이동과 이주 후의 집거생활은 조선족이 자체의 고유한 전통문화를 보존할 수 있도록 조건을 마련해주었다.

둘째, 조선족의 이민 심리를 놓고 보면 주요하게는 경제생활의 핍박에 의한 것이지 절대로 조국이나 민족에 대한 배반은 아니었다. 천입민족으로서의 조선족은 민족문화에 대한 강렬한 동질의식을 갖고 있었을 뿐만 아니라 망향의식도 아주 농후했다.[9] 강렬한 민족동질성과 농후

7　김춘선. 2011. "신해혁명 후 동북지역 조선족사회의 자치활동". 김춘선 주편. 『신해혁명과 중국조선족』. 연변인민출판사, p. 15.

8　자료에 의하면 1653년(순치 10년)청정부는 〈요동초민개건조례〉를 반포하여 관내의 한족이 동북지구로 이주하는 것을 환영했다. 1668년(강희7년)에 이 조례를 폐지했으며 정책상에서 한족의 관동 이주를 불허했다. 한족의 대량적인 관동 이주는 아편전쟁 이후였다. 그러므로 시간적으로 조선족의 이주와 같은 시기로 볼 수 있다. 조룡호·박문일 주편. 1997. 『21세기로 매진하는 중국조선족발전방략』. 요녕민족출판사, 제1편 제1장 참고.

9　북경 조선족청년학회 편. 1992. 『중국조선족이민실록』. 연변인민출판사.

한 망향의식 및 이로부터 산생되는 죄책감은 역으로 자기의 전통문화를 고수하고 민족동질성을 유지할 수 있는 동력으로 됐다. 또한 반일애국지사와 선각자들의 애국계몽교육과 학교교육의 실시도 민족문화를 지킬 수 있는 힘으로 됐다.

셋째, 역사적인 시각에서 놓고 보면 중국과 조선은 모두 동아시아 문화권에 속하며 중국 문화는 조선민족 문화의 형성과 발전에 거대한 영향력을 과시했다. 장기간에 걸친 두 나라 간의 문화교류와 인적 내왕은 조선족으로 하여금 이국 타향에서도 문화적인 이질감을 크게 느끼지 못하게 했다. 특히 '9.18' 사변 이후 한국과 중국의 공동한 민족사명과 시대적 책임감은 부동한 민족 사이에 서로 존중하고 단결 합작하여 일제와 싸우는 새로운 문화풍토를 형성했다. 민족의 생사와 국가의 존망이라는 대의명분은 부동한 민족 사이의 문화적 충돌을 피면하게 했을 뿐만 아니라 부동한 민족 사이의 문화교류와 평등한 대화를 위해 양호한 환경을 마련해주었다. 이 역시 조선족의 초기 정착생활과 문화 이식을 위해 적극적인 추진 역할을 했다.

총적으로 보면 이 시기 조선족은 비록 타향에 몸담고 있었고 그 문화 표층에도 어느 정도 일정한 변화를 가져왔다고 하지만 대중적인 차원에서 놓고 보면 조선족사회의 전반적인 생활방식이나 가치의식에는 질적인 변화를 가져오지 못했다. 조선족의 의식 심처에서 작용했던 것은 여전히 전통적 의미에서의 조선 민족문화였다. 조선족사회의 매개 성원은 자신의 전통문화에 대해 모두 적극적인 귀속감이 있었고 전통문화 역시 이국 타향에 몸담고 있는 사람들에게 최후의 문화적인 후원과 정신적인 위안을 주었다. 전통문화는 이들이 의뢰할 수 있는 '마음의 집'이 됐을 뿐만 아니라 팔도강산 곳곳에서 온 조선인 이민을 하나로 묶을 수 있는 '마음의 유대'가 됐다.

이렇듯 이주 초기부터 자의 또는 타의로 이국땅에서 자기 민족의 경계를 쌓을 수 있었고 자기 민족을 지켜갈 수 있었다. 이러한 민족적 경계를 지켜왔기에 조선족은 중국의 한 소수민족으로 인정받을 수 있었고 연변과 장백에서 자치권리를 행사할 수 있었으며 '한족-소수민족'이라는 이원구도 속에서 주류사회 진출도 가능하게 됐던 것이다.

3. 광복 전 조선족의 정치적 선택과 주류화 실천

이주민이란 신분과 다민족 공생이라는 점에서 조선 이주민들의 현지화 과정은 우리들에게 여러 가지 관심사항을 던져준다. 이를테면 자체의 민족적인 특질과 문화를 지켜가면서 중국사회에로의 융입(融入)이 가능한 것인지, 중국사회의 일원으로 되려면 문화적으로 완전히 동화되어야만 가능한 것인지 등이다.

결론적으로 놓고 보면 동북의 풍부한 자원이 경제적인 공생과 공존관계를 가능케 했으며 조선족 또한 민족교육 실시, 근대문화 전파, 민속놀이 전승 등 다양한 방식으로 민족문화의 현지정착을 이행했으며 촌락공동체 형성을 통해 자기 민족 정체성을 지켜가고 타 민족과의 경계를 쌓아갈 수 있는 문화적 기틀을 마련했다. 따라서 이주 초기 조선족 구성원들에게 있어서 자기의 민족 정체성을 지켜가는 것이 우선시됐던 만큼 주류사회 진출은 시도되지 않았다고 보아진다.

20세기에 들어와서 이미 현지화 또는 이주에서 정착으로 이행된 시점에서 조선족사회는 무엇 때문에 중국의 주류사회로 진출하고자 했고, 이들이 주목했던 주류사회는 무엇 때문에 당시 중화민국의 집권당이었던 국민당이 아닌 공산당이었을까? 쉽게 말해서 오늘날 조선족의 합법화 신분과 주류화 진출은 중공이 실시했던 민족정책과 중공의 주장에 적극 호응했던 조선족사회 엘리트집단의 선택은 무관하지 않다고 보아진다. 구체적으로 설명한다면 아래와 같은 몇 가지 이유로 귀결할 수 있다.

첫째, 20세기 초반 급변하고 있는 동아시아 정세가 가져다준 중국인과 조선인의 공감대 형성이다.

20세기 초엽인 1911년 10월 10일 우창(武昌)봉기를 효시로 하는 신해혁명은 중국에서 최후의 봉건 군주전제 제도를 뒤엎고 봉건시대의 종말을 선고했다. 신해혁명을 통해 청조 통치를 뒤엎고 손중산을 임시정부 총통으로 하는 중화민국 체제로 들어섰지만 제반 중국사회의 반식민지·반봉건적인 사회 성격을 완전히 개변시키지는 못했다. 따라서 반제반봉건 투쟁은 여전히 중국 인민의 주요한 정치적 과업으로 되었다.

한편 동아시아에서 '탈아입구(脫亞入歐)'를 기본 국책으로 하여 제일 먼저 근대화를 실현한 일본은 군국주의 세력이 대두하기 시작했고 1910년 한일 합방을 강압적으로 진행하여 한반도에서 식민통치를 실시했다. 일제의 식민통치를 뒤엎고 국권을 회복하고자 많은 우국지사들이 조선족이 많이 집거해 있는 동북지역으로 건너와 반일 구국운동을 전개했다. 이와 때를 같이하여 일제도 그 세력을 간도지역으로 뻗쳤고

대륙 침략의 야심을 드러냈다. 일본은 '9.18 사변'을 일으키고 위만주국을 세웠으며 나아가서 '7.7 사변'을 계기로 전면적인 대중국 침략전쟁을 발동했다.

이러한 정세 속에서 중국의 반제반봉건 투쟁 및 항일운동은 동북과 화북에서 조선인들이 전개한 반일 구국운동과 많은 면에서 공감대를 형성하게 됐으며, 이른바 중국혁명과 국권회복과 민족 자주를 위한 조선혁명의 연관성이 강조되면서 조선에서 건너온 유지인사들과 민족주의자들은 중국혁명에 적극 나서게 됐다. 따라서 초기 애국지사들과 민중들은 공동한 목표의 실현을 위해 중국혁명에 동참하게 됐고 또한 이러한 방식으로 중국 주류사회로의 진출을 이루게 됐다.

둘째, 중공이 초창기부터 실시했던 민족정책, 특히 조선인에 대해 소수민족 지위를 부여한 것이 조선족의 주류사회 진출을 위한 정치적 담보로 됐다고 볼 수 있다. 중공은 창당 이듬해인 1922년 7월 상해에서 개최된 제2차 전국대표회의에서 채택된 〈선언〉에서 "신장, 서장, 몽골 등 소수민족이 집거해 있는 지역이 중국 본토 각 성과 근본적으로 다르다고 인정하면서 민족자치, 민족자결 내지 민족자치연방"을 주장했다. 1927년 10월에 성립된 중공만주성위는 동년 12월 24일 "만주의 목전 사업계획결의안"을 채택했는데 결의안에는 "만주는 중국 유일한 봉건군벌 겸 최대 지주인 장작림, 오준승, 장작상, 양우정, 장학량 등과 소작농민, 고용농민, 실업농민이 가장 많고 가장 밀집한 지역이다"라고 규명했고 처음으로 조선 민중을 단결시키고 동원하여 반제반봉건 혁명투쟁에 참가하게 하고 민족해방을 생취하게 하는 것을 사체사업의 주된 과제로 제정했다. 이러한 내용은 〈만주조선농민문제〉(1928)에서도 여실히 보여주고 있다.

"만주의 조선농민은 현재 조선민족의 측면에서 말할 것도 없고 중국·일본 정부의 각 측면에서도 모두 가장 해결하기 어려운 심각한 문제가 되고 있다. 중국 노농군중과 조선의 민족이 직접 해결하는 것 외에 누구도 그 책임을 질 수 없다. (…) 조선농민은 우리 반일의 우군이며 우리 만주혁명농민의 일부분이다. (…) 모든 조선의 농민은 만주와 중국의 농민들과 마찬가지로 일률적으로 토지소유권, 거주권을 향유하며 모든 토지를 몰수하고 일본 자산계급이 만주에서 경영하던 모든 산업을 몰수하고 부속지, 예를 들어 철도, 광산, 공장, 은행, 상점 등을 모두 만주혁명 정권으로 귀속시킨다. 중국 군벌의 통치를 소멸시키고 일본 군경을 국외로 추방시킨다. 일본인이 경영하던 모든 학교를 폐쇄한다. (…) 이렇게 해야 만주의 농민 문제는 비로소 진정으로 해결될 수 있다. 이것이 바로 우리 만주의 모든 농민, 노동자와 만주의 조선농민이 함께 해야 할 임무이다."[10]

여기에서 볼 수 있듯이 중공만주성위에서는 동북에 거주하고 있는 조선 이주민들의 생활고에 대해 깊은 관심을 보여왔고 조선 이주민들의 해방과 중국 인민의 해방을 연관시켜 보면서 조선 이주민들을 반일투쟁의 주요 역량으로 간주했다.

1928년 7월에 개최된 중국 공산당 제6차 전국대표대회에서는 고려인이라는 표현을 사용하면서 최초로 조선족을 중국의 소수민족 범주

---

10 『만주통신』제7기; 황유복. 2002. 『중국조선족사회와 문화의 재조명』. 요녕민족출판사, pp. 222-226 재인용.

에 포함시켰다. 그 뒤에 반포된 〈중국공산당의 목전 시국에 대한 선언〉(1930.08.14.)에서는 "국내 각계 민족의 완전 자결권을 승인한다"고 하면서 "민족자결의 원칙에 의거하여 모든 소수민족은 완전 분립과 자유연합의 권리를 가진다. 민족자결을 철저히 승인하고 실행하여 각 소수민족의 국가분립의 권리를 인정한다", "몽골인, 회강, 묘족, 리족, 고려인 등 모든 중국 지역에 거주하는 약소민족은 중국 소비에트연방에 가입할 것인지 탈퇴할 것인지를 완전히 자유롭게 결정할 수 있고 또한 자신들의 자치구역을 건립할 것인지를 스스로 결정할 수 있다"고 했다.

1934년 1월에 반포된 〈중화소비에트공화국헌법대강〉에서도 고려인을 포함한 중국 경내 소수민족의 완전한 자결권을 부여했고 중화 소비에트연방에 가입 혹은 탈퇴 혹은 독립된 자치구역을 건립할 수 있다고 했다.[11] 그뿐만 아니라 중화 소비에트 공화국 중앙정부 설립 당시 조선인 양림은 중앙위원으로 당선됐으며 무정을 비롯한 수많은 조선인들이 홍군부대에서 맹활약했다.

1938년 10월 연안에서 개최된 중공 6기 6중전회에서 모택동은 연설에서 당의 민족정책을 언급하면서 소수민족이 한족과 평등한 권리를 향수하며 공동항일의 원칙하에 자체 민족의 사무를 관리할 수 있는 권리가 있으며 동시에 한족과 통일된 국가를 건립한다고 지적했다. 여기에서 모택동은 공동 항일의 기치라는 시대적 과제와 통일된 국가 건립을 민족자결, 자치와 결합시켰다.

광복 후 중공은 1947년 10월 10일 봉건 착취제도의 소멸을 선고하

11　『民族問題文獻匯編』. 중공중앙당학교출판사, 1991, p. 165 참조.

는 강령성 문건인 〈중국토지법대강〉을 발표했으며, 이 〈대강〉에 따라 동북행정위원회에서 제정한 시행방침에 의해 동북해방구에 서주하고 있던 조선족 농민들은 중국 내 기타 민족과 동등하게 토지를 분배받고 국민적인 모든 권리를 향유할 수 있게 됐다. 해방구에서 조선족 농민들이 토지를 분배받을 수 있었다는 것은 이미 중국 국민의 신분을 지녔음을 의미한다. 다시 말하면 중공은 일찍 창당초기부터 중국 내 조선 이주민에 대해 정책적으로 자국의 소수민족 지위를 인정해주었고 조선족의 신분을 합법화하면서 기타 민족과 동등한 대우를 해주어야 한다고 선언했으며 토지분배는 이러한 정책의 현실에서의 구체화라고 볼 수 있다.

한편 토지개혁 운동에서 조선족 인민들에게 자국민과 동등한 원칙으로 토지를 분배해줌으로써 조선족 구성원들이 중국 인민의 해방을 위한 국공내전에 적극 참가하여 주류사회로 진출할 수 있는 정치적 동력을 제공해주었다. 국민이라고 한다면 정치적으로 당연히 중국을 자기 조국으로 인정해야 하며 새로운 국가 정체성을 지녀야 한다. 이런 시각에서 놓고 볼 때 조선족이 국공내전에 참여했던 것은 중공을 중국의 영도집단으로 인정함과 동시에 중공 영도하에 중국 국민으로 성장함을 시인한 것으로 평가된다.

셋째, 조선인사회의 지도자 역할을 해왔던 엘리트층이 중공을 선택했고 조선족 대중사회에 중공 기층조직을 세웠던 점이다. 조선족은 동북지역에서 새롭게 민족공동체를 구축하고 정착생활을 해왔지만 이들은 강 하나를 사이에 두고 자기 조국을 바라볼 수 있는 접경지대에 많이 살고 있었고 오랜 역사 속에서 형성되어온 민족문화와 공동체에 대한 정체의식도 확고했다. 이러한 확고한 정체의식은 이주 초기 중국 주류사회 진출을 포기하는 장치로 작용했다고 보아진다.

한일 합병을 전후하여 망국의 서러움과 독립운동의 뜻을 품은 애국지사들이 이주해 오면서 연변을 비롯한 동북지역은 단순히 경제적 삶의 터전뿐만이 아닌 반일 구국운동의 기지로 거듭나게 됐다. 이들이 조국의 광복을 위해 진행했던 반일무장투쟁은 중국의 항일무장투쟁과 화합하면서 고국의 운명과 중국혁명을 연관시켜 중국혁명의 연장선에서 고국의 광복을 도모한다는 논리가 확산됐다. 이 같은 논리에 의해 이들은 중국의 항일투쟁에 적극 참여하면서 중국과 합작하여 공동으로 일제를 물리치고 조선의 독립해방을 쟁취하려고 노력했다.

조선족사회의 입장에서 놓고 보면 1920년대 초반까지 조선족의 반일 독립운동은 주로 민족주의 계열이 주도해왔었지만 1930년대에 들어서면서 공산주의 계열이 그 주도권을 장악하게 됐다. 당시 중국 국민혁명의 요람으로 불리던 광둥으로 남하하여 황포군관학교에서 군사 기능을 연마하고 노농운동을 전개하던 800여 명의 조선 열혈청년들은 제2차 국공합작이 분열되고 성세호대하던 대혁명이 실패로 돌아가게 되자 일부는 중공이 영도한 난창(南昌) 봉기, 광저우(广州) 봉기에 참가했고 일부는 동북으로 돌아와 반제반봉건 투쟁을 견지했다.

1927년 9월 공산국제의 이른바 '1국 1당'의 원칙에 의해 중국 내 조선공산당은 해체됐고, 조선공산당 당원들은 집단적 또는 개인 신분으로 중공에 가입하게 됨으로써 중국 주류사회로 공식 진출하게 됐다. 중공 조직에 몸담게 된 조선인 지도층은 조선족 집거지에 기층 당조직을 세웠고 조선 민중들을 이끌고 '홍5월' 투쟁, '춘황' 투쟁을 전개하면서 중국의 반제반봉건 투쟁의 전면에 나섰다.

대다수 조선 민중들이 중공이 조직한 반제반봉건 투쟁에 참여한 주된 원인은 이주 당시 조선족이 중국에서 지방 군벌과 착취계급의 민족차별과 압박, 착취를 받아왔던 사실과 이에 맞서 싸우려는 조선 민중들의 저항의식의 발로였다고 해석하는 것이 비교적 현실적일 수 있다. 하지만 조선 민중들의 이러한 저항의식과 혁명투쟁은 중공의 반제반봉건 투쟁의 주장과 맞물리면서 조선 민중들이 전개했던 '홍5월' 투쟁, '춘황' 투쟁 등도 일종의 반제반봉건 투쟁으로 그 성격이 규명됐다.

9.18 사변 이후 조선족 반일지사들은 중공의 영도 아래 항일무장대오를 조직하고, 항일 유격구를 창설하고, 소비에트 정권을 세웠다. 당시 가장 어려웠던 동북 항일무장투쟁 초기 이들은 만주성위 및 산하 중공현위와 항일 유격구와 유격대의 영도 직무를 맡아 중화민족의 독립과 해방을 위해 불멸의 공훈을 세웠다.

다만 지적하고 싶은 것은 광복 전 조선족 엘리트 집단과 그 영향하에 있던 조선인들이 중공의 주장을 받아들인 것이 항일구국이라는 공동의 목표가 있었기에 가능했다고 한다면, 진정으로 중국사회로의 주류화 실천은 광복 이후였다는 점이다. 광복을 맞이하면서 중국 경내에서 반일 구국운동을 하던 조선족 엘리트 집단과 대다수 조선족 민중들은 새로운 운명의 갈림길에서 향후의 삶을 선택해야 했다. 다시 말하면 조국의 광복을 위해 몸 바쳐 싸우던 지도층 성원들뿐만 아니라 고향을 등지고 이국 타향으로 건너온 대중 계층까지 '조선으로 돌아가느냐, 중국에 남느냐' 하는 선택을 해야만 했다.

이는 단순한 향후 생존과 정착지에 대한 선택만은 아니었다. 여기

에는 국가에 대한 선택과 고향의식의 전환 등 심층적 가치의식의 선택
이 내재되어있다. 그보다 더 중요했던 것은 중국에 남는다면 공산당을
따를 것인가 아니면 국민당을 따를 것인가 하는 정치적 선택이었다. 어
찌 보면 이들은 이국땅에서 처음으로 자기의 운명에 대한 주체적 선택
을 하게 된 것이다.

상당수 조선인은 자신들의 두 손으로 개척하고 피땀으로 가꾸어오
고 지켜온 이 땅에 대한 사랑과 애착이 고향의 정으로 바뀌면서 현 거주
지역에 대한 고향의식이 새롭게 싹트기 시작했다. 고향에 대한 인식이
바뀌게 되면서 국가귀속에 대한 인식도 새로운 전환을 가져오게 됐다.
비록 이들의 의식 심처에는 민족 정체성을 간직하고 문화 정체성을 소
유하고 있었지만, 중공의 주장을 받아들이고 토지개혁 운동에 참가하
면서 자신의 경제적 이익을 보장했을 뿐만 아니라 처음으로 국민적 자
세로 기층정권에 참여하여 정치권리를 행사하기도 했다. 아울러 자신
들의 피땀으로 개척한 삶의 터전을 지켜내기 위하여 조선족은 중국 주
류사회로 진출하여 참정의정(參政議政)의 필요성을 절실히 느끼게 됐으며
지역 사무에 참가하기 시작했다.

토지개혁 운동 시에도 조선족은 자신들의 대표를 선출했는데, 이
러한 행동은 조선족이 중국을 조국으로 받아들이려는 정치적 아이덴티
티를 보여주는 것이다. 정치적 아이덴티티는 경제적이나 문화적인 것
과는 달리 심층적인 표현이며, 자연스러운 전환이라기보다 주체적인
자각의 결과라고 보는 것이 더 객관적일 것이다. 이들이 선거에 참가하
고 자신의 대표를 선출할 수 있었던 것은 이미 상당히 중국을 자기의 조
국처럼 간직하고 국가를 위해 자기의 책임과 의무를 감당하려는 국민

다운 자세를 지니고 있었기 때문이다.

비록 이 시기 중국은 국민당을 위시하는 민국정부가 합법적인 정부였고 국민당이 집권당이었지만 민국정부는 중국 내 체류하고 있는 조선족에 대해 교민 대우를 해주었을 뿐 국적 부여를 통한 자국민 대우까지는 이르지 못했다. 반면 중공은 조선족의 국적 문제에 대한 법적인 해결을 주지는 못했지만 조선족에 대해 고도의 신임을 보이면서 상당한 정치권리를 부여했다. 이러한 신임과 정책적 보장으로 동북 지방정권 건립 당시 많은 조선족들이 지방정부 행정직을 담당했고 지방참의원으로 당선됐다.[12]

하지만 이 시기 조선족은 중공이 정책적으로 이중국적을 부여했기에 국가정체성에 있어서도 여전히 이중성을 띠고 있었다. 이러한 특수성으로 인해 중국 대륙 전반에서의 국공내전이 중공의 승리로 막을 내리게 될 즈음에 중국인민해방군 소속으로 있던 조선족 장병 약 37,000여 명이 조선으로 돌아가게 됐고 조선인민군의 주력으로 개편할 수 있었다.[13] 여기에서 우리는 조선족 엘리트 집단의 정치성향은 중국혁명과 조선혁명이라는 이중 사명 속에서 이중성을 띠고 있었으며 이에 따라 중국 주류사회 진출이 이들에게 있어서 유일한 선택이 아니었음을 엿

---

12 일례로 1945년 11월 목단강시 인민정부 설립 시 조선족 김동열이 부시장으로 당선됐고, 이 듬해 2월에 열린 목단강시 임시참의회에서 당선된 102명의 참의원 중 조선족이 21명 있었으며 12명의 정부위원 중에도 조선족이 2명 있었다. 孫春日. 2009. 『中國朝鮮族移民史』. 華書局, p. 725 참조.

13 이덕산의 164사(10,821명)와 방호산의 166사(10,320명)는 1949년 7월에 조선으로 건너갔고, 1950년 1월 제40전군에 있던 조선족 장병 약 18,000여 명이 정주에 집결하여 독립 15사로 편성했다. 사장 전우의 인솔하에 1950년 4월 조선으로 건너갔는데 이들 중 80%가 중공당원이었다고 한다.

볼 수 있다.

결과적으로 놓고 보면 건국 이전까지 조선족의 중공으로 상징되는 주류사회 진출은 상당히 제한적이었음을 알 수 있다. 광복 전 중국에서의 주류화 선택은 정치적 측면이 돋보이며 주류사회 진출을 한 조선인들을 놓고 보면 다수가 기층당 조직에서 활약하는 조선족 간부와 군부대에서 활약했던 조선인 장병들이다. 당시 민중 속에서 깊은 뿌리를 박고 있었던 것은 중공 기층조직이었던 만큼 조선족사회의 우수한 사람들은 중공의 주장을 받아들이고 적극적으로 중공조직에 참가하면서 대중들을 이끌고 중공이 제시한 주장을 따랐다.

중공의 영도 아래 만주지역의 중요한 항일 역량으로 부상한 조선족사회는 일제와의 항쟁에서 커다란 기여를 했으며 특히 항일전쟁을 위한 결속 이후 장개석군과의 대결이 펼쳐질 때 조선족은 적극적으로 중공 계열에 서서 국내 해방전쟁에 참가했다. 당시 조선족 총인구가 100만을 겨우 넘어서는 상황에서 3개 사단의 정규부대를 구성할 수 있는 병력을 제공해주었다는 것은 놀라울 일이다. 여기에 후방에서 전선을 지원하는 담가대, 운수대 등등을 포함하면 청장년층이 거의 총동원됐다고 해도 과언이 아니다. 여기에서 볼 수 있듯이 조선족은 건국 전부터 이미 중국의 공민다운 신분으로 중공과 호흡을 함께해왔고 의식형태 면에서 중공이 주장하는 정치문화에 적극 동조했다.

이처럼 혁명연대에 조선족이 중국혁명에 기여한 업적이 중공으로부터 높이 평가받게 되면서 조선족의 국내 위상은 한층 제고됐으며, 이 또한 새 중국의 탄생과 함께 조선족 구성원들이 주류사회로 진출할 수 있는 중요한 밑거름으로 됐다. 이러한 토대가 마련됐기에 주덕해는 조선민족의 대표로 제1차 정협에 참석할 수 있었고 개국대전(開國大典)에 참가할 수 있었다.

　건국 후 조선족이 집거해 있던 연변지역에서 조선족은 자치정부를 수립했다. 또한 국가 차원에서 진행됐던 중국 경내 소수민족 식별사업의 결실로 1953년에 조선족은 중국 경내의 1개 소수민족으로 인정받았으며 '조선족'이라고 하는 법적 효력이 발생하는 '족명'을 부여받게 됐다. 1954년에 있었던 제1차 전국인민대표대회에서 통과된 사회주의 신헌법에서 새 중국은 56개 민족으로 구성된 다민족 국가라고 명시되어 있었던 만큼 조선족은 동화가 아닌 평등한 관계로서 타 민족과 공존관계를 이루면서 중국 내 정치생활에 참여할 수 있게 됐다.

4. 개혁개방 이후 조선족의 정계 진출 및 그 한계성

　건국 후 조선족의 주류사회 진출은 중국사회 각개 분야에서 활발한 양상을 보여주었다. 대체적으로 놓고 본다면 계획경제 시절 조선족 구성원들이 인지해왔던 주류사회 진출은 주요하게 각급 당정기관에 발탁되어 정계에 들어서는 것이었다. 특히 주목할 것은 대표적인 주류사회로 인정받는 중앙 및 지방 각급 당위와 인대, 정협에서 조선족들이 대표로 당선되어 기타 민족과 더불어 나라의 대사를 토론하고 정책 제정에 적극 참가할 수 있다는 점이다.

　정부 인대, 정협 대표를 제외하고 조선족의 주류사회 진출을 보여줄 수 있는 직책은 정부 각 기관과 부처에서 활약하고 있는 조선족 간부

<표 8-1> 전국인대 조선족 대표 상황[14]

(단위: 명)

	전체 대표 수	소수민족 대표 수	조선족 대표 수
9기 인대	2,979	428	18
10기 인대	2,985	415	10
11기 인대	2,987	411	9
12기 인대	2,987	409	9

<표 8-2> 중공 중앙위원 명단

	제13기	제14기	제15기	제16기	제17기	제18기
대표 명단	조남기 이덕수	조남기 이덕수	이덕수 전철수	이덕수 전철수	전철수 김진길	전철수 김진길

이다. 연변조선족자치주의 경우 설립 당시인 1952년에는 조선족 간부가 6,090명으로 전체 간부 총수의 78%를 차지했다. 1955년 자치구가 자치주로 개편될 당시 중공연변주위 기관에서 조선족 간부가 76%를 차지했으며 자치주 내 정법·농업·재경·수리 계통에서 75~76%가 조선족이었으며 문화교육 계통에서도 87%가 조선족이었다.

---

14 제9기 전국인대 조선족 대표는 주로 길림성(6명), 요령성(1명), 흑룡강성(5명), 해방군(4명), 텐진시(1명), 산시성(1명)에서 선출됐으며, 대표 인원수가 많았을 뿐만 아니라 선거지역도 비교적 넓었다고 보아진다. 제10기 전국인대 조선족 대표는 주로 길림성(6명), 요령성(1명), 흑룡강성(2명), 텐진시(1명)에서 선출됐는데, 제9기에 비하면 해방군 대표단에서 조선족이 선출되지 못했고 흑룡강성에서 조선족 대표 당선비율이 낮아졌다. 제11기 전국인대 조선족 대표는 길림성(5명), 요령성(1명), 흑룡강성(3명)으로 되어있으며 제12기 전국인대 조선족 대표는 길림성(5명), 흑룡강성(3명), 해방군(1명)으로 되어있다. 대표 당선지를 놓고 보면 전통적인 집거 우세를 보유하고 있는 동북3성이 절대 우세이고 그다음으로 해방군 대표로 볼 수 있겠다. 하지만 그 이전에 있었던 제6기 전국인대 조선족 대표는 18명이었는데 이들은 동북3성뿐만 아니라 해방군(1명), 북경시(1명), 산동성(1명), 산시성(1명)에서도 선출됐다. 현재 비록 조선족의 내륙 인구이동과 대학을 졸업한 조선족 대학생들이 대도시에 취직하는 경우가 많지만 전국인대 대표로 당선되는 사례는 거의 없었다.

하지만 1957년부터 이어지는 정치운동으로 인해 조선족 간부는 많은 피해를 입게 됐고 조선족 간부 비례도 현저히 하강됐는바 1971년 연변주 8개 현시에서 26명 당 서기(부서기 포함) 중 조선족은 7명뿐이었다. 명색이 조선족자치주였지만 주 당위와 각 현시 당위 서기 중 조선족은 1명도 없었다. 당 11기 3중전회 이후 잘못된 것을 청산하고 민족정책을 새롭게 실시하면서 조선족 간부 대오가 다시 활기를 띠기 시작했다. 1982년 통계에 의하면 조선족 인구가 자치주 전체 인구의 40.4%를 차지했지만 조선족 간부는 자치주와 각 현시 및 향진에 이르기까지 전체 간부의 58%를 차지했다. 현재 자치주 내 조선족 인구비례가 점차 하강되는 추세이기는 하지만 조선족 간부 비례는 여전히 높은 수준을 유지하고 있으며 자치주 간부 총수의 40%를 점하고 있다.[15]

당시 엄격했던 호적제도 등 제도적인 규제로 개개인의 사회적 신분은 공인, 농민, 지식분자, 기관 간부 등으로 엄격히 분류됐는데, 이 같은 신분을 개변 가능했던 배경은 대학입시나 군부대 복무였다. 자율적인 인구이동도 불가능했던 시절인 만큼 이른바 '중국 동네(한족 동네)'로 표현되는 주류민족사회는 진출목표로 될 수 없었을 뿐만 아니라 오히려 경계를 쌓아야 할 상대로 되기도 했다.

그러나 이 같은 국면은 개혁개방이 시작되면서 모든 것이 바뀌게 됐다. 중국의 개혁개방을 평가할 때 대부분은 경제적인 시각에서 진행되지만 개혁개방이 가능했던 원인을 탐구해볼 때 가장 기본적인 인권의 환원이 있었기에 가능했던 것으로 보아진다. 개혁개방 정책이 실시

---

15   郝時遠·王希恩 (主編). 2010. 『中國民族區域自治發展報告』. 社會科學文獻出版社, 第104頁.

되면서 인구(노동력)의 자유이동이 가능했고, 국가 통일 배치가 아닌 자율적인 직업 선택도 가능했고 자영업도 허락됐다. 초기 '개체호'라고 불렀던 자영업자들은 오늘날 민영기업가로 신분이 업그레이드되면서 국영기업과 어깨를 견줄 수 있는 민영기업이라는 새로운 경제 실체들을 일떠세웠다. 민영기업가라는 사회적 신분과 국영과 민영의 이원경제 구도의 형성은 경제 영역에서의 또 하나의 주류를 형성했다. 경제 영역에서의 성공은 개인적인 부를 창출했을 뿐만 아니라 모든 사업은 경제 건설을 중심으로 한다는 총적인 지도사상과 '발전이 근본 도리이다'라는 가치이념하에 주류사회 진출을 의미하기도 한다.

사실 단순히 경제적 측면에서 평가한다면 조선족은 동북지역에서 제일 처음으로 수전 농사를 개발하여 동북의 단일했던 농업경제 구조를 개변시켰고 경제자원 활용에서도 상호 보완관계를 형성하면서 경제적 지위를 확고히 했다. 개혁개방 이후 조선족은 젊은 대학졸업생을 주축으로 연해지역으로 진출했다. 특히 당시 조선족학교에서 보편적으로 개설했던 일본어 수업의 우세를 충분히 이용하여 80년대 초반부터 중국에 진출했던 일본기업에 취직하면서 비교적 일찍 선진적인 경영관리 방식을 접했고 선진기술을 배울 수 있었다. 이를 바탕으로 중국사회에서 공인하는 경제인, 기업인으로 거듭나기도 했다.

한중 수교 이후 한국기업의 중국 진출을 계기로 북경, 상해, 광저우, 청도 등 지역에 새로운 코리아타운이 형성됐고, 당지 경제사회 발전에 조선족들이 적극 참여하게 됐으며, 지역경제 발전의 중요한 활력소로 됐다. 따라서 80년대 대학졸업생들을 필두로 조선족의 주류사회 진출은 정계만이 아닌 경제영역에서도 두각을 나타내기 시작했다.

이 밖에 괄목할 만한 것은 과학기술 분야와 문화예술 분야에서 조선족들이 두각을 나타내면서 각자 분야에서 뚜렷한 성과를 이룩하여 주류사회로 진출했다는 점이다. 이를테면 현직에 있는 대학 및 연구소, 설계원, 병원 등 여러 업종에서 사업하고 있는 중청년 과학기술자와 학자, 연구인원들이 맹활약하고 있으며 중국과학원, 중국사회과학원 등 국가급 연구기관들에서 원사로 발탁되면서 자타가 공인하는 전문가로 성장하고 있다.

전반적으로 놓고 보면 개혁개방과 시장경제 체제의 도입으로 중국 사회가 전환기를 맞이하게 된 현시점에서 경제 분야나 과학기술과 문화예술 분야에서 성공을 이루면서 각개 영역에서 중국 주류사회 진출은 여전히 희망이 보인다. 하지만 정치적 측면에서 주류사회 진출은 간부선발제도 개혁, 공무원시험제도 도입, 인적자원 분배의 시장화 등으로 하여 점차 어려워질 것으로 전망된다. 중국사회가 시장경제 체제로 전환되면서 시장이 사회자원 분배에서 중요한 역할을 감당하게 되고 시장이라는 보이지 않는 손이 그 영향력을 경제자원뿐만 아닌 인적자원 분배에도 미치게 됐다. 이에 따라 조선족 구성원들이 사회적 지위, 사회신분 향상, 능력 과시 등의 면에서 과거와 다른 환경에 처하게 됐다. 어찌 보면 정계 진출을 통한 성공담은 이미 한계점에 달한 것 같다. 이러한 한계성을 초래한 주요 원인을 분석해보면 아래와 같은 몇 가지를 꼽을 수 있다.

첫째, 인적자원 분배에서 정부 역할의 격감이다. 개혁개방 전에는 중국에서 계획경제 체제를 실시하면서 국가가 자원에 대한 절대적 지배권을 행사했으며 지령에 의한 사회 인적자원 분배가 유일한 형식이 됐다. 따라서 조선족들이 국가기관에 진출한 것도 대부분 경쟁을 통한 것보다 국가의 소수민족정책 혜택이라 할 수 있다. 소수민족 간부 문제에 있어서도 예전과 다른 환경에 직면하게 된다. 건국 초기만 해도 정부는 소수민족 지역의 안정과 발전을 도모하기 위하여 의도적으로 소수민족 간부를 양성했으며 소수민족 간부를 통해 민족 지역사회를 다스리고자 했다. 그러나 현재는 경제발전을 통해 소수민족 지역의 안정을 도모하고자 하는 만큼 간부 선발에 있어서도 민족성분을 과거처럼 중요시하지 않는다. 따라서 소수민족 간부 양성은 기층으로부터 구조적 변화가 일어나게 됐고 조선족 간부 대오는 점차 약화될 수밖에 없다고 보아진다.

둘째, 젊은 세대들의 새로운 삶의 선택과 가치 지향성이다. 개혁개방 이후 한국기업의 중국 진출에 힘입어 많은 조선족 젊은 층이 도시로, 연해지역으로 진출하여 경제적 성공을 이루어내고 있으며 당지에 새롭게 '코리아타운'이라는 '압축형 민족구역'을 일떠세우는 데 큰 기여를 하고 있다. 이들이 경제적으로 주류사회에 진출하는 것에 만족하지 않고 정치, 문화 제 분야에서 주류사회에 동참하고자 한다면 반드시 거주지역의 지방정부와 당지 사회와의 양호한 역동적 관계를 유지해야 한다.

국가의 일련의 민족정책과 제도는 지방정부를 통해 구체적으로 실시된다. 비록 중국 전역에서 지방자치제도는 실시되고 있지 않지만 지방정부는 상대적 독자성을 띠고 있기에 지방정부와의 양호한 관계 수립 및 지방사무에 적극 참여하는 것은 당지에서 양호한 민족 공존관계를 형성하고 조화로운 분위기를 형성하여 조선족 자체의 이미지 향상과 주류사회 진출에 큰 힘이 될 수 있다. 하지만 조선족 젊은 세대들은 중국 주류사회 진출보다도 개인적인 사업 성공, 인생 성공을 더 많이 고려하고 있으며 이러한 성공의 무대를 중국에 한정시키지 않고 세계를 무대로 고민하고 있다. 현재 일본이나 한국에서 성공을 기대하는 젊은 세대들이 대표적이라 할 수 있다.

셋째, 조선족의 대량적인 인구이동은 조선족 간부 양성의 토양을 척박하게 한다. 1990년대에 들어서면서 조선족 구성원들이 기존의 삶의 근거지였던 동북3성을 벗어나 해외로, 내륙으로 이동하면서 동북3성의 조선족인구는 현저히 격감했다. 연변의 경우 조선족 인구비례가 점차 감소되고 있으며 기존의 농촌 집거구가 해체되면서 농촌 기층사회에서의 조선족 간부 양성은 그 토양을 잃게 됐다. 만약 기층으로부터 조선족 간부 대오가 양성되지 못한다면 중층 간부 대오로부터 시작하여 조선족은 중국사회에서 인정받는 간부 양성뿐만 아니라 자체 민족사회의 지도자 양성에도 차질을 빚게 될 것이다.

〈표 8-3〉 조선족의 국내 분포상황

(단위: 명)

성, 시	인원 수	성, 시	인원 수	성, 시	인원 수	성, 시	인원 수
북경	37,380	천진	18,247	하북	11,296	산시	663
내몽골	18,464	요녕	239,537	길림	1,040,167	흑룡강	327,806
상해	22,257	강소	9,525	절강	6,496	안후이	1,200
푸젠	2,157	강서	543	산동	61,556	허난	1,457
후베이	1,960	호남	1,180	광동	17,615	광시	2,701
하이난	973	중경	637	사천	1,548	구이저우	664
윈난	1,343	서장	26	섬서	1,129	간쑤	559
칭하이	312	녕하	403	신강	1,128		

주: 본 도표는 전국 제6차 인구 보편조사 통계수치에 근거하여 작성한 것임.

넷째, 중국 주류사회의 조선족에 대한 정치적 신뢰이다. 건국 이전 조선족은 엘리트 집단과 중견 집단이 중공의 영도하에 항일전쟁과 해방전쟁에서 중국인민들과 어깨를 나란히 하고 싸우면서 수많은 업적을 쌓았을 뿐만 아니라 동지적 신뢰관계를 형성했다. 이러한 신뢰관계는 건국 초기 조선족의 우수한 인재들이 중국 정부와 군대의 고위층에 중용될 수 있는 중요한 근거가 됐다. 그러나 오랜 혁명투쟁 속에서 쌓아온 신뢰관계는 건국 후 수차에 걸친 그릇된 정치운동의 충격으로 조선족 간부들이 배척당하게 되면서 점차 금이 가기 시작했고, 개혁개방 이후 조선인이 참여한 일부 사건들은 중국인들의 조선족에 대한 신뢰도를 많이 떨어뜨리기도 했다. 만약 중국 주류사회와 돈독한 정치적 신뢰관계를 형성하지 못한다면 민족주의 정서가 정국에 영향을 미치고 있는 현시점에서 정계 진출은 더욱 어려워질 것으로 보인다.

특히 오늘날 세계화 추세가 몰고 오는 가치 다양성과 문화 다원성은 소수민족이 정계 진출에 있어서 반드시 냉철하게 짚고 넘어가야 할 사항으로 되고 있다. 정계 진출은 필경 주류 문화 가치에 대한 공동된 인식이 전제되어야 하는 만큼 다양한 문화 가치의식이 병존하는 현실생활에서 올바른 가치선택을 하는 것이 매우 중요하다고 할 수 있다. 과거에는 통일된 정치성향의 가치문화 패턴이 강조되어왔고 정부 주도의 의식형태 가치문화가 주류를 이루면서 전반 사회구성원들에게 주입됐기에 우리는 가치 정체성 문제에 있어서 별다른 선택의 여지가 없었다. 그러나 현재는 서구적인 문화 가치의식이 다양한 경로를 통해 중국에 전파된 만큼 다양한 가치선택이 가능해졌다.

오늘날 중국사회에서 다원화된 가치관 중 특히 대표적인 것은 서구적인 문화 가치의식, 중국의 전통문화 가치의식, 전통적인 사회주의 가치의식과 이른바 중국 특색 사회주의 가치의식이다.[16] 이러한 가치관들은 현재 중국 내에서 자체의 정당성을 과시하면서 상당한 영향력을 보이면서 역사적인 선택과 현실적인 수요에서 놓고 본다면 중국 특색 사회주의 가치의식이 분명 주류를 이루고 있다.

중국사회가 시장경제 체제로 전환된 이후 중국 특색 사회주의 가치의식은 제반 문화의 초석으로 되고 있으며, 중국 인민이 문화 정체성의 핵심으로 되고 있으며, 자각적으로 실천하는 이상 신념과 행위준칙으로 되고 있다. 물론 중국 특색 사회주의 가치관을 주류적인 것으로 인정하고는 있지만 한편 자체 나름대로의 가치의식을 지켜가려는 움직임도 있어 현재는 '주류-비주류'라는 문화 가치의식 구도를 형성하고 있다. 따라서 정계로 진출하고자 하는 조선족도 자기의 조선족으로서의 신분을 지켜가야 할 뿐만 아니라 주류사회가 요구하는 주류 문화에 대한 인정도 뒷받침되어야 한다.

다섯째, 냉전 구도가 종식된 이후, 특히 새천년에 들어와서 이른바 문명의 충돌을 동반하고 있는 민족주의 성향이다. 조선족은 비록 이주민과 그 후예로 이루어진 하나의 소수민족 공동체이지만 나름대로의 민족문화를 소유하고 있고 민족이 선호하는 가치의식을 갖고 있다. 따라서 이들이 주류사회로 진출해나가고자 한다면 사상 이념적 차원에서 주류 문화에 대한 공감을 이루어야 하며 민족문화와의 관계를 잘 처리

16　江暢. 2014. "論中國主流价値文化的內涵, 特質及其构建". 『河北學刊』. 第34卷 第5期, 第136頁.

해나가야 한다. 특히 조선족은 소수민족의 주류사회 진출을 정책적·제도적으로 보장했던 민족지역자치제도 자체가 급변하는 국내외 정세에 대응하면서 현실적으로 곤혹을 겪었고, 이에 대한 반성 또한 민족주의 성향을 내비치기도 한다.

앞에서 지적했듯이 민족지역자치제도는 '제도'라는 형식으로 근대 중국사회가 추구해왔던 중화민족 개념을 분해하여 '한족-소수민족'의 이원구도적인 패러다임과 56개 민족이라는 다원적인 개념을 형성했으며, 중국의 정치 지리도 민족 거주집단에 따라 다양한 '민족구도'를 이루었다. 혁명연대에 소련의 경험을 받아들이고 중국 실정에 맞추어 제정됐던 정치도향(政治導向)화한 민족정책은 자칫 '민족주의'적인 사회동원력에 합법화된 정치공간과 사회공간을 제공해주게 된다. 이는 하나의 통일된 국가체제를 구축하는 데 불리한 요인으로 지목될 것은 당연하다.

그리고 민족지역자치제도는 사실상 '도구이성'과 '가치이성'의 딜레마적 대립구도를 형성하게 된다. 도구적인 이성이라는 시각에서 보면 지각화한 민족지역자치제도는 일정한 부정적인 결과를 초래할 가능성을 내재하고 있다. 그러나 가치이성의 차원에서 놓고 보면 소수민족은 대대로 살아왔던 지역에서 자치를 실현하고 소수민족의 사회적 문화를 실천해왔다. 어찌 보면 지역자치는 이 지역에 거주하고 있는 소수민족의 고유한 정치권리이다.

이 같은 딜레마에서 탈피하고 보다 완벽한 제도를 모색하는 것이 어찌 보면 중국이 민족 문제에서 당면하고 있는 시대적 과제인 것 같다. 이러한 맥락에서 기존의 소수민족의 정계 진출에 있어서 중요한 제도적 보장이었던 민족지역자치제도 역시 현시점에서 재검토 내지 보완해야 한다는 목소리도 커지고 있는 실정이다. 실제적으로 놓고 보면 20세기 80년대 초기 '잘못된 것을 바로잡는'을 배경으로 민족지역자치제도가 정식으로 1982년 헌법에 기재됐고, 1984년에는 민족지역자치법이라는 형식으로 국가의 긍정을 받았다. 이 모든 것은 '한족-소수민족'이라는 이원론적 구도 속에서 민족관계 문제를 처리하고 민족단결을 통한 사회 안정을 도모한다는 데 취지를 둔 것으로 보인다.

그러나 80년대 후반에 들어서면서 티베트, 신장을 비롯한 소수민족자치지역에서 소수민족의 폭란이 일어났으며 특히 2008년에 있었던 티베트 3.14 사건, 2009년 신장 7.5 사건이 발생했다. 이에 지식계에서는 민족지구에서 소수민족이 자치권리를 행사하는 제도가 과연 민족문제가 발생하는 것을 미연에 방지할 수 있는가 하는 제도에 대한 심층적인 반성과 담론이 이루어지기 시작했다. 민족 문제는 중국 내부사회의 안정과 발전에 관련되어있으며 중국의 대외교류와 국가형상에도 심각한 영향을 미치는 만큼 중국사회에서 어떠한 민족관계를 형성하고 어떠한 민족정책과 제도를 실시해야 할 것인가 하는 문제에 대한 담론은 자연스러운 것이다. 민족지역에서 특정 소수민족이 자치권리를 행사할 수 있도록 정책적 · 제도적으로 보장하는 것은 혁명연대에 중공이 소련의 민족정책과 제도에 대한 충분한 학습과 검증을 통해 중국 실정에 근거하여 제정한 것이며, 이러한 정책에 의해 중공 역시 소수민족의 신뢰를 얻었고 이들의 지지를 받았다.

하지만 지역 개념과 민족 개념을 하나로 묶어 특정 지역과 특정 민족 간의 상호 관련성을 고질화함으로써 행정지역에 민족이라는 낙인을 찍었다. 이에 따라 이 지역에서 주요 권력기관에 소속될 수 있는 소수민족의 비례가 보장되어 특정 소수민족이 특수한 정치지위를 누릴 수 있었다. 그리고 건국 후 진행된 민족식별사업을 통해 55개 소수민족이 합법화한 민족집단으로 되면서 각개 민족집단 간의 경계가 세워지게 됐고 민족지역자치제도는 또한 지역경계를 형성했다. 이렇게 되면서 민족 간의 차이성은 고유의 문화적인 차원을 넘어서 정치적 차원으로 승화하게 됐고, 중국의 민족 문제도 따라서 정치화하게 됐다. 그리고 '한족-소수민족'이라는 이원구도는 인구적으로 다수를 차지하는 한족이 중국의 주류사회를 형성하고 있다는 인식을 낳게 되면서 주류사회 진출 기회도 자연히 한족사회에 치우치게 됐다.

민족지역자치제도에 대한 반성에서 비롯된 새로운 주장들을 놓고 보면 국가에서 구축하고 있는 정치와 법률적 차원에서 모든 민족의 구성원들이 평등하다는 국민정치를 실시하면서 소수민족의 자치권리가 아닌 국민권리를 지양해나가야 하며, 이는 또한 중화민족의 위대한 부흥을 위한 중화민족 공동체 자각에도 도움이 된다는 논조가 주류를 이루고 있다. 따라서 기존에 실시해왔던 소수민족우대정책도 조정할 필요가 있으며, 민족우대에서 지역우대로 전환시켜야 하며, 민족교육에 있어서도 중점을 자제 민족 공동체 의식이 아닌 중화민족 공동체 의식, 나아가서 국가의 국민의식을 강화시켜야 한다는 것이다. 이 같은 주장들이 학계의 주류를 이루고 있으며, 이 주장이 정책에 반영될 경우 조선족의 주류사회 진출은 새로운 시점에 들어서게 될 것이다.

5. 결론

현재 중국의 한 소수민족으로 살아가고 있는 조선족은 19세기 중반부터 비교적 규모 있는 이주를 시작해 압록강, 두만강 연안 일대를 비롯한 동북 전역에 삶의 터전을 마련했고 정착적인 삶을 시작했다. 이때로부터 오늘날에 이르기까지 150여 년이라는 조선족의 역사는 청조시기, 군벌통치, 중화민국, 위만주국, 중화인민공화국 등 다양한 시기를 경유해왔다. 따라서 다양한 시기에 조선족이 당면한 생존환경과 사회적 신분, 그리고 제반 가치 추구에 따라 이들의 중국에서의 주류사회 진출에 관한 담론도 달리 규명될 수 있다.

물론 이에 앞서 짚고 넘어가야 할 문제는 당시 중국 주류사회의 존재 여부이다. 대부분의 주장을 놓고 보면 주류사회 존재에 대해 긍정적이지만 주류사회의 주체 등등의 문제에서는 관찰하는 시각에 따라 상당한 차이성을 보여주고 있다. 일각에서는 국가권력에 초점을 맞추는가 하면 다른 일각에서는 이데올로기에 초점을 두고 있으며 심지어 정부를 주류사회로 보는 견해도 있다. 또한 중국의 주류사회는 사회권력, 사회자원, 공공 언론, 물질적 재부 등을 장악하고 있으며 상당한 영향력을 과시할 수 있는 집단들로 구성된 사회를 의미한다는 주장도 조심스럽게 펼쳐지고 있다.[17]

중국의 한 소수민족으로서, 합법적인 국민의 신분을 가진 자로서 자신의 노력과 능력으로 거주국의 주류사회로 진출하려는 것은 인지상

---

[17] 이 부분에 대해서는 李大鵬의 논문 "构建当前中國主流社會, 主流价值觀的研究綜述"를 참조하기 바람(본 논문은 『石家庄經濟學院學報』, 2011年 第3期에 실렸음).

정이라고 할 수 있다. 현재 조선족은 선인들이 중국인민의 독립과 해방을 쟁취하는 투쟁 속에서 생명으로 가꿔온 동지적 신뢰관계의 연장선에서 중국 주류사회로 진출 가능했던 건국 초기와는 다른 시대적 상황에 처해 있다. 세계화시대 다양한 가치의식의 충격 속에서 정계 진출을 중시하는 조선족 구성원들이 주류사회로 진출하려면 우선 먼저 우리에게 아픔을 주었던 정치운동이 가져온 불신과 편견을 청산하고 평등한 신뢰관계를 재구축해야 한다. 아울러 이러한 신뢰관계를 바탕으로 주류 문화가 선양하는 가치의식을 긍정적으로 받아들여야 할 것이다.

단, 지적하고 싶은 것은 주류 문화를 받아들인다고 해서 자체 문화 신분을 망각해서는 안 되며 자기 민족문화의 상실을 대가로 해서는 더욱 안 된다는 것이다. 조선족의 주류사회 진출을 담론하는 것인 만큼 '한족-소수민족'이라는 이원구도에서 진출자가 민족의 중요한 징표인 문화 정체성을 상실하고 민족적인 주체성을 상실한다면 담론 자체가 무의미해질 것이다. 솔직히 우리 민족이 문화 뿌리가 깊은 중화권에서 능히 자기를 지켜올 수 있었던 것은 경제적 생존이 아닌 문화 생존철학이 있었기 때문이라 하겠다.

조선족 구성원들이 주류사회로 진출하고자 하는 것도 조선족 자체가 중국사회에서 소수민족이기 때문이다. 그뿐만 아니라 민족에게 있어서 자체 민족의 문화는 자체 민족의 특성을 보존하고 민족적인 생존을 도모하는 데 필요한 존재이다. 조선족은 중국의 소수민족으로 자체의 문화와 전통을 갖고 있으며, 이러한 민족고유의 문화와 전통을 지켜가는 것은 단지 조선속의 생손만을 위한 것이 아니다. 중국 자체가 다민족 국가이고 다민족 문화가 병존하는 사회이기에 소수민족 사회가 소유하고 있는 문화가 모두 주류민족문화에 동화되어 중국이 단일 민족 문화 사회로 된다면 중국사회 및 문화 자체도 그 생명력을 잃어가게 될 것이다.

이러한 맥락의 연장선에서 한 가지 더 추가하고자 하는 문제는 바로 조선족의 문화적 신분을 명시해주고 민족 정체성을 확인시켜주는 그 문화가 어떤 문화인가 하는 문화 자체의 정체성 문제이다. 현재 자연스럽게 사용되는 개념이 조선족 문화인데 이것이 과연 독자성을 지닌 민족문화 개념인지 아니면 조선민족 문화의 약칭으로 제기되는 개념인지가 구분되어야 한다. 일반적으로 조선족 문화라고 할 때 중국 내 타민족 문화와 구분하기 위해 사용된 개념인데 이 차원에서 조선족 문화는 조선민족 문화와 동등한 의미로 사용된다고 보아진다. 최근 들어 한국 등 해외 한민족이 소유하고 있는 민족문화와의 차이성을 강조하면서 중국 조선족 문화라는 표현을 사용하고 있는데 우리가 군이 중국이라는 수식어를 사용하는 것도 차이성을 강조하려는 맥락에서 아닐까 하는 생각이 든다.

중국이라는 환경에서 살고 있고 이미 중국공민으로 된 조선족이기에 이들이 지켜가고 있는 민족문화는 자연히 중국 주류 민족문화와 의식형태 문화의 영향을 받게 되며 이들 문화요소를 수용하게 된다. 따라서 조선족 문화를 강조하면서 한반도 문화와의 차이를 강조하는 이 차이성은 또 다른 민족 주체로서의 차이성이 아닌 지역적인 차이성으로 보아도 무방하지 않을까 하는 생각이다. 객관적으로 놓고 보아도 중국에서 우리 민족문화를 지켜가고 있는 주체는 조선족으로 지칭되는 집단이 될 수 있지만 유일성을 띠고 있는 것은 아니라고 보아진다. 중국에서 거주하고 있는 조교, 현재 중국에서 장기체류하면서 민족문화를 전수하고 있는 한국인도 모두 우리 민족문화의 전승자로 될 수 있지 않을까 생각한다.

　따라서 중국에서 우리 민족문화를 보존하고 지켜가고자 한다면 보다 넓은 플랫폼에서, 보다 높은 문명 차원에서 부동한 국가 배경과 지역 환경 속에서 전승해온 민족문화를 시대적 흐름에 따라 재정립·재통합·재창조해나가는 것이 바람직한 자세일 것이다. 또한 이렇게 창출된 민족문화를 저력으로 주류사회에 진출하는 것이 향후 우리가 시도해보아야 할 방향인 것 같다.

참고문헌

김춘산. 2011. 『신해혁명과 중국조선족』. 연변인민출판사.

김춘선. 2015. 『항일전쟁과 중국조선족』. 연변인민출판사.

양소전 외. 2009. 『중국 조선족혁명투쟁사』. 연변인민출판사.

정신철. 1999. 『중국조선족사회의 변천과 전망』. 요녕민족출판사.

황유복. 2002. 『중국조선족사회와 문화의 재조명』. 요녕민족출판사.

曾少聰. 2004. 『漂泊与根植－当代東南亞華人族群關系研究』. 中國社會科學出版社.

梁英明. 2001. 『戰后東南亞華人社會變化研究』. 昆侖出版社.

陳志明. 2012. 『遷徙, 家鄉与認同－文化比較視野下的海外華人研究』. 商務印書館.

孫春日. 2009. 『中國朝鮮族移民史』. 中華書局.

黃光學·施聯朱 (主編). 2005. 『中國的民族識別－56个民族的來歷』. 民族出版社.

徐哓萍·金鑫. 2008. 『中國民族問題報告』. 中國社會科學出版社.

何博. 2014. 『我國邊疆少數民族的"中國認同"及其影響因素研究』. 中國社會科學出版.

『槪況』編寫組. 2009. 『延邊朝鮮族自治州槪況 (修訂本) 』. 北京: 民族出版社.

『簡史』編寫組. 2009. 『朝鮮族簡史 (修訂本) 』. 北京: 民族出版社.

『延邊朝鮮族史』編寫組. 2010. 『延邊朝鮮族史 (上) 』. 延吉: 延邊人民出版社.

『延邊朝鮮族史』編寫組. 2012. 『延邊朝鮮族史 (下) 』. 延吉: 延邊人民出版社.

溫北炎. 2002. "關于印尼華人融入当地主流社會的問卷調查." 『東南亞研究』 第2期.

高軍. 2012. "当代中國非主流社會思潮的消极影響及其應對." 『理論探討』 第5期.

范文娟·黃民興. 2014. "從移民到公民－穆斯林移民融入美國主流社會的歷程及其特点." 『西安交通大學學報』 (社會科學版) 第5期 (總127期) .

吳祖鯤·馬偉. 2013. "中國主流文化之构建与民族凝聚力的歸宿." 『湖南社會科學』 第4期.

張雷聲. 2008. "論社會主義社會主流意識形態." 『馬克思主義研究』 第4期.

江暢. 2014. "中國主流价值文化的內涵, 特質及其构建." 『河北學刊』 第5期.

陳衍德. 2001. "論当代東南亞華人文化与当地主流文化的双向互動." 『東南亞研究』 第4期.

陸攀. 2013. "和諧社會視域下主流意識形態的日常生活化." 『广西社會科學』 第2期.

제9장

'주류화'의 관점에서 바라본 재일한인사회

라경수(가쿠슈인여자대학)

*
본 글은 재외한인학회 · IOM이민정책연구원 · 고려대학교 아세아문제연구소 한민족공동체연구센터
가 2016년 4월 29일에 공동 주최한 국제학술대회("재외동포의 주류화: 거주국 주류사회 진출 현
황과 과제")에서 발표한 졸고 "일본 속의 재일한인: 과연 '주류화'가 가능한가?"를 수정 및 가필한
것임을 밝힌다.

1. 서론

본 장에서는 '주류화(主流化, mainstreaming)'라는 관점에서 재일한인사회를 재조명코자 한다. 즉, 보통 '자이니치(在日)'로 불리는 재일한인들의 일본 현지 주류사회 진출에 대한 현황과 과제를 중심으로 고찰코자 한다. 먼저, 이와 관련해 본 장의 키워드인 '주류화' 혹은 '주류 되기'와 관련된 법적 표현을 살펴보겠다.

재외한인과 관련된 법률로는 크게 두 가지가 있다. 하나는 1999년에 제정된 이른바 '재외동포법'으로 불리는 '재외동포의 출입국과 법적 지위에 관한 법률'이며, 다른 하나는 1997년에 제정된 '재외동포재단법'이다. 전자는 주로 재외한인들의 한국 내에서의 법률적 지위를 보장하는 내용이라면, 후자는 주로 재외한인들의 현지사회 정착을 지원하기 위한 법률이라 할 수 있다. 이러한 '재외동포재단법'의 제1조(목적)를 보자면, "이 법은 재외동포재단을 설립하여 재외동포들이 민족적 유대감을 유지하면서 거주국에서 그 사회의 모범적인 구성원으로 살아갈 수 있도록 하는 데 이바지함을 목적으로 한다"고 규정하고 있다.

동 법을 근거로 1997년에 설립된 외교부 산하 재외동포재단(OKF: Overseas Koreans Foundation)이 실제로 시행하는 각종 사업들도 이에 따라 재외한인들이 민족 정체성을 최대한 유지하면서 한편으로는 현지 주류사회에 모범적으로 편입할 수 있도록, 다시 말해 현지사회의 '주류'로 자리매김할 수 있도록 지원하는 것에 맞추어 추진되고 있다. 그래서 예를 들어 한인들이 다수 거주하는 미국사회에서 아메리칸 드림을 이룬 이들이 "주류사회에 성공적으로 당당히 진출했다"는 사례들을 우리는 언론

보도를 통해 심심찮게 접할 수 있다.

그렇다면 지리적으로 모국과 가까운 일본에 거주하는 재일한인들의 경우에도 이러한 '주류화'의 관점과 논리로 과연 접근할 수 있을까? 이에 대한 답은 그리 간단치만은 않을 것이다. 왜냐하면 여기에는 일본에 의한 근대 식민지 시기를 둘러싼 '지배'와 '피지배' 혹은 '가해'와 '피해'[1]라는 이분법적 구조 속에서 여타 지역의 재외한인들과는 또 다른 이주사를 형성해온 재일한인들의 역사적 특수성이 있기 때문이다. 그럼에도 불구하고 일본의 식민지 지배가 시작된 1910년을 기점으로 하더라도 재일한인 이주사가 이미 100년을 훌쩍 넘긴 현재의 상황 속에서 과연 그들이 일본사회 내에서 어떠한 위치에 있으며, 또한 주류사회와 어떠한 관계 설정 속에서 삶을 영위하고 있는지, 그리고 '주류화'라는 관점에서 재일한인사회를 조명할 경우에 어떠한 학문적 혹은 사회적 함의를 우리에게 줄 수 있는지 등에 대한 고찰은 아주 유의미한 작업이 아닐 수 없다고 필자는 판단한다.

사실, 재일한인에 관한 지금까지의 담론은 '주류화'의 관점보다는 주로 '정주화(定住化)'라는 용어와 개념으로 논의돼왔다.[2] 여기서 '정주화'

---

1 이와 관련해 건국대학교 통일인문학연구단이 2011년에 재일한인 1세 및 그 후손들 316명을 대상으로 실시한 설문조사가 흥미롭다. "광복 이후에 한반도로 귀국하지 않고 계속 일본에서 살게 된 이유는 무엇인가?"라는 질문에 대한 답으로 "일본에 집이나 일이 있었기 때문에"가 29.6%로 가장 많았고, "한반도에 삶의 터전이 없었기 때문에"가 29.0%, "해방 후 한반도의 시국이 불안정했기 때문에"가 18.5%, "여비가 없었기 때문에"가 3.8%, "교통이 불편했기 때문에"가 1.0% 등의 순이었다. 특히, "일본이 자신의 나라라고 믿었기 때문"이라고 응답한 비율은 0.0%였다. 이는 다시 말해 일본은 자신들에게 가장 큰 상처를 준 '가해자'라는 인식이 역사적 트라우마로 여전히 강하게 남아 있음을 알 수 있다(건국대학교 통일인문학연구단 편. 2012. 『코리언의 역사적 트라우마』. 선인, pp. 291-292).

2 일본의 국립정보학연구소(NII: National Institute of Informatics)가 운영하는 논문, 잡지,

란 일정 기간 이상 계속해서 체류해 해당 커뮤니티에서 터를 잡고 뿌리를 내리는 것으로 해석할 수 있다. 그만큼 재일한인들에게는 '일본에 남을 것인지 아니면 모국으로 돌아갈 것인지'에 대한 근본적인 물음과 갈등에 대한 고민이 컸던 이유로, 그다음의 보다 적극적인 단계인 '일본사회 속에서 일본인들과 대등한 위치에서 그들의 삶을 영위할 것인지'라는 '주류화'는 경우에 따라서는 자신들과 다소 거리가 먼 이야기로 인식됐을 수도 있다.

이러한 문제의식을 바탕으로 이하 본문에서는 구체적으로 다음과 같은 내용을 중심으로 살펴보았다. 첫째, 재일한인들의 인구 현황을 개괄했다. 귀화나 국제결혼 등의 이유로 날로 감소 추세에 있는 재일한인 인구 규모의 현재적 상황은 현지 일본사회 내에서 그들의 존재감이 약해지고 주류사회 진출에도 좋지 않은 영향을 미칠 수 있다는 점을 지적했다.

둘째, 재일한인들의 '주류화' 현황에 대해 고찰했다. 즉, 재류자격, 귀화자 현황, 국제결혼 현황, 사회 진출 현황 등 몇 가지 중요한 지표를 중심으로 그들의 '주류화' 정도를 파악코자 했으며, 앞서 언급한 바와 같이 그 역사적 특수성 때문에 그들의 '주류화' 현황을 정확히 파악하기에는 한계가 있다는 점도 부연했다.

도서 등의 학술정보 데이터베이스 서비스인 *CiNii*(https://ci.nii.ac.jp/ja)에서 재일한인 관련 키워드로 '정주화'를 입력했을 경우에는 다수의 논문 및 저서가 검색되지만, '주류화'를 입력했을 경우에는 관련 문헌이 거의 검색되지 않음을 알 수 있다. 이는 재일한인 연구에 있어 '주류화'라는 용어 자체가 학문적으로 그다지 사용되지 않아서 다소 제한적이고 생소한 측면도 있겠으나, 한편으로는 '주류화'라는 관점이 재일한인 연구의 미래와 발전을 위한 새로운 학문적 시도가 될 수 있겠다.

셋째, 이러한 재일한인들의 인구 현황 및 주류사회 진출 현황을 바탕으로 그들의 '주류화'를 둘러싼 쟁점과 한계에 대해 검토했다. 구체적인 쟁점으로 일본사회의 보수우익화 현상의 강화, 재일한인사회 자체의 변화와 다양화, 본국과의 관계 변화, '주류화'라는 개념 자체가 갖는 모호성과 모순성 등을 들었다.

마지막으로, 이상과 같은 현재적 상황과 한계를 바탕으로 향후 과제와 전망에 대해 논하면서 재일한인사회의 특수성을 고려한 '주류화'의 새로운 개념 정의와 방법론을 모색할 필요성을 역설했다.

2. 재일한인사회의 인구 현황

먼저, 현재 일본사회 내에 재일한인들이 어느 정도 규모로 거주하고 있는지 그 인구 통계를 살펴보겠다. 외교부가 발행한『재외동포현황 2017』에 따르면, 2016년 12월 현재 파악된 전 세계 재외한인 인구는 7,430,664명이며, 그중에 재일한인 인구는 일본 국적을 취득한 귀화자를 포함해 총 818,626명이다. 〈표 9-1〉과 같이, 중국 조선족(34.29%)과 재미한인(33.54%) 다음으로 많은 재일한인은 전체 한인수의 약 11.02%를 차지하고 있으며, 근래 들어 점점 그 수가 감소 추세에 있음을 알 수 있다.

〈표 9-1〉 재외동포 인구 현황[3]

(단위: 명)

지역 \ 연도	2011	2013	2015	2017
일 본	913,097	893,129	855,725	818,626
중 국	2,704,994	2,573,928	2,585,993	2,548,030
남아시아 태평양	453,420	485,836	510,633	557,739
미 국	2,075,590	2,091,432	2,238,989	2,492,252
캐나다	231,492	205,993	224,054	240,942
중남미	112,980	111,156	105,243	106,784
유 럽	656,707	615,847	627,089	630,730
아프리카	11,072	10,548	11,583	10,854
중 동	16,302	25,048	25,563	24,707
총 계	7,175,654	7,012,917	7,184,872	7,430,664

출처: 외교부 편. 2017. 『재외동포현황 2017』. 외교부, p. 14.

이에 비해 일본 법무성의 통계에 따르면,[4] 재일한인 인구 규모는 아래 〈표 9-2〉와 같다. 즉 2017년 6월 현재의 인원은 484,627명이다. 위에서 언급한 한국 정부의 발표와 달리, 이는 이미 '일본인' 국적을 취득해 귀화한 재일한인들은 포함되지 않은 수치이다.

---

3 〈표 9-1〉에 표기된 각각의 연도는 외교부가 해당 통계를 발표한 시점을 의미하며, 각각의 통계는 발표 진년도 12월 31일 현재를 기준으로 집계된 것이다.

4 http://www.moj.go.jp/housei/toukei/toukei_ichiran_touroku.html(검색일: 2018.06.28).

〈표 9-2〉 재일외국인 인구 현황(2017년 6월 현재)

국가/지역	인원수(명)
중 국	711,486
한 국	452,953
필리핀	251,934
베트남	232,562
브라질	185,967
네 팔	74,300
미 국	54,918
대 만	54,358
태 국	48,952
페 루	47,861
인도네시아	46,350
조 선	31,674
기 타	278,143
총 계	2,471,458

출처: 일본 법무성 통계.

한편, 재일한인의 인구 동향을 둘러싼 특이사항으로는 다음의 세 가지를 지적할 수 있다. 첫째, 앞서 언급한 바와 같이 먼저 그 수가 점점 감소 추세에 있다는 점이다. 10여 년 전만 해도 일본 정부 통계로 거의 60만 명에 가까웠던 재일한인 인구 규모가 그 사이에 벌써 10만 명 정도나 줄어서 2015년을 기점으로 40만 명대로 줄어들었다. 이는 후술하겠지만 '일본인'으로의 귀화 및 일본인과의 국제결혼이 지속적으로 이어지는 가운데, 현재는 다소 완화 추세에 있다고는 하지만, 2011년 3월 11일에 발생한 동일본 대지진 이후로 일본에 이주하려는 뉴커머 한인들이 일시적으로 감소했기 때문으로 분석할 수 있다.

둘째, 이러한 재일한인의 감소 추세가 이어지자 그 역사적 특수성으로 인해 지금껏 일본사회에서 부동의 최대 소수민족 집단으로 자리 매김해왔던 자리를 재일중국인에게 내주게 된 점이다. 〈표 9-2〉에서 확인할 수 있듯, 2017년 6월 현재 재일외국인은 모두 247만여 명이며, 그 중에 재일중국인은 71만여 명에 달해 전체 외국인의 약 29%를 차지하며 그 수도 날로 증가 추세에 있다. 이에 비해 재일한인은 전체 외국인 수의 약 20%를 차지하고 있다. 이러한 재일한인과 재일중국인 인구 규모의 역전 현상은 최근의 상황이 아니라 이미 2007년부터 일어났던 것이다. 이러한 흐름은 '주류화'와 관련해서도 인구 규모에 따라 일본사회 속에서 재일중국인들의 입지가 강해지고 재일한인들의 존재감이 점점 약해지는 결과를 초래할 수 있다.

셋째, 〈표 9-2〉에서 보듯이 일본 정부가 2015년부터 재일외국인 인구 통계에서 '한국'과 '조선'을 분리해서 통계를 집계한다고 공식 발표하고 이를 시행한 점이다. 지금까지는 국가/지역이라는 카테고리를 적용해 '한국/조선'을 한 단위로 해서 재일한인사회의 인구 규모를 파악해 발표해왔다. 이처럼 갑작스럽게 분리 집계를 행하게 된 이유로는 "한꺼번에 묶어서 발표하면 북한 국적자가 실제보다 많아 보일 수 있다는 오해를 불식시킬 필요가 있다"는 집권 여당인 자민당의 논리와 압력이 배후에 있었던 것으로 전해지고 있다.

그러나 여기서 '조선'이란 북한 국적(者)을 나타내는 것이 아니라, 한반도에 그 문화적 뿌리와 정체성을 두었다는 것을 의미한다. 이 때문에 일본 정부와 자민당의 논리는 한마디로 궁색한 변명에 지나지 않는다. 일본과 북한과의 관계 악화로 인해 재일한인의 인구 규모가 더욱 '왜소화'되는 것처럼 비추어질 수 있으며, 이는 결과적으로는 일본 속 재일한인들의 '수류화'에도 그다지 좋지 않은 영향을 미칠 수 있다고 본다.

3. 재일한인사회의 '주류화' 현황

그렇다면 일본 속 재일한인들은 얼마나 '주류화'됐을까? 그들의 '주류화' 정도를 가늠할 수 있는 기준들에는 귀화자 현황, 국제결혼 현황, 취업 현황, 소득 수준, 정재계 혹은 학계 진출 현황, 언어 사용 능력, 정체성 변화 등 다양한 지표나 관점들이 있을 수 있겠다. 여기서는 그중에 중요하다고 판단되는 몇 개의 지표들을 바탕으로 재일한인사회의 '주류화' 정도를 파악코자 한다.

먼저, 재일한인들의 일본 내 재류자격을 살펴보겠다. 일본 법무성이 발표한 2017년 6월 현재의 통계자료를 보자면,[5] 〈표 9-3〉과 같이 일본 주류사회에 진출해 일정 부분 오피니언 리더로서의 역할을 수행하고 있을 것으로 추측되는 교수, 고도전문직, 경영 · 관리 등에 종사하는 재일한인들은 어느 정도 존재함을 확인할 수 있다. 그러나 귀화자를 뺀 약 50만 명에 달하는 재일한인 전체 인구 규모를 고려하자면, 일본의 중상류 주류사회에 진출해 활동하는 재일한인들은 그다지 높은 비율이 아니며 극히 제한적일 수밖에 없다고 판단된다. 이는 또한 비교 대상으로 삼을 수 있는 재일중국인이나 재일미국인과 비교해도 그 상대적 비율은 그다지 높은 편이 아니다.

---

[5] 앞의 홈페이지와 동일.

예를 들어, '교수'라는 재류자격에 있어 재일한인은 919명, 재일중국인은 1,456명, 재일미국인은 998명이고, '고도전문직'[6]이라는 재류자격에 있어 재일한인은 216명인 데 비해, 재일중국인은 3,642명, 재일미국인은 248명이다. 또한 '경영·관리'라는 재류자격에 있어 재일한인은 3,701명인 데 비해, 재일중국인은 11,791명, 재일미국인은 680명이다. 이처럼 전체 인구 대비 각각의 해당 재류자격 인구를 비교해보면 일본 속 재일한인들의 '주류화'에 대한 현주소가 어느 정도 파악된다.

단, 여기서 주의해야 할 것은 일본의 식민지 시대부터 정착해온 올드커머 재일한인들과 그 후손들 대부분은 '특별영주자'라는 재류자격으로 분류돼 있기 때문에 그들의 직업군과 사회적 위치를 판단할 수 없다는 한계가 있다. 또한 재일한인 귀화자들의 직업과 사회적 지위에 대한 구체적인 정보 입수가 어려운 점도 그들의 '주류화' 정도에 대한 정확한 현황 파악을 어렵게 하는 한계이다. 이 때문에 실질적으로 재일한인 중에는 재류자격(직업군)의 관점에서 일본사회의 중상류층에 속하는 이들이 보다 많이 존재할 것으로 추측해볼 수 있다.

〈표 9-3〉 재류자격별 재일한인 현황(2017년 6월 현재)

(단위: 명)

재류자격	한국	조선
교 수	919	-
예 술	41	-
종 교	881	-

6　일본 정부는 고급 외국인 인재 유치를 보다 촉진시키기 위해 2012년부터 '고도 인재 포인트 제(高度人材ポイント制)'를 도입해 그들에게 '고도전문직'이라는 재류자격을 부여하고 출입국 관리상의 각종 우대 혜택을 주고 있다.

재류자격	한국	조선
보도	51	-
고도 전문직	216	-
경영·관리	3,070	1
법률/회계업무	9	-
의료	140	-
연구	161	-
교육	106	-
기술·인문지식·국제 업무	21,088	-
기업 내 전근	1,673	-
흥행	264	-
기능	916	-
기능실습	7	-
문화 활동	237	-
유학	16,075	-
연수	26	-
가족체재	12,205	-
특정 활동	3,537	-
영주자	68,603	459
일본인의 배우자 등	13,703	44
영주자의 배우자 등	2,212	7
정주자	7,325	114
특별영주자	299,488	31,049
총계	452,953	31,674

출처: 일본 법무성 통계.

다음으로 재일한인 귀화자 현황을 살펴보자. 아래 〈표 9-4〉와 같이, 일본 법무성이 통계를 내기 시작한 1952년에는 재일한인 귀화자는 232명에 불과했다. 그다음 해인 1953년부터 그 수는 기하급수적으로 늘어 매년 수천 명이 넘는 인원이 '일본인'으로 국적을 변경했다. 특히, 1992년부터는 매년 7천여 명에서 많게는 1만여 명까지 귀화자 수가 증가하다가 2005년을 기점으로 그 수가 점점 감소해 근래 들어서는 5천여 명대를 유지하는 추세이다.[7]

집계를 시작한 1952년부터 2016년까지 재일한인 귀화자 총수는

〈표 9-4〉 재일한인 귀화자 현황

(단위: 명)

연 도	인원수	연 도	인원수	연 도	인원수	연 도	인원수	연 도	인원수
1952	232	1965	3,438	1978	5,362	1991	5,665	2004	11,031
1953	1,326	1966	3,816	1979	4,701	1992	7,244	2005	9,689
1954	2,435	1967	3,391	1980	5,987	1993	7,697	2006	8,531
1955	2,434	1968	3,194	1981	6,829	1994	8,244	2007	8,546
1956	2,290	1969	1,889	1982	6,521	1995	10,327	2008	7,412
1957	2,737	1970	4,646	1983	5,532	1996	9,898	2009	7,637
1958	2,246	1971	2,874	1984	4,608	1997	9,678	2010	6,668
1959	2,737	1972	4,983	1985	5,040	1998	9,561	2011	5,656
1960	3,763	1973	5,769	1986	5,110	1999	10,059	2012	5,581
1961	2,710	1974	3,973	1987	4,882	2000	9,842	2013	4,331
1962	3,222	1975	6,323	1988	4,595	2001	10,295	2014	4,744
1963	3,558	1976	3,951	1989	4,759	2002	9,188	2015	5,247
1964	4,632	1977	4,261	1990	5,216	2003	11,778	2016	5,434
총 계						365,955			

출처: 민단 홈페이지, http://www.mindan.org/old/kr/shokai07.html (검색일: 2018.07.09) 및 일본 법무성 홈페이지, http://www.moj.go.jp/content/001180510.pdf (검색일: 2018.06.29) 참조.

---

7 이에 비해 재일중국인 귀화자 수는 2009년에 5,392명으로 정점을 찍고 2016년 현재에는 2,626명으로 재일한인 귀화자 수의 절반을 약간 웃도는 수준이다.

무려 365,955명[8]으로, 앞서 살펴본 외교부가 발표한 귀화자를 포함한 전체 재일한인 총수에서 차지하는 비율이 자그마치 44.7%로 거의 절반에 가까운 규모이다. 이러한 귀화자 증가 및 속출은 재일한인의 일본 주류사회 진출을 용이하게 하는 계기가 될 수 있다는 순기능적 해석과 함께, 재일본대한민국민단(민단)과 재일본조선인총연합회(총련)를 중심으로 하는 한인 조직 및 그들의 민족 정체성 약화로 이어질 수 있다는 역기능적 해석이 가능할 것이다.

계속해서 재일한인들의 결혼 현황을 살펴보자. 〈표 9-5〉와 같이, 재일한인들의 전체 결혼 건수는 1980년대 중반부터 매년 꾸준히 8천에서 9천 건을 유지했으며, 1990년대 초반과 같이 많을 경우에는 1만 건을 훌쩍 넘길 때도 있었다. 그러다가 2000년대 중반 이후부터 점점 감소 추세를 보이면서 2012년에는 5천 건 정도까지 줄었다. 이러한 재일한인의 결혼 감소 움직임은 날로 심각해지고 있는 일본사회의 저출산·고령화 현상과 젊은 층의 만혼 혹은 결혼 기피 현상과 맞물려 있다고 판단할 수 있다.[9] 또한, 아래 〈표 9-5〉에서 여실히 나타나듯, 재일한인 사이의 결혼 비율이 급격히 감소하고 있음을 한눈에 알 수 있다. 반대로 재일한인이 외국인과 하는 국제결혼 비율이 급격히 증가하고 있는 것을 쉽게 알 수 있다. 특히, 여기서 외국인이란 거의 대부분이 일본

---

8 재일한인 귀화자 총수는 1952년부터 2016년까지 일본 법무성이 발표한 통계를 바탕으로 한 추산치이다.

9 재일한인들의 결혼 활성화를 위해서 민단의 각 지방본부가 자체적으로 각종 맞선 프로그램을 주최하는 등 결혼상담사업을 적극 추진하고 있다. 예를 들어 민단 오사카 지방본부에서는 'Osaka Korea Bridal Center'를 자체적으로 설립했으며, 또한 전용 홈페이지까지 운영하면서 일본 국적 귀화자를 포함한 재일한인들의 결혼을 적극 장려하고 있다. https://osakakoreabridalcenter.com을 참조 바란다.

인이며, 극히 일부만이 일본인 이외의 여타 외국인과 국제결혼을 하고
있다. 그리고 재일한인 남성들이 외국인(일본인) 여성들과 국제결혼하는
것보다 재일한인 여성들이 외국인(일본인) 남성들과 국제결혼하는 경우
가 거의 2배 이상으로 많다. 이러한 재일한인의 일본인과의 결혼 증가
추세는 위에서 살펴본 귀화자 수의 증가와 마찬가지로 재일한인들의
'주류화' 편입 가능성이라는 긍정적인 측면과 함께, 재일한인 커뮤니티
로부터의 이탈 가능성이라는 부정적인 측면이 병존하는 동전의 양면과
도 같은 상황이 연출되고 있다.

〈표 9-5〉 재일한인 결혼 현황

연 도	결혼 건수	한인과의 결혼 비율(%)	외국인과의 결혼 비율(%)
1955	1,102	66.9	33.1
1965	5,693	64.7	35.3
1975	7,249	49.9	50.1
1985	8,588	28.0	72.0
1990	13,934	15.8	84.2
1995	8,953	16.6	83.4
2000	9,483	12.1	87.9
2005	9,238	9.4	90.6
2010	6,454	9.3	90.7
2012	5,511	9.0	91.0

출처: 민단 홈페이지, http://www.mindan.org/old/kr/shokai07.html (검색일: 2018.07.09).

이 밖에도 민족차별 등 온갖 역경을 극복하면서 그 역사와 인구 규모에 걸맞게 일본 주류사회에 진출해 성공 신화를 이룬 재일한인들은 의외로 많다. 하나하나 다 파악해 열거하기는 어렵지만 잘 알려진 인사들을 중심으로 살펴보자.

먼저 정계에서는 역시나 '자이니치' 출신이 진출하기에는 그 벽이 높아 정계 진출에 성공한 인사들은 극히 제한된다. 예를 들어, 비록 수뢰 비리 혐의로 자이니치로서의 한계를 절감하고 1998년에 자살이라는 극단적 선택을 했지만 아라이 쇼케이(한국명 박경재)는 자이니치 출신으로는 처음으로 전후 일본 중의원 국회의원이 됐다. 또한 한국인 아버지와 일본인 어머니 사이에서 태어난 하쿠 신쿤(한국명 백진훈)도 야당 입헌민주당 소속으로 일본 참의원 현역 국회의원을 역임하고 있다.

경제계에서는 우리에게 익히 알려진 롯데그룹 신격호나 신한은행 창립 주역인 이희건을 비롯, 여타 분야보다 두각을 나타내는 혹은 나타냈던 재일한인 경제 인사들이 꽤 많다. 〈표 9-6〉과 같이, 미국 경제지『포브스(Forbes)』가 매년 선정해 발표하는 '세계 억만장자 순위(The World's Billionaires)'를 보자면, 10억 달러 자산 이상의 일본 내 부호는 2018년에 모두 35명이 포함됐다. 그중에 한국계 재일한인으로는 당당히 일본 내 1위를 차지한 소프트뱅크의 손 마사요시(한국명 손정의)와 14위를 차지한 마루한의 한창우가 눈에 들어온다.

특히, 손 마사요시는 1981년에 소프트뱅크를 설립하고, 1991년에는 민족명인 '손'을 그대로 두고 일본 국적을 취득했다.[10] 그야말로 자기

___

10 행정자치부 국가기록원 편. 2016. 『기록으로 보는 재외한인의 역사: 이주와 정착 그리고 발

정체성을 어느 정도 유지하면서 일본 현지사회에서의 '주류화'에 성공한 입지전적인 인물로 평할 수 있으며, 실제로도 그와 그의 삶은 많은

<표 9-6> 2018 포브스 선정 일본 억만장자 순위[11]

일본 내 순위 (세계 순위)	성 명	기업명/업종	자 산(달러)
1(39)	Masayoshi Son	소프트뱅크/통신	227억
2(55)	Tadashi Yanai	유니클로/의류유통	195억
3(68)	Takemitsu Takizaki	키엔스/전기	175억
4(274)	Akira Mori	모리트러스트/부동산	63억
5(321)	Shigenobu Nagamori	일본전산/전기기기	56억
6(334)	Hiroshi Mikitani	라쿠텐/인터넷쇼핑	55억
7(388)	Keiichiro Takahara	유니참/위생용품	50억
8(480)	Akio Nitori	니토리/가구	44억
9(527)	Yasumitsu Shigeta	히카리통신/통신	41억
10(572)	Masatoshi Ito	세븐&아이홀딩스/편의점	39억
11(588)	Masahiro Miki	ABC마트/유통	38억
12(791)	Kazuo Okada	아루제/파친코	30억
13(822)	Yusaku Maezawa	스타트 투데이/온라인쇼핑	29억
14(965)	Chang-Woo Han	마루한/파친코	25억
14(965)	Yoshiko Mori	모리빌딩/부동산	25억
16(1103)	Takao Yasuda	돈키호테/유통	22억
17(1157)	Katsumi Tada	다이토켄타쿠/건설	21억
18(1215)	Satoshi Suzuki	폴라오르비스홀딩스/화장품	20억

출처: https://www.forbes.com/billionaires/list/#version:static_country:Japan
(검색일: 2018.07.05).

전의 시간들 이시이』. 행정자치부 국가기록원, p. 282.

11 <표 9-6>에서는 세계 억만장자 순위에 오른 일본 내 35명 중에 자산이 20억 달러 이상인 총 18위까지만 게재했다.

주류 일본인들의 존경과 동경의 대상이 되고 있다. 이들 뿐만 아니라, 순위 안에는 파친코 업송을 중심으로 '자이니치' 출신으로 거의 기정사 실화되거나 소문으로 회자되는 인사들이 여럿 포함돼 있다.

이러한 점을 감안할 경우, 일본 내 억만장자 중에 한국계 인사가 여러 명 포함돼 있다는 것은 그만큼 재일한인 경제계 인사들이 이국에서 고생해 당당히 성공 신화를 이룬 것으로 평가할 수 있다. 인구 규모에 있어 재일한인보다 많은 재일중국인 출신은 1명도 포함되지 못했다는 점도 흥미롭다. 그럼에도 불구하고 재일한인 출신들이 종사하는 주된 업종이 주류 일본인들이 대체적으로 기피하는 산업인 파친고나 소비자 금융(대부업) 등에 한정되고 치우치는 특징이 있다. 역으로 말하자면, 이는 그만큼 일본 주류 경제계에 진출하기 어렵기 때문에 '자이니치'로서 진출할 수 있는 한정된 틈새 업종에서 나름대로의 성공을 모색한 결과로 판단할 수 있다.

정재계 이외에도, 예를 들어 문화계 대표 인사로는 영화감독 최양일, 가수 겸 방송인 와다 아키코, 가수 소닌, 일본 고등학교 영어 교과서에도 소개된 세계적인 바이올린 제작자 진창현[12] 등을 꼽을 수 있다. 특히, 문학계에서는 '자이니치 문학'이라는 장르가 생길 정도로 그 활약이 두드러진다. 아래 〈표 9-7〉과 같이, 총 8명이나 되는 재일한인 문학가들이 일본 최고 권위의 문학상이라 할 수 있는 아쿠타가와상(芥川賞)과 나오키상(直木賞)을 수상했을 정도이다. 대표적인 재일한인 작가로는 1971년에 아쿠타가와상을 수상한 이회성, 역시 같은 상을 1996년에 수상한

---

12 이민호. 2015. 『자이니치 리더: 新韓銀行을 設立한 在日』. 통일일보. p. 484.

유미리 등을 꼽을 수 있다.

〈표 9-7〉 주요 문학상 수상 재일한인 작가 현황

아쿠타가와상		
수상연도	작가명	작품명
1971	이회성	『砧をうつ女』(다듬이질하는 여인)
1988	이양지	『由熙』(유희)
1996	유미리	『家族シネマ』(가족 시네마)
1999	현 월	『蔭の棲みか』(그늘의 집)
나오키상		
수상연도	작가명	작품명
1966	다치하라 마사아키(김윤규)	『白い罌粟』(하얀 양귀비)
1981	쓰카 고헤이(김봉웅)	『蒲田行進曲』(가마타 행진곡)
1992	이주인 시즈카(조충래)	『受け月』(초승달)
2000	가네시로 가즈키	『GO』

출처: 在日韓人歷史資料館編. 2008. 『写真で見る在日コリアンの100年: 在日韓人歷史資料館図
録』. 明石書店, p. 133.

학계에서는 한국에서도 많이 알려지고 일본에서도 인지도가 높은
도쿄대 명예교수 강상중, 일본 내 외국인 교수 1호로 불리는 모모야마
가쿠인대 명예교수 서용달, 시가현립대 명예교수이자 재일한인역사자
료관 관장을 역임했던 강덕상, 동아시아 고대사를 전공하는 와세다대
교수이자 현재 재일한인역사자료관 관장을 역임하고 있는 이성시, 동
아시아 국제관계학을 전공으로 하는 와세다대 교수 이종원 등을 꼽을
수 있으며, 또한 근래 들어서는 뉴커머 한인 학자들도 다수 일본에서 활
동하고 있다.

그 밖에도 체육계에서는 전설적인 프로 레슬러 역도산을 비롯해 김일(프로레슬링), 장훈(야구), 추성훈(유도·종합격투기), 정대세(축구), 그리고 프로야구 한신 타이거즈 선수 및 감독을 역임하면서 일본사회에서 신망이 높았던 가네모토 도모아키(한국명 김지현) 등이 있다. 또한, 법조계에서는 1979년에 재일한인 최초로 변호사로 등록된 김경득을 빼놓을 수 없으며, 현재는 많은 재일한인 변호사들이 배출되어 '재일코리안변호사협회(LAZAK: Lawyers Association of Zainichi Koreans)'를 조직하는 등 활발히 활동하고 있다.

이상에서 언급한 재일한인 인사들은 일본 주류사회에서도 대체적으로 잘 알려진 이들이 대부분이며, 여타 사회적으로 인지도는 낮더라도 다양한 분야에서 일본 주류사회에 진출해 활동하는 재일한인들도 다수 존재한다는 사실을 간과해서는 안 될 것이다. 역시나 자민족 중심적인 사고와 단일민족 신화가 여전히 팽배한 일본사회 내에서 '자이니치' 출신이라는 사실을 '커밍아웃(coming-out)'하는 것은 상당한 용기와 제약이 따른다. 이로 인해 일본 주류사회에 진출해 활동하는 재일한인 인사들은 '자이니치'로서의 자기 정체성을 당당히 어필하면서 활동하는 그룹과 그렇지 않고·이를 철저히 숨기면서 활동하는 그룹으로 대분할 수 있으며, 이에 대한 각각의 개별적인 판단은 존중되어야 할 것이다. 이러한 사정 때문에 재미한인이나 재중한인들과 달리, 재일한인들의 '주류화' 현황을 자세하고 정확히 파악하는 것은 상당히 어렵고 한계가 있다는 점을 부연하고 싶다.

4. 재일한인의 '주류화'를 둘러싼 쟁점과 한계

지금까지 살펴본 재일한인들의 인구 현황 및 주류사회 진출 현황을 바탕으로 여기서는 과연 그들이 일본사회 속에서 '주류화'가 가능한지에 대한 문제 제기와 함께, 그 '주류화'는 어떠한 의미성을 내포하는지에 대해 논하고자 한다. 재일한인들의 '주류화'를 둘러싼 쟁점과 한계라고 판단되는 점들을 네 가지 정도 정리하자면 다음과 같다.

첫째, 일본사회의 보수우익화 현상의 강화로 재일한인들의 입지가 더욱 좁아지고 있다는 점이다. 특히, 대표적 우익단체인 '재특회(재일 특권을 허용하지 않는 시민 모임)'가 주도하는 이른바 헤이트 스피치(hate speech)[13] 데모가 그 도를 넘어서고 있다. 재일한인 올드커머와 뉴커머들이 정착해 생계를 유지하고 있는 오사카 이쿠노 코리아타운이나 도쿄 신오쿠보 코리아타운에서의 데모는 물론이고, 심지어는 어린 한인 학생들이 배우는 각급 민족학교 앞에서도 "조센진은 물러가라"라는 식의 시위를 수시로 일으키고 있다. 이 때문에 코리아타운의 상권과 생계권은 물론, 심지어는 한인들이 신변의 위협까지 느끼고 있는 실정이다. 아이러니하게도 이러한 일본 우익 세력들의 데모 시위는 주로 재일한인들을 그 주된 대상으로 삼고 있으며, 규모 면에서 제일 큰 재일중국인들이 거주하거나 장사하는 요코하마 차이나타운 등에서는 거의 발생하지 않고 있다.

다행히 일본 정부나 시민들 사이에서도 이러한 현상에 우려를 표하고 있는 가운데,[14] 집권 연립여당인 자민당과 공명당이 이른바 '헤이

13　인종, 민족, 국적, 성, 직업, 종교 등과 관련해 어떤 특정 집단에 대한 편견을 조장하거나 그들을 폄하하기 위한 혐오 표현 혹은 증오 발언을 가리킨다.

트 스피치 규제법(정식 명칭: 본국 외 출신자에 대한 부당한 차별적 언동의 해소를 위한 대응 추진에 관한 법률안)'을 만들어 2016년 6월 3일에 제정 및 공포했다. 그러나 이 법률안에는 헤이트 스피치 행위가 위법이라는 명확한 규정이나 처벌 규정이 부재한 단순한 이념법이라는 한계를 가진다는 비판 여론이 많다. 민단도 보다 실효성 있는 법 제정을 촉구하는 기자회견[15]을 즉각 여는 등 헤이트 스피치 근절을 위해 다양한 노력들을 강구하고 있다.

동 기자회견에서 오공태 민단 단장은 "우리 부모 세대는 일본에서 전쟁을 경험했다. 우리 세대는 히로시마, 나가사키 원폭 때 희생을 치렀다. 재일동포들은 일본에서 세금을 납부했고 지역사회에 기여했다. 역사적인 존재인 우리를 쫓아내려고 해서는 안 된다. 한국에 사는 일본인은 지방참정권을 부여받고 있다. 재한일본인이 한국인들로부터 생명의 위협을 받는 경우는 없다"[16]고 역설했다. 한편, 1923년 9월에 발생한 관동 대지진 때처럼, 2016년 4월에 발생한 구마모토 지진 때도 거의 동시에 일부 극우 세력들이 소셜미디어(SNS) 상에 "구마모토에 있는 조선인들이 우물에 독약을 풀어 넣었다"[17]는 근거 없는 유언비어성 글을 게재했다고 전해진다.

물론 일부의 의견으로 치부할 수도 있겠으나, 이는 재일한인들에

---

14 일본 정부의 이러한 우려 표명은, 경찰들이 시위를 묵인하는 태도를 보이는 점 등을 고려하자면 재일한인들에 대한 안전과 걱정보다는 극우 세력의 헤이트 스피치 데모로 자국의 국제적 이미지에 손상을 입을 수 있다는 우려의 측면이 강하다고 본다.

15 민단 중앙본부 주최로 2016년 4월 15일에 도쿄 소재 한국중앙회관에서 열렸으며, 필자도 참관했다.

16 『민단신문』, 2016년 4월 22일자.

17 『연합뉴스』, 2016년 4월 16일자.

대한 일본사회와 일본인들의 현재적 인식을 아주 극명하게 드러내고 있다. 히구치 나오토가 그의 저서에서 주장하는 '일본형 배외주의'[18]가 팽배한 상황 속에서는 재일한인들이 일본사회의 '주류'로 진출하고 인정을 받기에 상당히 어려운 사회적 분위기라 할 수 있다.

둘째, 재일한인사회의 변화와 다양화가 가속화되고 있다는 점이다. 100년을 훌쩍 넘긴 재일한인사로 인해 벌써 자이니치 5세가 출생하는 등 그 세대교체가 갈수록 빨라지고 있다. 이에 따라 차세대 재일한인들의 민족 정체성을 포함한 자기 정체성에 대한 변화도 심화되고 있다. 민단 청년회가 차세대 한인들 439명(응답자 436명)을 대상으로 실시한 설문조사 결과에 따르면,[19] "당신은 지금까지 재일한국·조선인인 자신을 싫다고 생각한 적이 있었습니까?"라는 질문에 44% 정도가 "그런 적이 있다"고 답했다.

비록 1993년에 실시한 조사 결과(64% 정도)보다는 다소 줄었다고 하지만, 이처럼 자신이 '자이니치'라는 사실에 대해 부정적 이미지를 갖고 있는 차세대 재일한인들의 비율이 여전히 높다는 것을 알 수 있다. 차세대 한인들이 자신들의 정체성에 대해 자신감을 갖지 못한다는 것은 자연스럽게 이들이 일본 주류사회에 진출해 "민족적 유대감을 유지하면서 거주국에서 그 사회의 모범적인 구성원으로 살아가는 것"에도 좋은 영향을 미치기 어렵다는 것으로 귀결될 수 있다.

---

18 樋口直人. 2014. 『日本型排外主義: 在特會·外國人參政權·東アジア地政學』. 名古屋大學出版會.

19 在日本大韓民國靑年會 編. 2014. "第4次在日韓國人靑年意識調査中間報告書." 在日本大韓民國靑年會中央本部, p. 46.

재일한인사회의 또 다른 변화로 민족단체의 다양화와 약화를 들수 있다. 재일한인사회를 대변해왔던 양대 민족단체인 민단과 총련은 회원 이탈 등 그 조직력이 갈수록 약화되고 있다. 즉, 더 이상 '재일한인사회=민단' 혹은 '재일한인사회=총련'이 아닌 시대가 된 것이다. 〈표 9-8〉에서 보듯, 2017년 12월 현재를 기준으로 민단 조직은 48지방본부, 265지부, 98분단, 900반으로 구성돼 있다.[20] 그동안 체계적으로 운영돼 왔던 민단 조직도 점점 축소되는 경향을 보이고 있음을 알 수 있다. 그 근간이 되는 전국 지방본부는 48개로 변함이 없다고 하더라도 지부, 분단, 반, 단원 세대, 국민등록자 총수는 해를 거듭할수록 대체적으로 줄고 있음을 확인할 수 있다. 특히 북한과 일본의 관계 악화로 인해 총련은 더욱 큰 위기를 맞고 있다.

한편 이러한 양대 민족단체와는 별개로, 1980년대 후반부터 증가하기 시작한 뉴커머 한인들을 대변하는 단체로 2001년에 재일본한국인연합회(한인회)가 설립되기도 했다. 현재 민단과 한인회의 통합 문제가 일부에서 논의되고 있지만, (1) 민단의 정치적 성향이 강하다, (2) 연공서열이 강하고 젊은 인재의 참가가 곤란하다, (3) 한국어가 안 되는 등 정체성이 모호하다, (4) 세대차가 크다, (5) 조직이 크면서도 봉건적이고 뉴커머 흡수에 소극적이라는 등[21] 민단 조직의 폐쇄성을 이유로 두 단체의 통합이 이루어지기는 좀처럼 어려워 보인다. 이처럼 재일한인

---

20 총련 홈페이지(http://www.chongryon.com/k/cr/link_2.html)를 참조하자면, 총련도 민단과 동일한 총 48개의 지방본부를 운영하고 있음을 확인할 수 있다(검색일: 2018.07.18).

21 유혁수. 2014. "재일한국/조선인 사회의 갈등과 과제: 올드커머와 뉴커머 관계를 중심으로". 『일본비평』 10, pp. 318-319.

들의 권익을 대변하고 그 구심점 역할을 수행해야 할 민족단체들의 와해와 분열로 한인들의 일본 주류사회 진출은 더욱 요원해질 수 있다.

〈표 9-8〉 민단 조직 현황[22]

기준연월	본부	지부	분단	반	단원 세대	국민등록자 수
2007.12	48	300	141	1,543	93,920	373,447
2008.12	48	295	132	1,404	93,611	372,214
2009.12	48	290	118	1,366	88,497	388,896
2010.12	48	283	117	1,364	85,392	342,285
2011.12	48	279	112	1,240	84,709	356,405
2012.12	48	281	110	1,208	83,038	347,360
2013.12	48	279	108	1,187	82,048	345,071
2014.12	48	277	108	1,172	82,787	331,572
2015.12	48	276	108	1,149	82,091	330,929
2016.12	48	274	108	1,126	82,965	326,411
2017.12	48	265	98	900		

출처: 在日本大韓民国民団中央本部. 2016. "2015報告書", p. 31 및 민단 홈페이지, http://www.mindan.org/kr/soshiki.php (검색일: 2018.07.07) 참조.

셋째, 본국과의 관계 설정에 변화가 생길 수 있다는 점이다. 특히, 현재 시행되고 있는 재외선거와 재일한인들의 일본 주류사회 진출이 상호 이율배반적인 상황을 야기할 수 있다고 판단된다. 1946년에 설립된 민단은 당초에는 '재일본대한민국거류민단'이라는 공식 명칭을 오랜 기간 줄곧 사용하다가 1994년에 그 명칭을 '재일본대한민국민단'으로

---

22 2017년 12월 현재의 단원 세대 및 국민등록자 수는 민단 홈페이지상에 공개되지 않아 공란으로 남겼음을 밝힌다.

변경했다. 본래의 명칭에서 '거류'라는 표현을 삭제한 것이다. 이는 단순한 단어의 삭제에 그치는 것이 아니다. 즉, 재일한인들은 일본이라는 사회에 일시적으로 '거류'하는 것이 아니라, 영원히 '정주'하겠다는 의지의 표현으로 해석할 수 있다. 또한, 민단 강령에는 "우리는 일본 지역사회의 발전을 기한다"는 표현이 포함돼 있다. 이는 다시 말해서 "한국인이지만 일본사회의 일원으로서 모범적인 생활과 함께 사회발전에 기여한다"는 의미이다. 재일한인들의 일본 내 '주류화'를 위해 아주 바람직하고 이상적인 표현이라 할 수 있겠다.

그럼에도 불구하고, 이러한 상황 속에서 재외선거의 도입과 시행으로 본국의 정치 참여에 필요 이상으로 관심과 열기가 높아질 수 있다고 본다. 물론 이는 재외선거제도 자체가 잘못됐다는 것을 의미하지 않으며, 〈표 9-9〉와 같이, 지금까지 치러진 네 번의 선거에서 실제로 재일한인 전체 유권자 대비 실제 선거인 등록자 수나 투표자 수, 그리고 투표율은 현재로서는 그다지 높다고 할 수 없다. 또한 재미한인이나 재중한인들의 그것에 비해서도 월등히 높다고 할 수도 없다.

예를 들어, 중앙선거관리위원회의 발표에 따르면,[23] 제18대 대통령 선거에서는 미국지역 재외선거 투표율이 71.6%, 중국지역 투표율이 68.2%로 일본지역 투표율 67.8%보다 높았다. 또한, 제19대 대통령 선거에서도 미국지역 투표율은 71.1%, 중국지역 투표율은 80.5%로 일본지역 투표율 56.3%보다 현저히 높았다. 아래 표와 같이 국회의원 선거에 있어서도 제19대 선거의 일본지역 투표율은 52.6%였으나, 제20대

---

23 중앙선거관리위원회 보도자료, 2017년 5월 1일자.

선거에서는 27.6%로 투표율이 상당히 떨어졌음을 알 수 있다. 재일한 인사회는 지금까지 민단을 중심으로 일본에서의 지방참정권 획득 운동을 핵심적인 실천 과제로 삼고 있는 가운데, 본국의 재외선거 참여에도 점점 그 적극성을 띠고 있다. 그러나 현지 주류사회의 정치 상황보다 모국의 정치 상황에 너무 관심을 갖고 집착하는 것은 결과적으로 일본사회에서의 정치적 위상이나 '주류화'에 대한 실천 의지를 약화시키는 결과를 초래할 수 있다고 본다.

⟨표 9-9⟩ 일본지역 재외선거 투표 현황

선거	선거인 등록자 수(명)	투표자 수(명)	투표율(%)
18대 대통령 선거(2012. 12)	37,342	25,310	67.8
19대 대통령 선거(2017. 5)	38,009	21,384	56.3
19대 국회의원 선거(2012. 4)	18,628	9,793	52.6
20대 국회의원 선거(2016. 4)	29,377	7,600	27.6

출처: 在日本大韓民国民団東京地方本部. 2016. "2015活動報告書", p. 50, p. 56 및 중앙선거관리위원회 보도자료(2017년 5월 1일자) 참조.

넷째, 본고의 키워드인 '주류화'라는 개념이 갖는 모호성과 모순성을 지적하고 싶다. 물론, 필자 나름대로는 '주류화'의 개념을 '어느 한 개인 혹은 집단이 각각이 속한 분야 · 사회 속에서 주류 · 주축이 되는 행위 혹은 그러한 현상' 정도로 정의하면서 본고를 전개하고 있다. 그럼에도 불구하고 동 개념이 갖는 애매모호한 의미성 때문에 과연 재일한인, 경우에 따라서는 재외한인 전반에 있어서도 그들이 추구해야 할 '주류화'란 과연 무엇이며, 어떠한 기준이나 지표로 그들의 '주류화'를 측정할수 있는가에 대한 명확한 답이 없다.

주로 '주류화'라는 개념은 기존에 여성학에서의 '성 주류화'나 교육학에서의 '교육 주류화' 등의 표현으로 많이 사용되는 개념으로, 이민이나 이주로 인한 소수민족 집단에 적용할 경우에 그 정확한 개념 정의 및 준거 기준이 불충분하다고 본다. 이 때문에 재일한인을 포함한 재외한인들의 '주류화', 즉 당면한 핵심 과제로 주류사회 진출에 대한 논의가 비교적 활발히 이루어지면서도 이러한 이론적 검토가 제대로 이루어지지 않고 있는 점을 지적하고 싶다.

특히, '가해'와 '피해'라는 이분법적 사고(dichotomous thinking)로 해석되기 쉬운 한일관계의 역사적 특수성 때문에 '주류화'의 개념을 재일한인들에게 대입 혹은 적용시킬 경우에는 보다 신중함이 요구된다. 즉, 재일한인들에게 '주류화'는 곧 일본 주류사회에 편입하거나 나아가서는 '동화' 혹은 '귀화'하는 것이라는 논리적 비약과 오해가 발생하기 쉬운 구조적 한계를 갖고 있다. 그래서 재일한인들에게 일본인으로 '귀화'하는 것은 단순한 '국적 변경' 차원을 넘어 아주 복잡한 의미를 갖는다는 것을 이해할 필요가 있다. 일본인으로 귀화하는 재일한인들에 대해 '일본에 굴욕했다'거나 '민족의 반역자' 혹은 '반쪽바리'라는 차별적인 인식은 시대가 변해도 여전하다.[24]

그러나 귀화와 (민족) 정체성은 그 관계에 있어 반드시 서로 상충되는 것은 아니다. 즉, '일본인'으로 귀화했다고 해서 민족 정체성이 반드시 약화되는 것도 아니며, 귀화했다고 해서 그것이 바로 '주류화'로 이어지는 것도 아니다. 앞서 언급한 재일한인들의 '주류화' 현황에서 예로

---

24 라경수. 2013. "초국가주의를 통해 본 재일한인의 정체성 변용". 『민족연구』 56호, p. 10.

들었던 바이올린 장인 진창현은 "일본인으로 귀화하는 것은 자기 정체성을 포기하는 행위"[25]라 주장한 반면, 대표적인 재일한인 출신 경제인 한창우는 "일본에서 우리가 권리를 행사한다는 의미에서라도 일본 국적을 취득할 필요가 있으며, 민족적 자부심을 가지는 것과 일본 국적을 취득하는 것은 별개의 문제"[26]라고 주장하는 등 귀화를 둘러싼 다양한 의견들이 공존함을 주지할 필요가 있겠다. 김현선도 "일본국적 코리안은 그동안 양쪽 집단 모두에서 배제되던 주변적인 존재였지만, 반대로 불리한 조건을 역전시켜 국적과 민족이 분리된 새로운 재일의 삶의 가능성을 보여주는 점에서도 주목되는 유형"[27]이라고 규정한다. 이처럼 재일한인들의 '주류화'를 둘러싼 담론들은 생각보다 훨씬 복잡하고 중층적인 성격을 내포하고 있어 쉽게 결론을 내릴 수 있는 성격의 것이 아니다.

5. 결론

이상으로 본 장에서는 재일한인들의 인구 현황, 주류사회 진출 현황, 그리고 '주류화'를 둘러싼 쟁점과 한계를 중심으로 살펴보았다. 특히, 필자는 일부러 '주류화'의 관점에서 접근한 재일한인사회가 가질 수 있는 구조적 한계성을 지적하는 것에 많은 지면을 할애했다. 이는 재일

---

25 이민호. 앞의 책, p. 484.

26 韓昌祐. 2007. 『わが半生 : 夢とロマンと希望を胸に』. イルハン, pp. 178-179.

27 김현선. 2011. "재일의 귀화와 아이덴티티: '일본국적 코리안' 사례를 중심으로". 『사회와 역사』 91집, p. 318.

한인들의 일본 주류사회 진출이 불가능하다는 부정적인 시각을 부각시키려는 의도보다는, 과연 그들에게 진정한 의미의 '주류화'란 무엇이고, 과연 어떻게 하면 그들이 현지 주류사회에서 필요로 하는 모범적인 구성원으로 자리매김할 수 있을 것인가에 대한 새로운 '관점'과 '방법론'을 모색할 필요성을 강조하기 위한 일종의 문제 제기였던 것이다.

단일민족 신화가 여전히 강하게 남아있고 이질적인 타 문화와 타민족을 받아들이는 것에 인색한 일본사회의 독특한 특성 등 제반 사정을 고려하자면, 재일한인들이 일본 주류사회에 진출해 두각을 나타내는 것은 지난한 일이 아닐 수 없다. 이러한 이유 때문에 서두에서 살펴본 재외동포재단법에도 언급된 '민족 정체성 유지'와 '주류사회 진출'이라는 두 마리 토끼를 재일한인들에게 동시에 잡게 한다는 것은 일견 모순되면서도 상당히 어려운 일이다. 이들에게 단순히 일본 현지사회에서의 '주류화'를 강요하기보다는 재일한인사회의 특수성과 시대성에 걸맞은 '주류화'의 새로운 기준과 해석이 선행되어야 할 것이다.

'주류'를 지나치게 강조하면 이는 필연적으로 '비주류'라는 사회적 존재가 생기게 된다. 이는 다시 '주류=중심'과 '비주류=주변'이라는 이분법적 구조를 낳을 수 있다. 그리고 '주류'와 '중심'에 편입된 이들은 그 사회의 '1급 시민(first-class citizen)'이 되고, '비주류'와 '주변'으로 편입된 이들은 결국 '2급 시민(second-class citizen)'으로 인식되거나 스스로 인식하는 차별의 연쇄로 이어질 수 있다. 21세기의 지금을 내셔널리즘(nationalism)과 트랜스내셔널리즘(transnationalism)이 첨예하게 길항(拮抗)하는 시대로 표현하고 싶다.

한국과 일본도 예외가 아니며, 오히려 이러한 두 주의(ism)를 아주 잘 관찰할 수 있는 사회들이다. 한국(모국)과 일본(거주국) 어느 사회와도 잘 어울리지 못해 흔히 '경계인' 혹은 '주변인'으로 형용되는 재일한인들에게 어느 한쪽의 '주류 되기'를 강요하기보다는 오히려 그들의 중간자적 삶을 존중하고, 또한 그들이 확고한 자기 정체성을 가지고 각각의 해당 커뮤니티에서 당당하게 삶을 영위할 수 있도록 제도와 인식이 뒷받침되어야 할 것이다. 이것이야말로 적어도 재일한인들에게는 다소 시대착오적인 '주류화'라는 개념의 새로운 정의와 방법론이 될 수 있겠다.

참고문헌

건국대학교 통일인문학연구단 편. 2012. 『코리언의 역사적 트라우마』. 선인.

김현선. 2011. "재일의 귀화와 아이덴티티: '일본국적 코리안' 사례를 중심으로". 『사회와 역사』 91: 293-323.

라경수. 2013. "초국가주의를 통해 본 재일한인의 정체성 변용". 『민족연구』 56: 4-23.

『민단신문』. 2016년 4월 22일.

『연합뉴스』. 2016년 4월 16일.

외교부 편. 2017. 『재외동포현황 2017』. 외교부.

유혁수. 2014. "재일한국/조선인 사회의 갈등과 과제: 올드커머와 뉴커머 관계를 중심으로". 『일본비평』 10: 308-329.

이민호. 2015. 『자이니치 리더: 新韓銀行을 設立한 在日』. 통일일보.

행정자치부 국가기록원 편. 2016. 『기록으로 보는 재외한인의 역사: 이주와 정착 그리고 발전의 시간들-아시아』. 행정자치부 국가기록원.

在日韓人歷史資料館編. 2008. 『寫眞で見る在日コリアンの100年：在日韓人歷史資料館図錄』. 明石書店.

在日本大韓民國青年會編. 2014. "第4次在日韓國人青年意識調査中間報告書". 在日本大韓民國青年會中央本部.

在日本大韓民國民団東京地方本部. 2016. "2015活動報告書".

在日本大韓民國民団中央本部. 2016. "2015報告書".

韓昌祐. 2007. 『わが半生：夢とロマンと希望を胸に』. マルハン.

樋口直人. 2014. 『日本型排外主義：在特會 · 外國人參政權 · 東アジア地政學』. 名古屋大學出版會.

https://ci.nii.ac.jp/ja (검색일: 2018.06.27.)

https://osakakoreabridalcenter.com (검색일: 2019.10.26)

http://www.chongryon.com/k/cr/link_2.html (검색일: 2018.07.18)

http://www.forbes.com/billionaires/list/#version:static_header:worth_country:Japan (검색일: 2018.07.05)

http://www.mindan.org/kr/soshiki.php (검색일: 2018.07.07)

http://www.mindan.org/old/kr/shokai07.html (검색일: 2018.07.09)

http://www.moj.go.jp/content/001180510.pdf (검색일: 2018.06.29)

http://www.moj.go.jp/housei/toukei/toukei_ichiran_touroku.html (검색일: 2018.06.28.)

찾아보기

[ㄱ]

국제결혼 315, 318, 324

국제협력사업단 236, 238

국제화 266

귀화 315

귀화자 322

[ㄴ]

내부화 266

[ㄷ]

다문화 120

다문화주의 120

[ㄹ]

로스앤젤레스 폭동 220, 221, 226

[ㅁ]

모국어 능력 118

모국어 사용 101, 106, 107

모국어 유지 121, 125, 127

민권센터 187, 194

민족 정체성 38, 42

민족경제 164, 177

민족공동체 276, 279, 288

민족문화 279, 281, 283, 288, 302, 307, 308

민족정책 285

민족지역자치 273, 303, 305

민족지역자치제도 305

[ㅂ]

보이콧 221

부산일본인학교 263

북한이탈주민 정착지표 52

불매운동 175, 177, 186

불법 체류자 188

불법체류자 58

비선거 정치 참여 213, 226

비선거 정치 참여 활동 209

비선거 정치 활동 226

[ㅅ]

4.29 폭동 187, 220

서울일본인학교 261

선거인 등록 214

성주류화 49

세대 멤버십 217, 218, 223, 226

세대갈등 36

세대교체 47

시민참여센터 187, 215

[ㅇ]

LA 폭동 175, 176, 194

이민자 통합 30, 50

이민자 통합 모델 53

이민자통합정책지수 51

이중문화 127

이중언어 117, 127, 131, 132

이중정체성 43

[ㅈ]

자영업 95

재외방인 235, 237, 249, 251, 255

재일본대한민국민단(민단) 324

재일본조선인총연합회(총련) 324

재일본한국인연합회(한인회) 334

재일중국인 319, 321, 323, 328, 331

재특회 331

정주화 314

정체성 127, 130

정치 참여 163, 164, 202

정치력 신장 185, 188

정치력신장 194

정치적 성향 203

족외혼 35, 47, 54, 61

족외혼율 89, 90, 91, 106

종교성 39

종족 감소 108

주류 민족문화 308

주류사회 29

주류사회 진출 275, 277, 278, 280, 285, 293, 294

주류화 30, 48, 163, 169, 182, 293

중화민족 273

[ㅊ]

청소년 국제교류 사업 243

청소년 정책 235

초국주의 228, 229, 230

[ㅋ]

코리안 아메리칸 43

[ㅌ]

통혼 54
투표참여 203
특별영주자 321, 322

[ㅎ]

학업성취 143
학업성취도 139, 141
한국계 후세대 137
한국어 사용 102
한국일본인학교 261
한글학교 31
한인유권자센터 187, 194
한흑 갈등 165
한흑갈등 176
해외 일계인 235
해외귀국 자녀 259
헤이트 스피치 331, 332
혼혈인 86, 166

[ABC]

American Community Survey 32, 35, 56,
        57, 59, 62, 64, 65, 171, 176,
        179, 180, 182
American Community Surveys 170
Hart-Celler Immigration Act 165
Hunts Point Market 175
Korean American Civic Empowerment
        215
Korean American Coalition Census
        Information Center 56, 60, 65
Korean American Community
        Foundation 184
National Asian American Survey 2016
        Pre-Election 56, 70, 203
Pew Research Center 56, 57
The American Community Surveys 168

저자소개

라경수 kyungsoo.rha@gakushuin.ac.jp

일본 가쿠슈인여자대학 국제문화교류학부 준교수. 고려대학교 정경대학 신문방송학과 졸업. 와세다대학 대학원 아시아태평양연구과 국제관계학 전공 석사 및 박사 학위 취득. 와세다대학 아시아연구소 조수, 하와이대학교 한국학센터 객원연구원, 고려대학교 아세아문제연구소 HK연구교수, 가쿠슈인여자대학 국제학연구소 부소장, 하버드대학교 아시아센터 객원연구원 등 역임. 주요 논저로는 "일본의 다문화주의와 재일코리언: '공생(共生)'과 '동포(同胞)'의 사이"(『재외한인연구』 제22호, 2010년 8월), "초국가주의를 통해 본 재일한인의 정체성 변용"(『민족연구』 제56호, 2013년 12월) 등이 있다.

민병갑 pyonggap.min@qc.cuny.edu

퀸즈칼리지 사회학과 석좌교수. Research Center for Korean Community 소장. 조지아주립대학교 사회학 박사. 주요 논저로는 *Preserving Ethnicity through Religion in America, Korean Protestants and Indian Hindus in New York City, Solidarity for Economic Survival, Changes and Conflicts, Caught in the Middle* 등 다수가 있다.

송창주 ch.song@auckland.ac.nz

뉴질랜드 오클랜드대학 아시아학과 교수. 미국 하와이대학 정치학 박사. 라트비아 리가 스트라딘쉬 대학 및 우크라이나 르비프 대학 교수 역임. 주요 논저로 *Diasporic Returns to the Ethnic Homeland: The Korean Diaspora in Comparative Perspective* (2018 공편), *Asian Ethnicity, Nomos, Journal of Ethnic Foods*, 《재외한인연구》, 《關西大學法學論集》 등의 학술지에 게재된 논문들이 다수가 있다.

오숙희 ohso@umkc.edu

University of Missouri-Kansas City 사회학과 부교수. 미국 New School University 공공 및 도시 정책학 박사. Brown University 사회학과 박사후 연구원. 고려대학교 사회학과 부교수 재직. 주요 연구영역은 도시, 공간, 이민, 이민자 커뮤니티, 아시아계 미국인 연구를 포함. 이민자 집단들의 정치적, 사회경제적 동화에 관한 다수의 연구 논문들이 *Social Forces, International Migration, and Journal of Ethnic and Migration Studies* 등의 국제 학술지에 출판되었다.

윤인진 yoonin@korea.ac.kr

고려대학교 사회학과 교수. 미국 시카고대학교 사회학 박사. 미국 캘리포니아대학교 산타바바라 캠퍼스 아시안 아메리칸학과 조교수. 재외한인학회, 북한이탈주민학회 회장, 한국이민학회 부회장, 고려대 아세아문제연구소 부소장, 고려대 출판문화원장. 주요 논저로는 *On My Own: Korean Businesses and Race Relations, The Korean Diaspora: A Sourcebook*(공편), 《코리안 디아스포라》, 《북한이주민》, 《동북아시아의 국제이주와 다문화주의》, 《세계의 한인이주사》, 《한국인의 정체성: 변화와 연속, 2005-2015》(공편), 《디아스포라와 초국가주의의 이론과 실태》(편), 《재외동포사회의 현황과 정책과제》(편), 《세계의 코리아타운과 한인 커뮤니티》(편) 등이 있다.

임영언 yimye@hanmail.net

한남대 사회적경제지원단 교수. 일본 조치대학(上智大学)에서 경제사회학박사. 전남대학교 세계한상문화연구단 연구교수. 현재 통일부장관 제21기 통일교육위원, 조선대학교『국제문화연구』편집위원장, 재외한인학회 총무이사. 주요 연구로는 韓国人企業家：ニューカマーの起業過程とエスニック資源(長崎出版), 《재일코리안 기업가(2006)》, 《글로벌디아스포라와 세계의 한민족(2014)》, 《재일코리안 기업의 형성과 기업가정신(2015)》, 《일계인 디아스포라의 문화적응과 정착기제(2017)》 등이 있다.

최영미 ymchoi@gfwri.kr

경기도가족여성연구원 연구위원. 독일 본(Bonn) 대학교 사회학 박사. 재외한인학회 학술이사. 「다문화와 평화」 편집위원. 주요 논저로는 *Korean descendants in Germany*, 《독일 이주민 자녀의 사회통합에 관한 연구: 이주민 부모교육의 역할을 중심으로》, 《경기도 지역 이주노동자의 주관적 차별인식과 우울: 차별대응의 조절 효과를 중심으로》(공편), 《경기도 지역 이주노동자의 주관적 차별인식과 우울: 차별대응의 조절 효과를 중심으로》(공편), 《제노포비아 현상에 관한 연구》, 《경기도 외국인근로자 지원체계와 개선과제》 등이 있다.

허명철 mingzhe104@qq.com

중국 연변대학교 사회학과 교수. 연변대학교 문학 박사. 연변대학교 민족학연구소 소장. 주요 논저로는 〈전환기의 연변조선족〉, 〈조선족사회의 변동과 가족생활〉(공저), 〈중국 동북지역 조선족의 일생의례와 풍속〉(공저), 〈연변조선족교육의 실태조사와 대안연구〉(공저), 〈중국조선족사회의 문화우세와 발전전략〉(공편) 등이 있다.